Sven Oeltze
Tilman Bracher
u.a.

Mobilität 2050

Szenarien der Mobilitätsentwicklung
unter Berücksichtigung von
Siedlungsstrukturen bis 2050

Edition Difu – Stadt Forschung Praxis   Bd. 1
Deutsches Institut für Urbanistik

Impressum

Autoren:

Dipl.-Ing. Sven Oeltze (Projektleitung)
TRAMP – Traffic and Mobility Planning
GmbH, Magdeburg

Dipl.-Volkswirt Tilman Bracher
Deutsches Institut für Urbanistik, Berlin

Dr. habil. Christian Dreger
Institut für Wirtschaftsforschung Halle (IWH)

Dipl.-Ing. Volker Eichmann
Deutsches Institut für Urbanistik, Berlin

Dipl.-Geogr. Jochen Heller
omniphon gesellschaft für dialogmarketing
und marktforschung mbh, Leipzig

Prof. Dr.-Ing. habil. Dieter Lohse
TU Dresden, Fakultät Verkehrswissenschaften
»Friedrich List«, Institut für Verkehrsplanung
und Straßenverkehrstechnik

Prof. Dr. Udo Ludwig
Institut für Wirtschaftsforschung Halle (IWH)

Dipl.-Ing. (FH) Ilka Schwarzlose
TRAMP – Traffic and Mobility Planning
GmbH, Magdeburg

Dipl.-Ing. Sebastian Wauer
TRAMP – Traffic and Mobility Planning
GmbH, Magdeburg

Dipl.-Ing. Frank Zimmermann
TU Dresden, Fakultät Verkehrswissenschaften
»Friedrich List«, Institut für Verkehrsplanung
und Straßenverkehrstechnik

Redaktion:
Dipl.-Pol. Patrick Diekelmann

Textverarbeitung, Graphik und Layout:
Doris Becker

Umschlaggestaltung:
Elke Postler, Berlin

Umschlagfoto:
Dipl.-Ing. Wolf-Christian Strauss, Berlin

Druck und Bindung:
Mercedes-Druck, Berlin

Dieser Band ist auf Papier mit dem Umweltzertifikat PEFC gedruckt.

ISBN-10: 3-88118-425-2 ♦ ISBN-13: 978-3-88118-425-0 ♦ ISSN: 1863-7949

© Deutsches Institut für Urbanistik 2007

Die diesem Bericht zugrunde liegenden Arbeiten wurden im Auftrag des Bundesministeriums für Verkehr, Bau und Stadtentwicklung unter der FE-Nr. 70.0757/2004 durchgeführt. Die Verantwortung für den Inhalt liegt allein bei den Autoren.

Bibliografische Information der Deutschen Bibliothek
Die Deutsche Bibliothek verzeichnet diese Publikation in der Deutschen Nationalbibliografie; detaillierte bibliografische Daten sind im Internet über www.d-nb.de abrufbar.

Deutsches Institut für Urbanistik
Postfach 12 03 21, 10593 Berlin
Straße des 17. Juni 110/112, 10623 Berlin

Telefon: (0 30) 3 90 01-0
E-Mail: difu@difu.de
Internet: http://www.difu.de

Inhalt

Zusammenfassung 11

Abstract 19

1. Einführung 25

1.1 Aufgabenstellung 25
1.2 Methodik und Aufbau der Untersuchung 26
1.3 Aufgabenteilung der Projektpartner 29

2. Konsum- und Verkehrsverhalten in Deutschland 31

2.1 Verkehrsausgaben der privaten Haushalte 31
    2.1.1 Grundsätzliche Überlegungen 31
    2.1.2 Verkehrsausgaben von 1970 bis 2002 in der Längsschnittanalyse 32
    2.1.3 Verkehrsausgaben im Jahr 2003 in der Querschnittanalyse .. 39
    2.1.4 Fazit und Ausblick 47
2.2 Modellspezifische Auswertungen von MID 48
    2.2.1 Definition von Urbanitätsklassen 48
    2.2.2 Auswertung nach Raumklassen 49
    2.2.3 Weitere wichtige Einflussgrößen 56

3. Eingangsdaten und Datenaufbereitung 65

3.1 Bevölkerungsprognose des BBR 65
    3.1.1 Eckwertebetrachtung und Einordnung 63
    3.1.2 Regionale Bevölkerungsentwicklung 68
3.2 Klassifizierung der Raumordnungsregionen 69
    3.2.1 Notwendigkeit und Vorgehen 69
    3.2.2 Zukunftschancen und Zukunftsrisiken der Regionen 71
    3.2.3 Zuordnung der Raumordnungsregionen 72
    3.2.4 Bevölkerungsentwicklung in den drei Raumtypen 75
3.3 Ortsgrößen- und Urbanitätsklassen 76

| 3.4 | Entwicklung der Erwerbstätigkeit | 78 |
| 3.5 | Weitere Merkmalsklassifizierungen | 79 |

4. Szenarienbildung und Perspektiven bis 2050 ... 89

4.1	Methodendiskussion und Workshops	89
4.2	Szenarien und Verkehrsprognosen – state of the art	91
	4.2.1 Infrastrukturfolgekosten 2020 in einer Planungsregion	92
	4.2.2 Pkw-Szenarien 2030 von Shell	94
	4.2.3 Studie „Zukunft der Mobilität 2025" des Instituts ifmo	96
	4.2.4 Verkehr in Baden-Württemberg 2050	98
	4.2.5 Backcasting-Szenarien 2030 für Großbritannien	100
	4.2.6 Backcasting-Szenarien 2030 für Deutschland	102
4.3	Kernparameter der Szenarien	103
	4.3.1 Basisannahmen aller Szenarien	103
	4.3.2 Preise des Verkehrs	105
	4.3.3 Räumliche Verteilung der Bevölkerung	106
	4.3.4 Mobilität der Senioren und Kohorteneffekte	107
4.4	Szenario „Status quo"	109
4.5	Szenario „Dynamische Anpassung"	110
	4.5.1 Grundsätzliche Überlegungen und Preise	110
	4.5.2 Räumliche Entwicklung	111
	4.5.3 Wachsende Regionen	112
	4.5.4 Mittlere Regionen	114
	4.5.5 Schrumpfende Regionen	116
4.6	Szenario „Gleitender Übergang"	118
	4.6.1 Grundsätzliche Überlegungen und Preise	118
	4.6.2 Räumliche Entwicklung	119
	4.6.3 Wachsende Regionen	119
	4.6.4 Mittlere Regionen	121
	4.6.5 Schrumpfende Regionen	123
4.7	Zusammenfassende Szenarienübersicht	125

5. Quantitative Umsetzung der Szenarien ... 127

5.1	Überblick über den Modellansatz	127
5.2	Bruttoinlandsprodukt, Einkommen und Preise	131
	5.2.1 Projektion von Produktion und Einkommen für Deutschland	131
	5.2.2 Projektion der Wertschöpfung nach Raumordnungsregionen	135
5.3	Führerscheinbesitz	139
5.4	Gefühltes Alter	140

6. Quantitative Ergebnisse ... 143

- 6.1 Eckwerte für Deutschland ... 143
  - 6.1.1 Entwicklung der Pkw-Motorisierung ... 143
  - 6.1.2 Spezifisches Verkehrsaufkommen und Wegelänge ... 146
  - 6.1.3 Modal Split ... 148
  - 6.1.4 Entwicklung des Verkehrsaufkommens ... 149
  - 6.1.5 Entwicklung der Verkehrsleistung ... 152
  - 6.1.6 Altersstruktur und Verkehrsleistung ... 157
- 6.2 Quantifizierung einiger Modellannahmen ... 160
  - 6.2.1 Vergleichsfall „Allgemeine Inflation" ... 160
  - 6.2.2 Demografie und Seniorenmobilität ... 161
  - 6.2.3 Einfluss der Annahmen zur Siedlungsstruktur ... 162
- 6.3 Spezifische Eckwerte der Regionstypen ... 164
  - 6.3.1 Schrumpfende Regionen ... 164
  - 6.3.2 Mittlere Regionen ... 171
  - 6.3.3 Wachsende Regionen ... 175

7. Risikoansprache ... 183

- 7.1 Plausibilität der Szenarien ... 183
- 7.2 Bevölkerung und regionale Zukunftsperspektiven ... 184
- 7.3 Stabilität von Verhaltenskennziffern ... 186
- 7.4 Unklare Entwicklungen ... 187
- 7.5 Kleinteilige Raumentwicklung ... 188

8. Zusammenfassende Ergebnisinterpretation ... 189

- 8.1 Kernergebnisse ... 189
- 8.2 Pkw-Bestand und Verkehrsleistungen ... 190
- 8.3 Unterschiede zwischen den Regionen ... 191

9. Schlussfolgerungen ... 195

- 9.1 Demografischer Faktor ... 195
  - 9.1.1 Erkenntnisse ... 195
  - 9.1.2 Folgerungen ... 196
- 9.2 Schrumpfende Regionen ... 196
  - 9.2.1 Erkenntnisse ... 197
  - 9.2.2 Folgerungen ... 197

9.3	Weiterer Forschungsbedarf	198
	9.3.1 Erkenntnisse	198
	9.3.2 Folgerungen	200
9.4	Verkehrspolitische Herausforderungen	200
	9.4.1 Planungs- und Bewertungsverfahren	200
	9.4.2 Neuordnung der Verkehrsfinanzierung	201
	9.4.3 Rechtsrahmen für nicht gewerblichen ÖPNV in der Fläche	201
	9.4.4 Bewertungsverfahren und Finanzierungsinstrumente optimieren	202

Anhang

1	Klassifizierung der LOCAL-Wohnumfeldtypen zu Urbanitätsklassen	205
2	Mittlerer Wachstumsraten der regionalen Wertschöpfung	207
3	Wachstum von regionaler Bevölkerung und Wertschöpfung	209
4	Teilnehmer der Expertenbefragung bzw. der Expertenworkshops	211

Literatur 213

Abkürzungen 217

Verzeichnis der Abbildungen

1	Überblick über das Szenarienkonzept	26
2	Preisentwicklung für Konsum- und Verkehrsgüter – Veränderung gegenüber Vorjahr in Prozent	34
3	Führerscheinbesitz nach Urbanitätsklasse und Alter	50
4	Motorisierungsgrad in Abhängigkeit von der politischen Ortsgrößenklasse	50
5	Motorisierungsgrad in Abhängigkeit von der Urbanität	51
6	Spezifisches Verkehrsaufkommen nach politischen Ortsgrößenklassen	52
7	Modal Split nach Urbanitätsklassen	52
8	Durchschnittlich zurückgelegte Entfernung pro Person und Tag nach politischen Ortsgrößenklassen	53
9	Durchschnittliche Weglängen im Fußgängerverkehr nach politischen Ortsgrößenklassen	54
10	Durchschnittliche Weglängen im Radverkehr nach politischen Ortsgrößenklassen	54
11	Durchschnittliche Weglängen im öffentlichen Verkehr nach politischen Ortsgrößenklassen	55
12	Durchschnittliche Weglängen im MIV nach politischen Ortsgrößenklassen	56

13	Spezifisches Verkehrsaufkommen nach Personengruppen	57
14	Motorisierungsgrad (Pkw/1 000 Einwohner) in Abhängigkeit von der Personengruppe	58
15	Motorisierungsgrad in Abhängigkeit vom Alter	58
16	Spezifisches Verkehrsaufkommen in Abhängigkeit vom Alter	59
17	Abhängigkeit zwischen Alter und zurückgelegter Entfernung pro Person und Tag	60
18	Führerscheinbesitz männlicher und weiblicher Personen in Abhängigkeit vom Alter	60
19	Motorisierungsgrad (Pkw/1 000 Einwohner) in Abhängigkeit vom Geschlecht	61
20	Spezifisches Verkehrsaufkommen nach Haushaltseinkommen	62
21	Modal Split nach Haushaltseinkommen	62
22	Motorisierungsgrad (Pkw/1 000 Einwohner) in Abhängigkeit vom Haushaltseinkommen	63
23	Bevölkerungsprognosen im Vergleich	65
24	Altersaufbau der Bevölkerung von 1950 bis 2050	67
25	Annahmen zur Bevölkerungsentwicklung in Deutschland	67
26	Regionale Bevölkerungsentwicklung bis 2020	81
27	Zukunftsperspektiven der Regionen	82
28	Zukunftsperspektiven der Regionen	83
29	Klassifizierung der Raumordnungsregionen nach Zukunftsperspektiven	84
30	Bevölkerungsentwicklung in wachsenden Regionen	85
31	Bevölkerungsentwicklung in mittleren Regionen	85
32	Bevölkerungsentwicklung in schrumpfenden Regionen	86
33	Lokale Bevölkerungsverteilung – Wachsende Regionen (Analyse 2002)	86
34	Lokale Bevölkerungsverteilung – Mittlere Regionen (Analyse 2002)	87
35	Lokale Bevölkerungsverteilung – Schrumpfende Regionen (Analyse 2002)	87
36	Annahmen zur Erwerbstätigkeit in Deutschland	88
37	Infrastrukturfolgekosten 2020 in der Region Havelland-Fläming	94
38	Shell-Prognose der Pkw-Kennziffern bis 2030	95
39	Shell-Prognose der Fahrleistung bis 2030	96
40	Entwicklung der Verkehrsleistung im Personenverkehr	97
41	Verkehrsleistung in Baden-Württemberg bis 2050	100
42	EST-Szenarien 2030	103
43	Siedlungsentwicklung (Wachsende Regionen; Dynamische Anpassung)	113
44	Lokale Bevölkerungsverteilung 2050 – Szenario Dynamische Anpassung/Wachsende Regionen –	114
45	Siedlungsentwicklung (Mittlere Regionen; Dynamische Anpassung) .	115
46	Lokale Bevölkerungsverteilung 2050 – Szenario Dynamische Anpassung/Mittlere Regionen –	115
47	Siedlungsentwicklung (Schrumpfende Regionen; Dynamische Anpassung)	117

48	Lokale Bevölkerungsverteilung 2050 – Szenario Dynamische Anpassung/Schrumpfende Regionen –	118
49	Siedlungsentwicklung (Wachsende Regionen; Gleitender Übergang)	120
50	Lokale Bevölkerungsverteilung 2050 – Szenario Gleitender Übergang/Wachsende Regionen –	121
51	Siedlungsentwicklung (Mittlere Regionen; Gleitender Übergang)	122
52	Lokale Bevölkerungsverteilung 2050 – Szenario Gleitender Übergang/Mittlere Regionen –	123
53	Siedlungsentwicklung (Schrumpfende Regionen; Gleitender Übergang)	124
54	Lokale Bevölkerungsverteilung 2050 – Szenario Gleitender Übergang/Schrumpfende Regionen –	124
55	Modell – maßgebende Einflussgrößen	128
56	Prinzipieller Modellaufbau	129
57	Überblick über kardinale und nominale Variablen	130
58	Variablen zur Modellierung verkehrlicher Kenngrößen von Personen	131
59	Approximation des Produktionsverlaufs durch einen linearen Trend – logarithmierte Größen in den Jahren von 1960 bis 2003	132
60	Approximation des Produktionsverlaufs durch eine Produktionsfunktion – logarithmierte Größen in den Jahren von 1960 bis 2003	133
61	Relation zwischen realem verfügbaren Einkommen und Bruttoinlandsprodukt – Deflation der verfügbaren Einkommen und Bruttoinlandsprodukt – Deflation der verfügbaren Einkommen (BIP) mit Konsumentenpreisen (BIP-Deflator) in den Jahren 1970 bis 2003	135
62	Führerscheinbesitz bis 2050, basierend auf den Führerscheinbesitz im Jahr 2002 – männliche Personen	140
63	Fernere Lebenserwartung im Alter von 60 Jahren bis 2050	141
64	Lebenserwartung basierend auf dem Alter – Bezugsjahr 2000	142
65	Motorisierung in Deutschland bis 2050	144
66	Entwicklung des Pkw-Bestandes der privaten Haushalte (inklusive andere Halter) bis 2050	145
67	Spezifisches Verkehrsaufkommen (Wege pro Person und Tag) in Deutschland bis 2050	147
68	Mittlere Reiseweite in Deutschland (Kilometer je Weg/alle Verkehrsmittel) bis 2050	147
69	Modal Split in Deutschland 2002 und 2050	149
70	MIV-Wege pro Tag in Deutschland bis 2050	150
71	ÖV-Wege pro Tag in Deutschland bis 2050	151
72	Wege pro Tag im NMV in Deutschland	152
73	Entwicklung der Verkehrsleistung der privaten Haushalte im MIV in Personenkilometer pro Jahr bis 2050	153
74	Entwicklung der Verkehrsleistung der privaten Haushalte im NMV in Personenkilometer pro Jahr bis 2050..	154
75	Entwicklung der Verkehrsleistung der privaten Haushalte im ÖV in Personenkilometer pro Jahr bis 2050	154
76	Eckwerte zum ÖV im Szenarienvergleich	155
77	Entwicklung der Verkehrsleistung der privaten Haushalte im ÖV in Personenkilometer pro Jahr – kleine Orte –	156

78	Entwicklung der Verkehrsleistung der privaten Haushalte im ÖV in Personenkilometer pro Jahr – große Orte –	157
79	Entwicklung der Verkehrsleistung im MIV der privaten Haushalte bis 2050 nach Altersklassen und Szenarien	158
80	Entwicklung der Verkehrsleistung im ÖV der privaten Haushalte bis 2050 nach Altersklassen und Szenarien	159
81	Entwicklung der Verkehrsleistung im NMV der privaten Haushalte bis 2050 nach Altersklassen und Szenarien	160
82	Entwicklung der Verkehrsleistung der privaten Haushalte im MIV in Personenkilometer pro Jahr – Vergleichsfall 1 und 2	162
83	Entwicklung der Verkehrsleistung der privaten Haushalte im MIV in Personenkilometer pro Jahr – Vergleichsfall 3	163
84	Entwicklung der Verkehrsleistung der privaten Haushalte im ÖV in Personenkilometer pro Jahr	163
85	MIV-Wege pro Tag bis 2050 (schrumpfend)	165
86	ÖV-Wege pro Tag bis 2050 (schrumpfend)	166
87	NMV-Wege pro Tag bis 2050 (schrumpfend)	166
88	Entwicklung der Verkehrsleistung der privaten Haushalte im MIV in schrumpfenden Regionen in Personenkilometer pro Jahr	167
89	Entwicklung der Verkehrsleistung der privaten Haushalte im ÖV in Personenkilometer pro Jahr – kleine Orte in schrumpfenden Regionen –	168
90	Entwicklung der Verkehrsleistung der privaten Haushalte im ÖV in Personenkilometer pro Jahr – große Orte in schrumpfenden Regionen –	169
91	Entwicklung der Verkehrsleistung der privaten Haushalte im MIV bis 2050 nach Altersklassen in schrumpfenden Regionen	170
92	MIV-Wege pro Tag bis 2050 (mittel)	171
93	ÖV-Wege pro Tag bis 2050 (mittel)	172
94	NMV-Wege pro Tag bis 2050 (mittel)	172
95	Entwicklung der Verkehrsleistung der privaten Haushalte im MIV in mittleren Regionen in Personenkilometer pro Jahr	173
96	Entwicklung der Verkehrsleistung der privaten Haushalte im ÖV in Personenkilometer pro Jahr – kleine Orte in mittleren Regionen –	174
97	Entwicklung der Verkehrsleistung der privaten Haushalte im ÖV in Personenkilometer pro Jahr – große Orte in mittleren Regionen –	174
98	MIV-Wege pro Tag bis 2050 (wachsend)	176
99	Entwicklung der Verkehrsleistung der privaten Haushalte im MIV in wachsenden Regionen in Personenkilometer pro Jahr	177
100	NMV-Wege pro Tag bis 2050 (wachsend)	178
101	ÖV-Wege pro Tag bis 2050 (wachsend)	178
102	Entwicklung der Verkehrsleistung der privaten Haushalte im ÖV in Personenkilometer pro Jahr – kleine Orte in wachsenden Regionen –	179
103	Entwicklung der Verkehrsleistung der privaten Haushalte im ÖV in Personenkilometer pro Jahr – große Orte in wachsenden Regionen –	180

Verzeichnis der Tabellen

1	Nominale Verkehrs- und Konsumausgaben privater Haushalte	33
2	Reale Verkehrs- und Konsumausgaben der privaten Haushalte	35
3	Einkommens- und Preiselastizitäten der Nachfrage nach Verkehrsgütern	37
4	Einkommens- und Preiselastizitäten der Nachfrage nach Verkehrsgütern	38
5	Ausgabepositionen für Verkehr in der EVS 1998 und in der EVS 2003	40
6	Monatliches Haushaltseinkommen und Verkehrsausgaben im Jahr 2003	42
7	Monatliche Verkehrsausgaben 2003 nach dem Alter des Haupteinkommensbeziehers	43
8	Nachfrageelastizität nach Verkehrsgütern bezüglich Einkommen der privaten Haushalte und des Alters des Haupteinkommensbeziehers im Jahr 2003	44
9	Einkommenselastizität der Verkehrsnachfrage für Altersgruppen im Jahr 2003	46
10	Kriterien zur Klassifizierung der Raumordnungsregionen nach Prognos und Berlin-Institut	71
11	Verteilung der Raumordnungsregionen nach Entwicklungskriterien	73
12	Zuordnung der Raumordnungsregionen zu Regionstypen	75
13	Kleinräumige Bevölkerungsverteilung (Analyse 2002)	78
14	Infrastrukturfolgekosten 2020 in der Planungsregion Havelland-Fläming	93
15	Annahmen und Ergebnisse der ifmo-Studie	97
16	Ausgewählte Trendbruchereignisse	98
17	Verkehr in Baden-Württemberg 2050	99
18	Annahmen der VIBAT-Szenarien	101
19	Annahme der Szenarien BAU und EST-80 Prozent	102
20	Bevölkerungsverteilung auf kleinräumige Klassen im Szenario „Status quo" im Jahr 2050	109
21	Bevölkerungsverteilung auf kleinräumige Klassen im Szenario „Dynamische Anpassung" im Jahr 2050	112
22	Bevölkerungsverteilung auf kleinräumige Klassen im Szenario „Gleitender Übergang" im Jahr 2050	119
23	Überblick über die Annahmen zu den Szenarien	125
24	Wachstumsraten des BIP unterschiedlicher Verfahren im Vergleich	134
25	Regressionsergebnisse für schrumpfende Regionen	137
26	Regressionsergebnisse für mittlere Regionen	137
27	Regressionsergebnisse für wachsende Regionen	137
28	Mittlere Wachstumsraten für einzelne Zeiträume, in Prozent	138
29	Entwicklung des Pkw-Bestandes in schrumpfenden Regionen	171
30	Entwicklung des Pkw-Bestandes in mittleren Regionen	175
31	Entwicklung des Pkw-Bestandes in wachsenden Regionen	181

Zusammenfassung

Aufgabenstellung

Die Siedlungs- und Verkehrsentwicklung in Deutschland war in den vergangenen Jahrzehnten von Zersiedelung und fast stetigem Verkehrswachstum geprägt. In den kommenden Jahrzehnten wird die Bevölkerung jedoch altern und – ggf. durch Zuwanderung gebremst – in ihrer Zahl abnehmen. In welchem Maße werden sich dadurch auch Siedlungsstruktur und Verkehr mittel- und langfristig verändern? Welche politischen Folgerungen ergeben sich aus den veränderten Rahmenbedingungen? Welchen Einfluss werden Bevölkerungs-, Arbeitsmarkt- und Wohnungsmarktentwicklung auf die Angebotsqualität und auf die Nachfrage- und Sozialstruktur haben? Mit welchen neuen Bedürfnissen und Verhaltensmustern oder anderen gesellschaftlichen Entwicklungen ist in diesem Zeitraum zu rechnen?

Die Aufgabenstellung der vorliegenden Untersuchung war es, die verkehrlichen Auswirkungen dieser Entwicklung im regionalen Kontext zu klären. Um regionale Unterschiede identifizieren zu können, waren für zwei Szenarien und für drei Regionstypen Eckwerte zum Verkehrsaufkommen, zum Modal Split und zur Verkehrsleistung des Personenverkehrs der privaten Haushalte für den Zeitraum bis zum Jahr 2050 zu erarbeiten. Dabei war die Szenariotechnik zu nutzen, weil sich diese primär qualitative Technik in der raumbezogenen Zukunftsforschung mit ihren unsicheren Entwicklungspfaden und einem langfristigen Betrachtungshorizont bewährt hat.

Die Breite der Thematik mit ihren makroökonomischen, siedlungsstrukturellen und verhaltensbezogenen Aspekten spiegelt sich in der Zusammensetzung des unter der Koordination der TRAMP GmbH, Magdeburg, gebildeten Konsortiums aus dem Deutschen Institut für Urbanistik (Difu), Berlin, dem IWH Institut für Wirtschaftsforschung Halle, der TU Dresden (Fakultät für Verkehrswissenschaften „Friedrich List") und der Omniphon GmbH, Leipzig, wider.

Untersuchungsmethode

Szenarienkonzept

Zur Konzeption der Szenarien wurde ein 28-köpfiger Expertenkreis aus Wissenschaftlern und Praktikern verschiedener Disziplinen gebildet. Mit diesem Expertenkreis wurden auf der Basis umfassender Quellenauswertungen die für die Zukunftsfragen der Siedlungs- und Verkehrsentwicklung relevanten Themenkomplexe in Befragungen und auf zwei Expertenworkshops identifiziert und in Szenarien überführt.

Quantifizierung

Als Datengrundlagen standen die regionalisierte Bevölkerungsprognose des Bundesamtes für Bauwesen und Raumordnung (BBR, veröffentlicht 2006) und die Daten der Rürup-Kommission zur gesamtwirtschaftlichen Entwicklung Deutschlands zur Verfügung. Um regional differenzierte Betrachtungen anstellen zu können, waren die Wirtschaftsdaten für den Betrachtungszeitraum 2002-2050 regional zu disaggregieren. Zur regionalen Typisierung wurden die 97 Raumordnungsregionen Deutschlands zu drei Regionstypen zusammengefasst. Eine feinere Gliederung war datentechnisch nicht sinnvoll, wenngleich die verwendeten Vorarbeiten der Prognos AG (Prognos Zukunftsatlas) und des Berlin-Instituts auf Landkreisebene verfügbar waren. In diesen Studien wurden die Landkreise bezüglich ihrer Zukunftschancen und Zukunftsrisiken eingeschätzt.

Da sich die Kennziffern zum Verkehrsverhalten (tägliche Reisezeit, Wegehäufigkeit und Anteil der Verkehrsausgaben an den Gesamtausgaben eines Haushalts für bestimmte Personengruppen bei gleichen Rahmenbedingungen) über Jahrzehnte hinweg als weitgehend stabil und konstant erwiesen haben, kann – wenn diese Stabilität erhalten bleibt – das Verkehrsverhalten auf der Basis der für 2002 bekannten Verhaltensweisen und Mobilitätskennziffern auch langfristig sinnvoll modelliert werden. Die Ergebnisse beziehen sich auf den Personenverkehr der privaten Haushalte in Deutschland ohne Berücksichtigung der regelmäßigen beruflichen Wege.

Untersuchungsergebnisse

Spezifika der Szenarien

Die regionale Typisierung anhand von mehr als 20 demografischen, ökonomischen und sozialen Indikatoren ergab eine Klassifizierung der 97 Raumordnungsregionen Deutschlands in drei Regionstypen. Die 18 „schrumpfenden" Regionen mit geringem Wirtschaftswachstum liegen vor allem in Ostdeutschland. Die 35 „wachsenden" (wachstumsstarken) Regionen liegen vor allem in Süddeutschland und um Hamburg. Viele Regionen (44) lassen sich nicht diesen beiden Gruppen zuordnen und bilden die Gruppe der „mittleren" Regionen. Sie sind teilweise sehr heterogen und umfassen Landkreise mit wachsender, schrumpfender und stabiler Entwicklung.

Die veränderten Bevölkerungs- und Wirtschaftsstrukturen, die steigende Attraktivität urbaner Lebensformen, die Verteuerung der Lebenshaltung an peripheren Standorten und die Knappheit preiswerter Flächen in den Kernorten der wachsenden Regionen werden die Richtung und Geschwindigkeit der Wanderungen und der Wohnstandortwahl in den jeweiligen Regionen prägen. Vor allem bei schrumpfender Bevölkerungszahl wird sich der ländliche Raum deutlich stärker entleeren als die größeren Gemeinden ab 20 000 Einwohner. In den Regionen mit geringem Wirtschaftswachstum wird die Bevölkerungszahl stark schrumpfen.

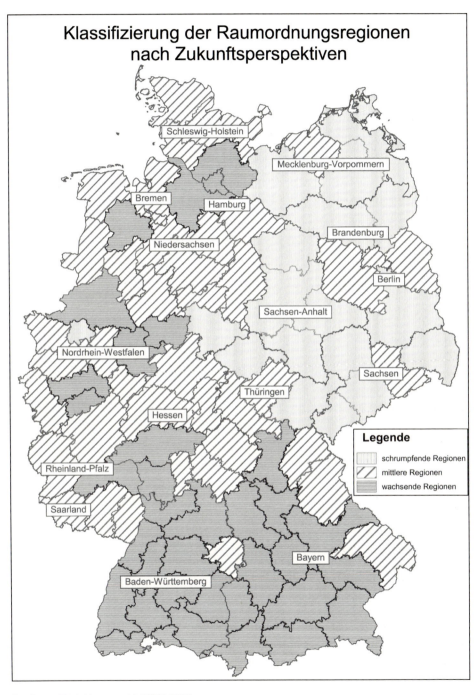

Quelle: *Projektgruppe Mobilität 2050.*

Aufbau der Szenarien

Aufgrund der Diskussionsergebnisse im Expertenkreis sollten sich die beiden zu modellierenden Szenarien in Bezug auf die Annahmen zur Verteilung der Wohnstandorte innerhalb der Raumordnungsregionen und zur Preisentwicklung bei Verkehrsgütern unterscheiden. Gemeinsame Annahme ist die zunehmende Altersmobilität sowie die sogenannte nachholende Motorisierung von Frauen und älteren Personen.

Überproportionale Preissteigerungen für Verkehrsgüter sind aufgrund steigender Preise für Energie und Rohstoffe sowie durch die Umstellung auf neue Energieträger vorstellbar. Zudem werden wohl über Steuern und Versicherungen verstärkt Anstrengungen finanziert werden, um den Klimawandel zu kompensieren und Risikovorsorge zu betreiben. Preissteigernd könnten auch der Übergang zur Nutzerfinanzierung des Verkehrs (staatlicher Rollenwandel, Privatisierung) und neue Wege der ökonomischen Regulierung (z.B. globaler Emissionshandel) sein.

Der Wandel des raumordnerischen Leitbilds („Gleichwertigkeit der Lebensbedingungen") kann Einfluss auf steuerliche Rahmenbedingungen und Finanzausgleich haben und beispielsweise Fördermaßnahmen und Steuervergünstigungen für „Zersiedelung" und Verkehr (Entfernungspauschale, doppelter Wohnsitz, Wohnungsbau, [Agrar-]Förderung ländlicher Räume, technische und soziale Infrastruktur, Landwirtschaftsdiesel) in Frage stellen.

Das erste Szenario ist das Szenario „Dynamische Anpassung". Es nimmt die Überlegungen in Richtung stark steigender Verkehrspreise und eines deutlichen Subventionsabbaus sowie den Gedanken der Reurbanisierung auf. Das bedeutet innerhalb der Regionen eine zügige Konzentration der Wohnstandorte auf dichte Lagen und Städte mit mehr als 20 000 Einwohnern. Der Anteil hoch und mittel urbaner Wohnformen steigt.

Das Szenario „Gleitender Übergang" berücksichtigt moderat steigende Preise bei moderatem Subventionsabbau und einer langsameren Veränderung der räumlichen Lagen der Wohnstandorte. Für die Wohnstandorte ergeben sich ein Prozess der räumlichen Konzentration in wachsenden und mittleren Regionen und die beschleunigte Abwanderung aus raumaufwändigen Standorten in schrumpfenden Gebieten. Für wachsende Regionen bedeutet das also weiterhin „Zersiedelung", für mittlere Regionen die stärkere Nutzung hoch urbaner Wohnformen, und zu Entleerungstendenzen in schrumpfenden Regionen kommt es eher auf dem Land als in den größeren Städten.

Verkehrsentwicklung

Im Ergebnis beider Szenarien bleibt der motorisierte Individualverkehr in beiden Fällen der dominierende Verkehrsträger. Motorisierung und Verkehrsleistung (Personenkilometer) hängen eng von Wohlstand, Verkehrspreisen und Führerscheinbesitz ab. Die steigenden Verkehrspreise werden die vom steigenden Bruttoinlandsprodukt ausgehenden Wachstumsimpulse je nach Szenario mehr oder weniger kompensieren. Wegen der in den Szenarien unterstellten „Preisschraube" werden der Kfz-Verkehr und die Motorisierung je nach Szenario zu unterschiedlichen Zeitpunkten nur noch moderat wachsen, sich auf einem annähernd stabilen Wert einpegeln oder gar sinken.

Während das Verkehrsaufkommen (Zahl der Wege) infolge der rückläufigen Bevölkerungszahl im Jahr 2050 je nach Szenario um vier bis sieben Prozent niedriger liegen wird als 2002, folgen die Motorisierung und die Verkehrsleistung vor allem im Szenario „Gleitender Übergang" weniger stark der Bevölkerungsentwicklung. Die nachfolgende Abbildung zeigt die Entwicklung der Verkehrsleistung für die beiden Szenarien und für den „Status-quo-Fall", einer Modellrechnung für den Fall, dass sich nur die Bevölkerung und die Alterszusammensetzung in den Raumordnungsregionen ändern.

Die je nach Szenario mehr oder weniger starke Urbanisierung wird die Entwicklung der Verkehrsleistung (Personenkilometer) dabei eher dämpfen, während die durch den steigenden Führerscheinbesitz ermöglichte Steigerung der Motorisierung Wachstumsimpulse bringt. Der Autobestand wird aufgrund des nachholenden höheren Führerscheinbesitzes tendenziell weiter steigen. Bei „stärkeren Preissignalen" wäre er bereits in der Mitte des Betrachtungszeitraumes stabil und in den Bestandszahlen leicht rückläufig.

Die Verkehrsleistung (Personenkilometer) und das Verkehrsaufkommen im motorisierten Verkehr werden stark durch die Alterszusammensetzung der Bevölkerung beeinflusst. Ältere Menschen sind seltener und weniger weit unterwegs als die vorwiegend erwerbstätigen Jahrgänge. Die pro Kopf in der Vergangenheit stets gestiegene Verkehrsleistung (Personenkilometer pro Tag und Person) wird im Szenario „Gleitender Übergang" noch langsam weiterwachsen. Im Szenario „Dynamische Anpassung" wird sie aber nur noch bis etwa 2030 steigen und ab der Mitte des Betrachtungszeitraumes wieder leicht sinken, um im Jahr 2050 beim heutigen Niveau zu liegen.

Der nicht motorisierte Verkehr wird sich kaum verändern. Es wird mehr zu Fuß gegangen, weil dies ältere Menschen häufig tun. Der aufgrund sinkender Jugendlichenzahlen zu erwartende Rückgang im Radverkehr wird teilweise ebenfalls durch Zuwächse bei den Senioren kompensiert.

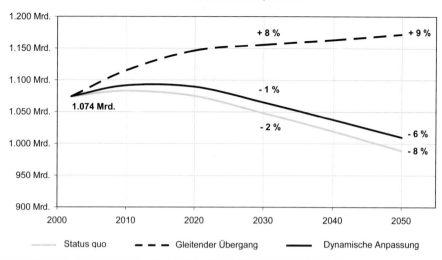

Quelle: Projektgruppe Mobilität 2050.

Regionale Unterschiede

In den wachsenden Regionen werden die Wachstumsimpulse auch die Verkehrsleistung (Personenkilometer) betreffen. Bei hoher Bevölkerungszahl und kaum gebremster Zersiedelung werden die Verkehrsleistungen (Personenkilometer) im MIV weiterhin wachsen.

In den schrumpfenden Regionen gehen Pkw-Bestand und Verkehrsleistungen des ÖV und des MIV sowohl im Szenario „Gleitender Übergang" als auch im Szenario „Dynamische Anpassung" deutlich zurück. Weder die zunehmende Motorisierung der Älteren und der Frauen noch die mit dem Ansatz des „gefühlten Alters" getroffenen Annahmen zu einer höheren Mobilität im Alter und die unterstellten Wohlstandseffekte werden den Rückgang durch die Bevölkerungsverluste vollständig kompensieren. Der Pkw-Bestand wird in den schrumpfenden Regionen zwischen 2002 und 2050 vor allem in den kleinen Orten deutlich abnehmen. Im Szenario „Dynamische Anpassung" beträgt der Rückgang in den Gemeinden mit mehr als 20 000 Einwohnern etwa vier Prozent, in den kleineren Orten dagegen bis zu 43 Prozent gegenüber dem Jahr 2002. Gemäß Szenario „Gleitender Übergang" wird der Rückgang bei neun Prozent in den großen und bei 23 Prozent in den kleinen Orten liegen.

Eine dramatische Entwicklung zeichnet sich für den öffentlichen Verkehr in den kleinen Orten und vor allem in schrumpfenden Regionen ab. Durch die Entleerung der Fläche und insbesondere durch den Rückgang der Schülerzahlen schwindet dort die Nachfrage nach ÖV-Leistungen im Szenario „Dynamische Anpassung" um mehr als 50 Prozent. Andererseits wird durch den Abbau der Verkehrsspitzen die Auslastung gleichmäßiger. Außerhalb der Kernstädte wird in weiten Teilen der schrumpfenden Regionen der Anspruch der „Daseinsvorsorge" mit herkömmlichen Linienverkehrsangeboten nicht mehr erfüllbar sein.

Abstract: Mobility 2050. Scenarios for the Development of Mobility in the Light of Settlement Structures up to 2050*

Research Issue

Over the past decades, urban sprawl and almost constant growth in traffic have been characteristic of settlement and transport development in Germany. In the decades to come, however, the population will age and decline, although this trend may be slowed by immigration. What effect will this have on settlement structures and transport in the medium and long terms? What are the political consequences to be drawn from changing conditions? What influence will demographic developments and trends in the labour and housing markets have on the quality of services and on demand and social structures? What new needs and behavioural patterns or other societal developments are likely to emerge over this period?

The present study examines the impacts of this development on transport and traffic in the regional context. In order to identify regional differences, parameters for traffic volume, modal split, and total passenger traffic generated by private households were developed for two scenarios and three types of region covering the period up to 2050. The scenario technique was adopted because this qualitative method has proved its worth in area-related futurological studies with uncertain development paths and long-term time horizons.

The breadth of the subject matter with its macro-economic, settlement-structural, and behavioural aspects is reflected in the consortium coordinated by TRAMP GmbH, Magdeburg, which includes the German Institute of Urban Affairs (Difu), Berlin, the Halle Institute for Economic Research (IWH), the Technical University Dresden (Friedrich List Faculty of Traffic and Transport Sciences), and Omniphon GmbH, Leipzig.

Research Methods

Scenario Concept

A 28-member expert group composed of academics and practitioners was set up to elaborate the scenarios. In collaboration with this group and on the basis of comprehensive source analysis, topic complexes pertinent to the future development of settlement, traffic and transport were identified through surveys and in two expert workshops. This data was fed into the scenarios.

---

*Übersetzung: Rhodes Barrett.

Quantification

Data was available from the regionalised population projections of the Federal Office for Building and Regional Planning (BBR, published 2006) and from the Rürup Commission on the macro-economic development of Germany. To enable treatment of specific regions, regionally disaggregated economic data were used for the period under review 2002-2050. For regional typification purposes, all 97 spatial planning regions in Germany were classified under 3 headings. A more detailed classification was not useful for data processing purposes, although preparatory studies at the county level by Prognos AG (Prognos Atlas of the Future) and the Berlin institute were available. These studies assessed future prospects and risks for counties.

Since the figures for transport behaviour (daily travelling time, trip frequency, and the share of transport expenditure in total household spending for certain groups of people under the same conditions) have proved to be largely stable and constant over decades, useful long-term models of transport behaviour can – if this stability is maintained – be built on the basis of transport behaviour and mobility ratios as known in 2002. The findings refer to private-household passenger traffic in Germany disregarding regular business trips.

Findings

Specifics of the Scenarios

Regional typification on the basis of more than 20 demographic, economic, and social indicators produced a classification of the 97 spatial planning regions in Germany under 3 types of region. The 18 "shrinking" regions with low economic growth are mostly situated in East Germany. The 35 "growing" (high-growth) regions are situated mainly in South Germany and around Hamburg in the North. Many regions (44) cannot be assigned to either of these two groups and form a "middle" group of regions. They can differ widely and include counties with growing, shrinking, and stable development.

Changing demographic and economic structures, the growing attractiveness of urban lifestyles, the increasing cost of living in peripheral areas, and the scarcity of inexpensive land in the central places of growing regions determine the direction and speed of migration and the choice of residence in a region. Especially when the population is declining, rural areas will lose a higher proportion of population than larger urban communities with a population of 20,000 or more. In low-growth regions, the population will shrink considerably.

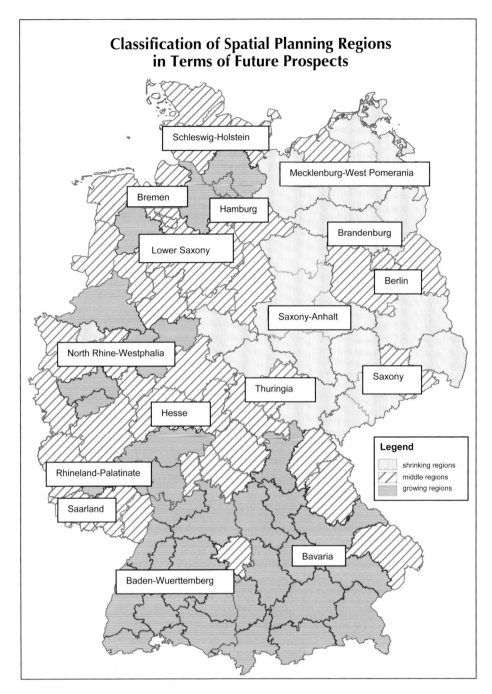

Source: *Project Group Mobility 2050.*

Structure of Scenarios

The expert group decided that the two scenarios should differ with regard to distribution of residential areas within spatial planning regions and to the development of prices for transport-related goods. Common to the scenarios is the assumption of increasing mobility among older people and "catch-up motorisation" among women and older people.

Disproportionately high rises in the price for transport-related goods are conceivable owing to rising energy and raw materials prices and conversion to new energy sources. Moreover, greater efforts to mitigate climate change and provide against risks are likely to be financed by taxation and insurance cover. Prices could also be driven up by a transition to user financing of transport (change in the role of government, privatisation) and new modes of economic regulation (e.g., global emissions trading).

Changes in spatial planning model ("equivalence of living conditions") can influence tax conditions and fiscal equalisation and, for example, call in question aid and tax relief for "urban sprawl" and transport (flat-rate commuter allowance, double residence, housing, [agricultural] aid for rural areas, for technical and social infrastructure, agricultural diesel fuel).

The first scenario is that of "dynamic adjustment". It postulates high rises in transport prices and a marked decline in subsidies, as well as reurbanisation. Within regions, this means a rapid concentration of residential use in densely settled areas and urban communities with over 20,000 inhabitants. The proportion of high and medium-rise urban housing forms will increase.

The "gradual transition" scenario postulates moderate price rises and moderate cuts in subsidies, bringing a slower change in the spatial distribution of residential use. This would prompt spatial concentration of residential functions in growing and middle-category regions and accelerate outmigration from shrinking areas where distance is a factor. "Urban sprawl" would therefore continue in growing regions, while high-rise urban housing forms would be increasingly favoured in middle regions. Shrinking regions would experience greater depopulation in rural areas than in larger towns and cities.

Transport and Traffic Development

In both scenarios, private motorised transport remains the predominant mode of transport. Motorisation and traffic volume (passenger kilometres) depend strongly on affluence, transport prices, and the possession of a driving licence. To a greater or lesser degree, depending on scenario, rising transport prices will balance out the stimulus to growth from growing GDP. Owing to the upward price pressure predicted in the scenarios, motor vehicle traffic and motorisation will grow only moderately from various points in time depending on scenario, levelling off at a almost stable figure or even declining.

Whereas total traffic (number of trips) will be between 4 and 7 per cent lower in 2050 than in 2002 – depending on scenario – owing to population decline, motorisation and traffic volume will follow demographic development less closely, especially in the "gradual transition" scenario. The following figure shows the development of traffic volume for both scenarios and the status quo, a model calculation for the case where only population and age structure change in spatial planning regions.

Depending on scenario, greater or lesser urbanisation will therefore tend to curb the volume of traffic (passenger kilometres), whereas the rise in motorisation enabled by more widespread possession of driving licences will encourage growth. Owing to the increase in driving licence possession, the car fleet is likely to continue growing. In the event of "stronger price signals," it would reach a stable level in the middle of the period, with a slightly diminishing fleet.

Traffic volume (passenger kilometres) and the volume of motorised traffic will be strongly influenced by the age structure of the population. Older people travel less frequently and less far than age groups that are mainly in employment. The volume of traffic, which in the past had always grown per head of population (passenger kilometres per day and person) will continue to increase slowly in the "gradual transition" scenario. In the "dynamic adjustment" scenario, however, it will rise only until about 2030, decreasing again slightly from the middle of the period under review to reach current levels by 2050.

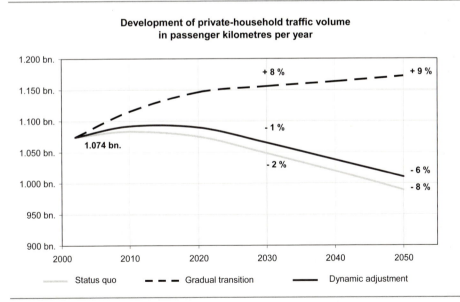

Source: Project Group Mobility 2050.

Non-motorised traffic will hardly change. There will be more pedestrian traffic because older people often go on foot. The decline in bicycle traffic due to falling numbers of young people will be partly compensated by a rising number of older cyclists.

Regional Differences

In growing regions, growth impulses will also affect traffic volume (passenger kilometres). With a higher population and almost unchecked urban sprawl, the volume of private motorised traffic (passenger kilometres) will continue to grow.

In shrinking regions, the private car fleet and the volume of public transport and private motorised transport will decline markedly in both the "gradual transition" and the "dynamic adjustment" scenario. Neither increasing motorisation among older people and women nor the assumptions made under the "felt age" approach will produce greater mobility in old age, and the posited affluence effects will be fully compensated by the decline due to population losses. In shrinking regions, the private car fleet will strongly diminish between 2002 and 2050, especially in small communities. In the "dynamic adjustment" scenario, the decline in communities with a population of less than 20,000 will be about 4 per cent compared with 2002, but up to 43 per cent in smaller communities. The "gradual transition" scenario predicts a 9 per cent fall in large places and a 23 per cent decline in small communities.

Public transport in small communities and especially in shrinking regions is likely to experience a dramatic fall. In the "dynamic adjustment" scenario, depopulation of the countryside and particularly a decline in the number of school children in rural areas will cut the demand for public transport services by more than 50 per cent. On the other hand, reduced traffic peaks will even out utilisation. In many parts of shrinking regions outside core cities it will no longer be possible to satisfy the demand for basic public services with traditional scheduled services.

1. Einführung

1.1 Aufgabenstellung

Alle Bevölkerungsprognosen für Deutschland – so auch die regional disaggregierten Bevölkerungs- und Haushaltsprognosen des Bundesamtes für Bauwesen und Raumordnung (BBR) – gehen bis zum Jahr 2050 von deutlichen Veränderungen der Altersstruktur und einer insgesamt sinkenden Einwohnerzahl aus. Ursachen sind unter anderem die langfristig zu geringe Geburtenrate und die insgesamt steigende Lebenserwartung in Deutschland. Neben dieser tendenziellen Entwicklung sind regional starke Unterschiede zu erwarten: Während die Zahl der Landkreise mit sinkender Einwohnerzahl zunimmt, werden in Ballungsräumen wie München und Hamburg, aber auch in kleineren Stadtregionen (z.B. Freiburg) zeitlich auf die nähere Zukunft begrenzt noch deutliche Zuwächse erwartet. Insbesondere in ländlichen Räumen und in den ostdeutschen Ländern wird die Altersentwicklung von der Abwanderung junger Menschen in wirtschaftlich stärkere Regionen überlagert, was die Prozesse beschleunigt ablaufen lässt.

Neben der demografischen Entwicklung sind Veränderungen der sozioökonomischen Rahmenbedingungen mit entsprechenden Auswirkungen auf das Mobilitätsverhalten zu erwarten. Dies betrifft z.B. die Entwicklung der verfügbaren Nettoeinkommen im Kontext der gesamtwirtschaftlichen Entwicklung unter den Bedingungen einer verstärkten Globalisierung und Liberalisierung der Wirtschaft oder auch Veränderungen bei der Erwerbstätigkeit.

Parallel zu dieser Entwicklung zwingt die angespannte Haushaltslage die öffentliche Hand zu einer Konzentration ihrer Investitionen auf mittel- bis langfristig sinnvolle Vorhaben. Zur Bewertung gegenwärtiger und zukünftiger Mobilitätskonzepte stellt sich die Frage, inwieweit die veränderten demografischen und sozioökonomischen Eckdaten zu Veränderungen des Verkehrsverhaltens bzw. der Verkehrsnachfrage führen und wie sich diese Veränderungen in den verschiedenen Regionen auswirken.

Die Aufgabenstellung der vorliegenden Untersuchung ist es, diese Fragen im regionalen Kontext zu klären. Um regionale Unterschiede identifizieren zu können, besteht die Aufgabe darin, die Eckwerte zum Verkehrsaufkommen, zum Modal Split und zur Verkehrsleistung des Personenverkehrs der privaten Haushalte für den Zeitraum bis zum Jahr 2050 regional zu differenzieren. Auf der Grundlage einer geeigneten Raumklassifizierung sind für bestimmte Siedlungsstrukturen, aber auch für die gesamtdeutsche Ebene Überlegungen zur Entwicklung von Mobilitätskennziffern (vor allem Modal Split, Verkehrsaufkommen und Verkehrsleistung) in einem Zeithorizont bis zum Jahr 2050 anzustellen. Einflüsse einer veränderten soziodemografischen Struktur sind ebenso wie ökonomische Einflüsse und mögliche Verhaltensänderungen (insbesondere der über 65-Jährigen) besonders herauszuarbeiten.

Um regionale Unterschiede der Entwicklung berücksichtigen zu können, besteht die Aufgabe weiterhin darin, für zwei Szenarien und für drei großräumige Regionstypen Eckwerte zum Verkehrsaufkommen, zum Modal Split und zur Verkehrsleistung des Personenverkehrs der privaten Haushalte für den Zeitraum bis zum Jahr 2050 zu entwickeln. Die primär qualitative Szenario-Technik hat sich in der raumbezogenen Zukunftsforschung mit ihren unsicheren Entwicklungspfaden und einem langfristigen Betrachtungshorizont bewährt.

Die Grundlage dieser Szenarien der Mobilitäts- und Siedlungsentwicklung bildet ein gesamtgesellschaftlicher Rahmen, innerhalb dessen Verschiebungen der Einkommens- und Kostenstrukturen (Einkommensentwicklung usw.) in Deutschland sowie Veränderungen der Arbeitsmarktstrukturen (Erwerbstätigenzahl usw.) abgeschätzt werden. Wichtige Eingangsdaten des Projektes sind die regionalisierte Bevölkerungsprognose des BBR (2006) und der Bericht der Rürup-Kommission (RÜRUP 2003). Ziel ist es, mögliche Richtungen der Mobilitäts- und Siedlungsentwicklung bis 2050 in Deutschland zu erkennen und die daraus resultierende Verkehrsnachfrage abzuleiten.

1.2 Methodik und Aufbau der Untersuchung

Einen grundlegenden Überblick über das methodische Vorgehen enthält Abbildung 1.

Abbildung 1: Überblick über das Szenarienkonzept

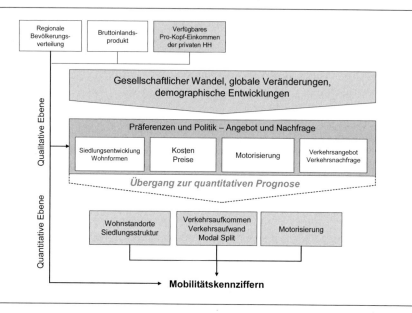

*Quelle: *Projektgruppe Mobilität 2050.*

Szenarienbildung

Um den Stand der Wissenschaft und die dort vorhandenen innovativen Ansätze gut berücksichtigen zu können, wurde ein Kreis von ausgewiesenen Experten in einem mehrstufigen Verfahren an der Szenarienkonzeption beteiligt. Dieser Expertenkreis umfasst 28 Wissenschaftler und Praktiker verschiedener Disziplinen. Die Experten wurden auf der Basis umfassender Quellenauswertungen zu den die Zukunftsfragen der Siedlungs- und Verkehrsentwicklung betreffenden Themenkomplexen zunächst schriftlich befragt. Auf Grundlage der Befragungsergebnisse wurden schließlich die für die Szenarien selbst relevanten Themenkomplexe identifiziert und in zwei Szenarien überführt.

Quantifizierung

Grundlagen der Zukunftsberechnungen bilden die regionalisierte Bevölkerungsprognose des Bundesamtes für Bauwesen und Raumordnung (BBR), die vom Statistischen Bundesamt veröffentlichte volkswirtschaftliche Gesamtrechnung für die Bundesrepublik Deutschland und die Annahmen der Rürup-Kommission zur gesamtwirtschaftlichen Entwicklung Deutschlands. Um räumlich differenzierte Betrachtungen anstellen zu können, sind entsprechend disaggregierte Daten erforderlich. Soweit diese Datenbasis noch nicht für den gesamten Betrachtungszeitraum 2002-2050 regional gegliedert vorliegt, ist eine Disaggregation der Gesamtwerte erforderlich.

Auf der Grundlage der Einkommensverbrauchsstichprobe (EVS 2003) und der volkswirtschaftlichen Gesamtrechnung des Statistischen Bundesamtes werden zunächst einige Zusammenhänge des Konsum- und Verkehrsverhaltens der deutschen Haushalte in einer Längs- und Querschnittsbetrachtung herausgearbeitet. Dazu werden alle verkehrsrelevanten Ausgabenpositionen identifiziert und deren Entwicklung in Abhängigkeit von Einkommen und Altersgruppen analysiert.

Ein wichtiger Bestandteil bei der Ermittlung von Verkehrsaufkommen und Verkehrsleistungen im Rahmen quantitativer Untersuchungen bzw. auf der Basis von verkehrsplanerischen Modellansätzen sind Aussagen zur Mobilität (Wege je Person und Tag) sowie zu mittleren Reiseweiten bzw. Reiseweitenverteilungen. Da sich die Kennziffern der Verhaltensweisen im Verkehr wie tägliche Reisezeit, Wegehäufigkeit und der Anteil der Verkehrsausgaben an den Gesamtausgaben eines Haushalts für bestimmte Personengruppen bei gleichen Rahmenbedingungen über Jahrzehnte hinweg als weitgehend stabil und konstant erwiesen haben, kann – wenn diese Stabilität erhalten bleibt – das Verkehrsverhalten auf der Basis der für 2002 bekannten Verhaltensweisen und Mobilitätskennziffern auch langfristig sinnvoll modelliert werden. Als zeitlich weitgehend invariant haben sich dabei Mobilitätskennziffern erwiesen, die sich disaggregiert nach sozioökonomischen Gruppen und nach Wegezwecken auf sogenannte verhaltenshomogene Personengruppen beziehen. So ist z.B. die Anzahl der Fahrten zwischen Wohnung und Schule zeitlich weitgehend invariant an die Anzahl der Schüler gekoppelt. Änderungen des Verkehrsaufkommens und der Verkehrsleistung entstehen überwiegend durch Standort- oder Strukturveränderungen bzw. durch Veränderungen der Schülerzahlen.

Zur regionalen Typisierung sind die 97 Raumordnungsregionen Deutschland zu drei Regionstypen zusammenzufassen. Da bei einem Betrachtungszeitraum von über 45 Jahren eine Ausdifferenzierung von Ergebnissen für konkrete regionale Räume im Zusammenhang mit den Unsicherheiten von ökonomischen und strukturellen Entwicklungen nicht sinnvoll ist, wird auf der Basis von Studien des Berlin-Instituts und der PROGNOS AG (BI 2004, PROGNOS 2004) eine geeignete Klassifizierung nach drei Regionstypen für Deutschland erarbeitet. In diesen Studien werden die Landkreise bezüglich ihrer Zukunftschancen und Zukunftsrisiken eingeschätzt.

Unter Nutzung weiterer Daten werden für neu definierte Urbanitäts- und Ortsgrößenklassen auf der abstrakten Ebene, d.h. ohne konkreten Bezug auf einzelne Orte oder Regionen, auch kleinräumige Verteilungen der Bevölkerung innerhalb der Regionstypen ausgewertet, wobei die Eckwerte der Regionstypen nun aus den Vorgaben der BBR-Prognose und den Klassifizierungen sowohl für die Analyse als auch für die Zielhorizonte bis zum Jahr 2050 feststehen. Den sich daraus ergebenden Bevölkerungsmengen wurden die für das Verkehrsmodell erforderlichen Eigenschaften (Einkommensklasse, Personengruppe usw.) zugeordnet (Kapitel 3).

Um Einflüsse aus veränderten Einkommensstrukturen und veränderten Bedingungen auf dem Arbeitsmarkt (Erwerbsquote usw.) zu berücksichtigen, werden mit Hilfe eines makroökonometrischen Modells einige Kenngrößen zur gesamtwirtschaftlichen Entwicklung in Deutschland bis zum Jahr 2050 abgeschätzt und regionalisiert. Dies erfolgt im Abgleich mit den Bevölkerungsprognosen des Statistischen Bundesamtes, des BBR und den Ergebnissen der Rürup-Kommission. Das Modell bildet die wesentlichen Komponenten des gesamtwirtschaftlichen Einkommenskreislaufs und die zwischen ihnen bestehenden Zusammenhänge ab. Im Zentrum steht die Entwicklung des Bruttoinlandsprodukts, das sich als Summe von Konsum, Investitionen, Nettoexporten und Staatsausgaben ergibt. Diese Nachfragekomponenten werden innerhalb von Standardansätzen erklärt (Kapitel 5.2).

Gestützt auf die umfangreichen Daten aus den abgestimmten Verkehrserhebungen des BMVBS – vor allem auf die Erhebung MID 2002 – werden wichtige Kennziffern der Mobilität analysiert und quantifiziert. Im Vorlauf wurde der Datensatz durch zusätzliche Variablen und eine modifizierte Wegedefinition ergänzt. Auf der Basis des neu entstandenen Datensatzes werden Abhängigkeiten zwischen erklärenden Variablen (Motorisierung, Schulabschluss usw.) und den wichtigsten Mobilitätskennziffern (Mobilität, Modal Split, Reiseweiten usw.) abgeleitet. Besonderes Augenmerk wird auf die Analyse der Einflussgrößen Alter bzw. Lebensphase, verfügbares Nettoeinkommen und Raumstruktur gelegt. Eine geeignete Raumklassifizierung soll erlauben, auf ihrer Basis prognostische Aussagen zu siedlungsstrukturellen Einflüssen auf das Mobilitätsverhalten abzuleiten. Die Auswertungen münden abschließend in einen Modellansatz zur Schätzung der zukünftigen Verkehrsaufkommen und Verkehrsleistungen bis zum Jahr 2050, der sowohl die zentralen ökonomischen als auch die verkehrsplanerischen Zusammenhänge abbildet (Kapitel 2).

Aus den vorhergehenden Arbeitsschritten liegen nun für ausgewählte Regionstypen empirisch abgesicherte Aussagen über den Status quo und die Entwicklung der vergangenen Jahre sowie fachlich abgestimmte Annahmen zur Entwicklung von Mobilitätskennziffern, Reiseweiten und Strukturdaten vor. Darüber hinaus wurden regionalisierte Annahmen zur Entwicklung ökonomischer Einflussfaktoren der Mobilitätsentwicklung erarbeitet. Diese Ergebnisse (d.h. das konsistente Gesamtbild von demografischer Entwicklung, sozioökonomischen Rahmenbedingungen und von Annahmen zu Veränderungen des Mobilitätsverhaltens) bilden die Grundlage für eine quantitative Schätzung des Personenverkehrsaufkommens und der Verkehrsleistungen der privaten Haushalte in Deutschland bis 2050 (ohne regelmäßige berufliche Wege entsprechend der Abgrenzung in MID 2002). Im Wesentlichen stützen sich die Modellrechnungen auf einen multiplen nichtlinearen Regressionsansatz zur Berechnung verkehrsmittelspezifischer Kennwerte für die Motorisierung, das Verkehrsaufkommen und die mittleren Reiseweiten (ebenfalls Kapitel 5).

Die quantitativen Ergebnisse der Berechnungen werden in Kapitel 6 für Deutschland, für die drei definierten Regionstypen und teilweise auch nach anderen Merkmalen zusammenfassend dargestellt. Dies erfolgt gesondert für die jeweiligen Zeithorizonte. Die Auswirkungen der verschiedenen Annahmen auf die Entwicklung von Aufkommen und Verkehrsleistung werden herausgearbeitet und diskutiert. Den Abschluss bilden in den Kapiteln 7 bis 9 eine Risikoansprache zur Bewertung des Vorgehens, eine zusammenfassende Ergebnisinterpretation sowie die Ableitung von Schlussfolgerungen.

1.3 Aufgabenteilung der Projektpartner

Die Breite der Thematik mit ihren makroökonomischen, siedlungsstrukturellen und verhaltensbezogenen Aspekten spiegelt sich in der Zusammensetzung des unter der Koordination der TRAMP GmbH, Magdeburg, gebildeten Konsortiums. Als Projektpartner arbeiteten die TRAMP – Traffic and Mobility Planning GmbH in Magdeburg, das Deutsche Institut für Urbanistik (Difu) in Berlin und das Institut für Wirtschaftsforschung Halle (IWH). Als Unterauftragnehmer waren die omniphon GmbH in Leipzig und der Lehrstuhl für Theorie der Verkehrsplanung der Technischen Universität Dresden am Projekt beteiligt. Zudem wurde während der Projektbearbeitung eine enge Zusammenarbeit mit dem Lehrstuhl für Verkehrs- und Infrastrukturplanung der TU Dresden aufgebaut, der parallel mit der Bearbeitung des FE-Projektes „Nutzbarkeit und Stabilität von Kennwerten zum Verkehrsverhalten, differenziert nach Raumtypen" (FOPS 070.756/2004) beauftragt war.

Der TRAMP GmbH oblag damit die Erarbeitung und Abstimmung einer Gesamtmethodik, die Koordinierung der Projektbearbeitung, die Aufbereitung der Bevölkerungsdaten bis zum Jahr 2050 und die Zusammenführung der Ergebnisse zu einem abschließenden Gesamtbericht. Nach der Abstimmung der makroökonomischen Projektion und der Szenariendefinition wurden die Teilergebnisse von der TRAMP GmbH im Rahmen einer Gesamtmodellrechnung umgesetzt und zu einem Mengengerüst für das Verkehrsaufkommen im Betrachtungszeitraum zusammengefügt. Darüber hinaus war die TRAMP GmbH an der Auswertung der verschiedenen Primärdaten beteiligt.

Die omniphon GmbH und der Lehrstuhl für Theorie der Verkehrsplanung der TU Dresden leisteten ihren Projektbeitrag insbesondere durch eine umfassende Aufbereitung des MID-Datensatzes und durch zahlreiche Auswertungen des Datensatzes. Darüber hinaus war die TU Dresden ganz maßgeblich am Aufbau und an der methodischen Diskussion des Modellansatzes beteiligt. Wie bereits erwähnt, erfolgte die Datenauswertung zeitweise in enger Zusammenarbeit mit dem Lehrstuhl für Verkehrs- und Infrastrukturplanung. Diese umfasste zum einen den Austausch und die gemeinsame Nutzung der aufbereiteten Datenbestände (MID 2002) und zum anderen die inhaltliche Abstimmung der beiden Forschungsprojekte.

Das Institut für Wirtschaftsforschung Halle zeichnet im Rahmen des Projektes verantwortlich für die Abschätzung der gesamtwirtschaftlichen Entwicklung und für die Quantifizierung der verkehrsrelevanten ökonomischen Einflussfaktoren. Dies umfasst unter anderem die Erarbeitung von makroökonomischen Projektionen zur Einkommensentwicklung und zu Veränderungen des Arbeitsmarktes sowie die Abstimmung der Ergebnisse mit den vorliegenden Prognosen des BBR und der Rürup-Kommission.

Die inhaltliche Konzeption der Szenarien unter Einbezug der externen Experten erfolgte unter der Regie des Deutschen Instituts für Urbanistik. Das Difu bearbeitete darüber hinaus innerhalb des Forschungsnetzwerkes die quantitativen Fragen der Raumstrukturentwicklung und die Annahmen zur Strukturdatenentwicklung und fixierte die Szenarien der Siedlungs- und Mobilitätsentwicklung für die zu definierenden Regionstypen.

2. Konsum- und Verkehrsverhalten in Deutschland

2.1 Verkehrsausgaben der privaten Haushalte

2.1.1 Grundsätzliche Überlegungen

Das Verkehrsverhalten von Personen und Personengruppen hängt von mannigfaltigen Umständen ab. Einen bedeutsamen Platz nehmen demografische, soziologische und ökonomische Faktoren ein. Unter den ökonomischen spielen das Einkommen von Personen und privaten Haushalten sowie Preise für Verkehrsgüter eine zentrale Rolle, und für die Konsumtheorie gilt es schon lange als erwiesen, dass sich die Nachfrage nach Gütern für einzelne Verwendungszwecke, darunter letztlich auch nach Verkehrsleistungen, mit der Höhe der verfügbaren Einkommen und der Verbraucherpreise ändert.

Eine der Datengrundlagen für die Abschätzung seiner Entwicklung bis zum Jahr 2050 bildet die Analyse des Verkehrs in der jüngsten und weiter zurückliegenden Vergangenheit. Allerdings wird dieses Objekt von den einzelnen Wissenschaftsdisziplinen unterschiedlich definiert und behandelt. Steht in den Verkehrswissenschaften die (physische) Verkehrsleistung im Mittelpunkt des Interesses, widmen sich die ökonomischen Wissenschaftszweige dem Input an Ressourcen für die Erbringung von Verkehrsleistungen und dem Wert des über den Markt realisierten (monetären) Outputs der Verkehrszweige. So weisen beispielsweise die Volkswirtschaftlichen Gesamtrechnungen der Bundesrepublik Deutschland nicht die von Personen geleisteten Verkehrswege, deren Häufigkeit und Ziele aus, sondern die von den privaten Haushalten für Verkehrszwecke ausgegebenen Geldbeträge. Das Verkehrsverhalten wird so nicht unmittelbar erfasst, sondern über Ausgabegrößen vermittelt. Die Verkehrsausgaben der privaten Haushalte reflektieren die individuelle Anschaffung von Fahrzeugen (Kfz und Fahrräder), den Kauf von Waren und Dienstleistungen für den Betrieb von Privatfahrzeugen (einschließlich Kraftstoffe) und die Inanspruchnahme von Verkehrsdienstleistungen, die durch private oder öffentliche Unternehmen angeboten werden. Dieses Konzept erlaubt zugleich, die Ausgaben für Verkehr im Kontext mit anderen ökonomischen Kennzahlen zu analysieren, insbesondere mit solchen wie Einkommen, Konsum und Preisen, die Einfluss auf das Ausgabeverhalten haben.

Die Ausgaben kennzeichnen auf ihre Weise die in jedem Zeitintervall bei gegebenem Angebot an Verkehrsträgern realisierte Mobilitätsnachfrage. Deshalb wurden anhand bestehender amtlicher Datensätze zu den Verkehrsausgaben folgende Fragestellungen näher untersucht:

- Welchen Stellenwert nahm die Nachfrage der privaten Haushalte nach Verkehrsgütern in den vergangenen Jahrzehnten ein und wie hat sie sich in Abhängigkeit von der Entwicklung der verfügbaren Einkommen und der Preise entwickelt (Längsschnittanalyse)?

- Welchen Einfluss auf die Nachfrage der privaten Haushalte nach Verkehrsgütern üben das Alter und die Einkommensverhältnisse der Haushaltsangehörigen aus (Querschnittanalyse)?

2.1.2 Verkehrsausgaben von 1970 bis 2002 in der Längsschnittanalyse

Datenbasis

Das Statistische Bundesamt ermittelt und veröffentlicht jährlich im Rahmen seiner Volkswirtschaftlichen Gesamtrechnungen Tabellen mit aggregierten Jahreswerten zu den Konsumausgaben der privaten Haushalte im Inland insgesamt und nach verschiedenen Verwendungszwecken. Sie liegen inzwischen für das frühere Bundesgebiet von 1970 bis 1991 und für das vereinte Deutschland von 1991 bis 2002 nach dem derzeit verbindlichen Konzept des Europäischen Systems Volkswirtschaftlicher Gesamtrechnungen (ESVG) von 1995 vor[1]. Eine Komponente der Konsumausgaben bilden die Verkehrsausgaben. Sie werden untergliedert nach den Ausgaben für den Kauf von Fahrzeugen sowie von Waren und Dienstleistungen für den Betrieb von Privatfahrzeugen, darunter auch für Kraftstoffe, sowie für die Inanspruchnahme von Verkehrsdienstleistungen. Die Daten liegen zu Preisen aus dem jeweiligen Jahr (nominale Verkehrsausgaben) und zu konstanten Preisen aus dem Jahr 1995 (reale Verkehrsausgaben) vor. Darüber hinaus enthalten die Volkswirtschaftlichen Gesamtrechnungen aggregierte Angaben zu den verfügbaren Einkommen der privaten Haushalte in den einzelnen Jahren[2].

Bedeutung der Verkehrsausgaben im Konsumentenbudget

In den vergangenen 30 Jahren sind die Ausgaben der privaten Haushalte für Verkehrszwecke kontinuierlich gestiegen: Hatten die Haushalte im früheren Bundesgebiet 1970 noch 21,7 Mrd. Euro für Verkehrszwecke ausgegeben, so waren es 1990 bereits 95,9 Mrd. Euro, also fast das 4,5-fache des Ausgangsniveaus innerhalb von zwei Jahrzehnten. Im Jahr 1991 kam es im Zuge der deutschen Vereinigung zu einem Niveausprung auf 127,3 Mrd. Euro, im Jahr 2002 waren es fast 170 Mrd. Euro. Das bedeutete innerhalb von zwölf Jahren einen Anstieg um fast 32 Prozent. Da die Ausgaben für den Konsum insgesamt im ersten Zeitraum deutlich langsamer gestiegen sind als die für den Verkehr, erhöhte sich der Anteil der Verkehrsausgaben im früheren Bundesgebiet von rund 11,5 Prozent auf über 14 Prozent im Jahr 1990. Aufgrund des großen Nachholbedarfs in den neuen Bun-

---

1 Die Angaben nach der Revision der Volkswirtschaftlichen Gesamtrechnungen im Jahr 2005, die mit dem Übergang zur Vorjahrespreisbasis einen tiefen Einschnitt in die Darstellung der realen (preisbereinigten) Größen nach sich zieht, lagen bei Abschluss des Projektes erst teilweise vor.
2 Vgl. *Statistisches Bundesamt*, Volkswirtschaftliche Gesamtrechnungen, Konten und Standardtabellen, Fachserie 18, Reihe 1.3 (Hauptbericht).

desländern nahm der Anteil der Verkehrsausgaben im vereinten Deutschland 1991 vorübergehend auf 15,5 Prozent zu und fiel danach auf den Stand von 1990 im früheren Bundesgebiet zurück (Tabelle 1).

Tabelle 1: Nominale Verkehrs- und Konsumausgaben privater Haushalte*

Verwendungszweck	Nominale Verkehrsausgaben der privaten Haushalte im Inland und nominale Konsumausgaben insgesamt – in jeweiligen Preisen							
	Früheres Bundesgebiet					Deutschland		
	1970	1975	1980	1985	1990	1991	1995	2002
	In Mrd. Euro							
Verkehrsausgaben insgesamt	21,7	33,4	50,4	65,2	95,9	127,3	138,3	167,9
Kauf von Fahrzeugen	8,0	11,7	17,5	23,8	41,2	56,1	54,0	68,3
Waren und Dienstleistungen für den Betrieb von Privatfahrzeugen	10,1	16,4	25,5	31,0	43,1	55,9	65,2	78,0
darunter Kraftstoffe	4,4	8,5	14,7	18,0	20,2	26,0	29,7	36,7
Verkehrsdienstleistungen	3,6	5,3	7,4	9,2	11,6	15,3	19,1	21,6
Nachrichtlich: Ausgaben für Wohnung, Wasser, Strom, Gas u.a. Brennstoffe	33,4	56,7	86,0	122,4	142,0	164,8	227,5	289,3
Konsumausgaben der privaten Haushalte im Inland	186,4	293,0	416,3	522,3	676,1	820,7	972,4	1 173,7
	In Prozent an den Konsumausgaben insgesamt							
Verkehrsausgaben insgesamt	11,6	11,4	12,1	12,5	14,2	15,5	14,2	14,3
Kauf von Fahrzeugen	4,3	4,0	4,2	4,6	6,1	6,8	5,6	5,8
Waren und Dienstleistungen für den Betrieb von Privatfahrzeugen	5,4	5,6	6,1	6,1	6,4	6,8	6,6	6,7
darunter Kraftstoffe	2,4	2,9	3,5	3,5	3,0	3,2	3,1	3,1
Verkehrsdienstleistungen	1,9	1,8	1,8	1,8	1,7	1,9	2,0	1,8
Nachrichtlich: Ausgaben für Wohnung, Wasser, Strom, Gas u.a. Brennstoffe	17,9	19,4	20,7	23,4	21,0	20,1	23,4	24,7
Konsumausgaben der privaten Haushalte im Inland	100,0	100,0	100,0	100,0	100,0	100,0	100,0	100,0
	In Prozent der Verkehrsausgaben insgesamt							
Verkehrsausgaben insgesamt	100,0	100,0	100,0	100,0	100,0	100,0	100,0	100,0
Kauf von Fahrzeugen	36,7	35,1	34,6	36,6	43,0	44,0	39,1	40,7
Waren und Dienstleistungen für den Betrieb von Privatfahrzeugen	46,9	49,2	50,8	49,3	44,9	44,0	47,1	46,5
darunter Kraftstoffe	20,4	25,5	29,2	27,7	21,0	20,4	21,5	21,8
Verkehrsdienstleistungen	16,4	15,7	14,6	14,1	12,1	12,0	13,8	12,8

*Quellen: Projektgruppe Mobilität 2050 nach Statistischem Bundesamt.

Der Verkehr ist der drittgrößte Ausgabenkomplex der privaten Haushalte. Kräftiger noch als für ihn erhöhten sich in den Jahren nach der deutschen Vereinigung die Ausgaben für den größten Ausgabenkomplex, das Wohnen. Sie übertrafen im Jahr 2002 den Stand von 1991 um rund drei Viertel. Von 100 Euro gaben die privaten Haushalte im Jahr 2002 knapp 25 Euro für Miete und Instandhaltung der Wohnungen, für Wasser und Energie aus; für Verkehrsgüter waren es 14 Euro.

Im gleichen Zeitraum hat sich das Preisniveau insgesamt erhöht und es sind auch die Preise für Verkehrsgüter gestiegen. Insbesondere von den Ölpreisschocks in den Jahren 1973/74 und 1979/80 gingen enorme Veränderungen aus. Der ölpreisbedingte Kaufkraftentzug wirkte sich nicht nur auf die verbrauchten Mengen an Kraftstoffen und anderen Konsumgütern aus, sondern regte auch die Konstruktion neuer Pkw-Modelle an, die sparsamer im Kraftstoffverbrauch waren. So stiegen nicht nur die Preise für Kraftstoffe, sondern im Zuge der allgemeinen Erhöhung der Leistungsparameter auch die für neue Fahrzeuge an. Diese Preissteigerungen übertrafen in der Regel die allgemeine Inflationsrate. Im Zeitraum von 1993 bis 1998 kam es zu einer tendenziellen Angleichung der Raten. Danach erwiesen sich die Preissteigerungen für Verkehrsgüter in den Jahren 1999 bis 2000 und jüngst erneut als Beschleuniger der allgemeinen Inflation.

Abbildung 2: Preisentwicklung für Konsum- und Verkehrsgüter – Veränderung gegenüber Vorjahr in Prozent*

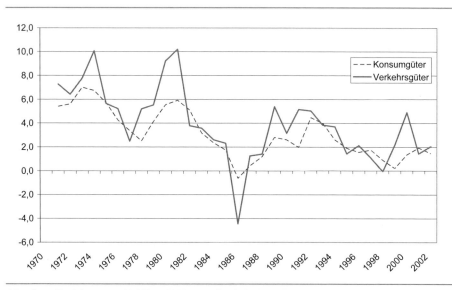

*Quelle: Projektgruppe Mobilität 2050 nach Statistischem Bundesamt.

Die Abbildung 2 zeigt, dass die Preise für Verkehrsgüter in 23 von 32 Jahren schneller gestiegen sind als die Preise für Konsumgüter insgesamt.

Schaltet man – rein rechnerisch – die Preissteigerungen aus dem Anstieg der Verkehrsausgaben aus, so zeigt sich real (mengenmäßig) ein hohes Maß an Stabilität der Verkehrsausgaben (Tabelle 2). Ihr Anteil an den Konsumausgaben insgesamt

Tabelle 2: Reale Verkehrs- und Konsumausgaben der privaten Haushalte*

	Reale Verkehrsausgaben der privaten Haushalte im Inland und reale Konsumausgaben insgesamt – in Preisen von 1995							
	Früheres Bundesgebiet					Deutschland		
Verwendungszweck	1970	1975	1980	1985	1990	1991	1995	2002
	In Mrd. Euro							
Verkehrsausgaben insgesamt	65,0	70,0	80,8	83,9	115,7	146,1	138,3	146,6
Kauf von Fahrzeugen	21,8	24,4	29,8	31,6	47,7	62,3	54,0	63,7
Waren und Dienstleistungen für den Betrieb von Privatfahrzeugen	32,5	35,0	39,2	40,7	54,8	65,9	65,2	64,6
darunter Kraftstoffe	12,2	16,2	20,2	20,3	26,0	30,1	29,7	27,4
Verkehrsdienstleistungen	10,6	10,6	11,8	11,6	13,1	17,8	19,0	18,2
Nachrichtlich: Ausgaben für Wohnung, Wasser, Strom, Gas u.a. Brennstoffe	92,7	113,2	135,1	156,5	173,7	206,2	227,5	254,9
Konsumausgaben der privaten Haushalte im Inland	449,4	525,3	614,7	644,7	783,2	932,3	972,4	1 070,7
	In Prozent an den realen Konsumausgaben insgesamt							
Verkehrsausgaben insgesamt	14,5	13,3	13,1	13,0	14,8	15,7	14,2	13,7
Kauf von Fahrzeugen	4,9	4,6	4,8	4,9	6,1	6,7	5,6	5,9
Waren und Dienstleistungen für den Betrieb von Privatfahrzeugen	7,2	6,7	6,4	6,3	7,0	7,1	6,6	6,1
darunter Kraftstoffe	2,7	3,1	3,3	3,2	3,3	3,2	3,1	2,6
Verkehrsdienstleistungen	2,4	2,0	1,9	1,8	1,7	1,9	2,0	1,7
Nachrichtlich: Ausgaben für Wohnung, Wasser, Strom, Gas u.a. Brennstoffe	20,6	21,6	22,0	24,3	22,2	22,1	23,4	23,8
Konsumausgaben der privaten Haushalte im Inland	100,0	100,0	100,0	100,0	100,0	100,0	100,0	100,0
	In Prozent der Verkehrsausgaben insgesamt							
Verkehrsausgaben insgesamt	100,0	100,0	100,0	100,0	100,0	100,0	100,0	100,0
Kauf von Fahrzeugen	33,6	34,9	36,9	37,7	41,3	42,7	39,1	43,5
Waren und Dienstleistungen für den Betrieb von Privatfahrzeugen	50,1	50,0	48,5	48,5	46,7	45,1	47,1	44,1
darunter Kraftstoffe	18,8	23,1	25,0	24,2	22,5	20,6	21,5	18,7
Verkehrsdienstleistungen	16,3	15,1	14,6	13,8	12,0	12,2	13,8	12,4

*Quellen: Projektgruppe Mobilität 2050 nach Statistischem Bundesamt.

schwankte seit 1970 um die 14-Prozent-Marke, ohne einen eindeutigen Trend auszuweisen. Nur Anfang der 90er-Jahre übertraf er die 15-Prozent-Marke. Hier kam die Realisierung der angestauten Nachfrage nach Pkw in den neuen Bundesländern zum Ausdruck. Nach Rückgängen bis Mitte des Jahrzehnts erwarben die privaten Haushalte real wieder so große Mengen an Verkehrsgütern wie im Jahr 1991. Dies unterstreicht: Der Verkehr ist eine feste Größe im Budget der privaten Haushalte.

Allerdings hat es Verschiebungen im Konsumentenbudget gegeben. So wurden in den Jahren nach 1991 beispielsweise deutlich mehr Güter für das Wohnen erworben. Die Ausgaben dafür stiegen bis 2002 real um 24 Prozent. Angesichts der unterschiedlichen Dynamik der erworbenen Gütermengen behielt der Verkehr zwar seinen Stellenwert, Wohnen stieg jedoch um knapp zwei Prozentpunkte auf 23,8 Prozent.

Innerhalb der Verkehrsausgaben stellen die Ausgaben für den Individualverkehr den größten Anteil mit knapp 90 Prozent. Hierzu zählen neben dem Kauf neuer und gebrauchter Fahrzeuge die Ausgaben für Waren und Dienstleistungen für den Betrieb der Fahrzeuge. Ihnen stehen die weit geringeren Ausgaben für Personenbeförderungsleistungen gegenüber. Die innere Struktur der Verkehrsausgaben hat sich in der Vergangenheit zugunsten der Käufe von Fahrzeugen verschoben. Der Anteil der Waren und Dienstleistungen für den Betrieb von Fahrzeugen sowie der Anteil an Verkehrsdienstleistungen gingen im betrachteten Zeitraum zurück. Die Konsumenten haben ihr steigendes Verkehrsbudget vor allem für die Anschaffung von mehr und teureren Fahrzeugen ausgegeben.

Der Anteil der Verkehrsausgaben an den real verfügbaren Einkommen schwankte im betrachteten Zeitraum von 1970 bis 2002 um zwölf Prozent, wobei es in den 90er-Jahren zu einem leichten Anstieg auf im Durchschnitt 12,2 Prozent kam.

Einfluss von Einkommen und Preisen

Bereits die oben dargestellte deskriptive Auswertung der Konsumausgaben lässt einen Einfluss der Preisentwicklung auf den Kauf von Verkehrsgütern durch die privaten Haushalte vermuten. Da die Verkehrsausgaben trotz Preissteigerungen – über den gesamten Zeitraum betrachtet – real gestiegen sind, dürften weitere Einflussfaktoren wie der gestiegene Wohlstand eine Rolle gespielt haben. Im Folgenden wird deshalb der Frage nachgegangen, wie die privaten Haushalte bei ihren Verkehrsausgaben auf Preis- und Einkommensänderungen reagiert haben. Hier kam die multiple Regressionsanalyse zum Einsatz. Mit ihr wird der Einfluss mehrerer unabhängiger Variablen auf eine abhängige Variable geschätzt. Im gegebenen Fall betraf dies die Entwicklung der realen Verkehrsausgaben in Abhängigkeit von der Entwicklung der real verfügbaren Einkommen und der Preise für Verkehrsgüter in Relation zur allgemeinen Preisentwicklung (Entwicklung der relativen Preise). Die Datenbasis bilden die vom Statistischen Bundesamt ermittelten Reihen mit den Jahreswerten der Verkehrsausgaben der privaten Haushalte im Inland insgesamt sowie untergliedert nach Untergruppen der Verkehrsausgaben in Preisen von 1995 und den real verfügbaren Einkommen der privaten Haushalte. Die Realeinkommen wurden mit Hilfe des Konsumdeflators ermittelt. Die relativen Preise der Verkehrsausgaben wurden als Preisindex der Verkehrsausgaben und seiner Untergruppen, bezogen auf den Preisindex der Konsumausgaben insgesamt, errechnet. Das Modell wurde anhand der logarithmierten Niveaugrößen der Variablen geschätzt. Die Parameter der Schätzgleichung β_1 und β_2 entsprechen dann den Elastizitätskoeffizienten. Sie geben an, um wieviel Prozent sich die abhängige Größe Verkehrsausgaben ändert, wenn sich die unabhängige Größe Einkommen oder relativer Preis um ein Prozent wandelt.

Allgemein geschrieben, gilt:

$$LOGc_{it} = \beta_0 + \beta_1 * LOGy_t + \beta_2 * LOGp_{it}$$

wobei die folgenden Variablen definiert sind:

c_{it} – Verkehrsausgaben zu Preisen des Jahres 1995 der Art i,

p_{it} – Index des relativen Preises für Verkehrsgüter der Art i,

y_t – real verfügbare Einkommen der privaten Haushalte,

$\beta_{1,2}$ – Elastizitätskoeffizienten.

Das Bestimmtheitsmaß R^2 gibt an, wie stark der Einfluss aller exogenen Variablen auf die endogene Variable ist. Es kann den Wert null bis eins annehmen, wobei bei eins eine vollständige Erklärung der abhängigen Variablen durch die einbezogenen unabhängigen Variablen erfolgt. So bedeutet ein Wert von 0,95, dass 95 Prozent der gesamten Streuung der abhängigen Variablen auf die erklärenden Variablen und fünf Prozent auf in der Regressionsgleichung nicht erfasste Einflüsse zurückzuführen sind.

Tabelle 3: Einkommens- und Preiselastizitäten der Nachfrage nach Verkehrsgütern*

Gruppierung nach:	Elastizität[a]		Bestimmtheitsmaß
	Verfügbare Einkommen	Relativpreis	Korrigiertes R^2
Verkehrsausgaben insgesamt	1,4266***	-1,2813***	0,9821
Kauf von Fahrzeugen	1,0546***	1,2710***	0,9472
Waren und Dienstleistungen für den Betrieb von Privatfahrzeugen	1,1312***	-0,4522***	0,9716
Verkehrsdienstleistungen	1,2001***	-1,4413***	0,9879

*Quellen: Projektgruppe Mobilität 2050 nach Statistischem Bundesamt.

a Signifikant bei einer Irrtumswahrscheinlichkeit von zehn (*), fünf (**) bzw. einem (***) Prozent.

Wie vermutet ist die Menge der erworbenen Verkehrsgüter (reale Verkehrsausgaben) insgesamt negativ mit der Entwicklung der relativen Verkehrspreise korreliert. Das heißt, bei kräftiger steigenden Preisen für Verkehrsgüter als für den Konsum insgesamt (und konstantem Einkommen) verringern sich die Verkehrsausgaben. Laut Regressionsanalyse beeinträchtigt der um ein Prozent schnellere Anstieg der Verkehrspreise als die allgemeine Inflationsrate die Ausgaben für den Kauf von Verkehrsgütern mit 1,3 Prozent sogar überproportional (Tabelle 3). Allerdings gilt dies nicht für alle Verkehrsgüter in gleichem Maße. Während die Ausgaben für Verkehrsdienstleistungen mit 1,4 Prozent ebenfalls überproportional sinken, gehen sie für den Kauf von Waren und Dienstleistungen zum Betrieb der Privatfahrzeuge mit 0,5 Prozent nur unterproportional zurück. Überraschenderweise weist die Regressionsgleichung bei den Fahrzeugkäufen auf einen positiven Zusammenhang zwischen Preis- und Ausgabenentwicklung hin. Dieses Ergebnis ist statistisch gut gesichert und signalisiert wohl den Einfluss weiterer Einflussgrößen, wie den Zuwachs an Fahrleistung der Pkw, die in der Gleichung nicht spezifiziert sind.

Im Gegensatz zu den Preissteigerungen hat in der Vergangenheit ein einprozentiger Einkommensanstieg mit 1,4 Prozent zu einer überproportionalen Erhöhung der Ausgaben für Verkehrsgüter geführt. Der durch den Kaufkraftverlust verminderte Mengenerwerb an Verkehrsgütern konnte so durch die Steigerung des am Realeinkommen gemessenen Wohlstandes mehr als kompensiert werden.

Bezieht man angesichts der Ölpreisschocks in Vergangenheit und Gegenwart die Preise für die aus dem Mineralöl gewonnenen Kraftstoffe noch zusätzlich als erklärende Variable in die Regressionsgleichung ein, so ergibt sich für diese Variable nur beim Kauf von Fahrzeugen ein signifikant negativer Einfluss. Das heißt, bei einer Preissteigerung für Kraftstoffe um zehn Prozent verringern sich die Ausgaben für den Kauf von Fahrzeugen um rund drei Prozent (Tabelle 4).

Tabelle 4: Einkommens- und Preiselastizitäten der Nachfrage nach Verkehrsgütern*

Gruppierung nach:	Elastizität[a]		Bestimmtheitsmaß
	Verfügbare Einkommen	Kraftstoffpreis	Korrigiertes R^2
Kauf von Fahrzeugen	1,6432 ***	-0,2797***	0,9474

*Quellen: Projektgruppe Mobilität 2050 nach Statistischem Bundesamt.

a Signifikant bei einer Irrtumswahrscheinlichkeit von zehn (*), fünf (**) bzw. einem (***) Prozent.

Betrachtet man statt des gesamten Zeitraums von 1970 bis 2002 einzelne Unterabschnitte, so zeigt die Analyse auch einen Wandel in der Intensität des Zusammenhangs zwischen den erworbenen Mengen an Verkehrsgütern (reale Verkehrsausgaben) auf der einen Seite sowie Realeinkommen und Preisen auf der anderen. Während sich die Elastizitätskoeffizienten für den Zeitraum von 1970 bis 1990 kaum von denen der gesamten Periode unterscheiden, differieren sie deutlich für die Jahre seit 1991. Hier war der negative Preiseinfluss auf die realen Verkehrsausgaben deutlich stärker als in den Jahrzehnten davor, und die langsamer als früher gestiegenen Realeinkommen stimulierten die Verkehrsausgaben zwar noch überproportional, aber mit abnehmender Stärke. Allerdings ist der Erklärungsgehalt der Zeitreihen nach 1991 statistisch nicht mehr in dem Maße signifikant wie für die längeren Zeiträume.

Der langfristig stabile Zusammenhang zwischen Verkehrsausgaben, Realeinkommen und Verkehrspreisen hat „am aktuellen Rand" an Stringenz verloren.

2.1.3 Verkehrsausgaben im Jahr 2003 in der Querschnittanalyse

Datenquelle

Auf der Mikroebene liegen mit der Einkommens- und Verbrauchsstichprobe (EVS) Einzeldaten zu den Ausgaben der privaten Haushalte für Verkehrsgüter im Querschnitt für bestimmte Jahre vor. Die EVS wird vom Statistischen Bundesamt in Form einer Befragung der privaten Haushalte alle fünf Jahre erhoben. Sie enthält detaillierte Angaben zu Höhe und Zusammensetzung von Einkommen, Ausgaben sowie Vermögen der privaten Haushalte. Im Jahr 1998 nahmen rund 62 000 Haushalte und im Jahr 2003 rund 53 400 Haushalte an der Befragung teil, was ca. 0,2 Prozent der Gesamtzahl privater Haushalte in Deutschland entsprach. Die Auswahl der privaten Haushalte erfolgte nach einem vorgegebenen Quotenplan, der anhand des vorangegangenen Mikrozensus bestimmt wird. Dabei werden die Quotierungsmerkmale „Soziale Stellung des Haupteinkommensbeziehers", „Haushaltstyp" und „Haushaltseinkommen" je Bundesland vorgegeben. Durch die EVS werden Haushalte mit sehr hohem Einkommen (über 17 895 Euro monatliches Haushaltsnettoeinkommen) und Personen, die in Einrichtungen (z.B. Justizvollzug, Kasernen, Pflegeheimen) leben, sowie Wohnungslose nicht erfasst. Die Ausgaben der privaten Haushalte werden durch die Führung eines Haushaltsbuches detailliert ermittelt, wobei die Verkehrsausgaben in der EVS für 2003 in 17 Ausgabepositionen gegliedert sind (Tabelle 5). Aus Gründen der Vergleichbarkeit wird in der Tabelle auch die Gliederung der EVS 1998 angegeben, die Gegenstand der Auswertung im Zwischenbericht war. Die Ausgabepositionen werden für die weitere Untersuchung zu drei Oberpositionen – Kauf von Fahrzeugen, Waren und Dienstleistungen für den Betrieb der Fahrzeuge sowie Personenverkehrsleistungen – zusammengefasst. Für die Analyse wird der faktisch anonymisierte Grundfile von 80 Prozent der Stichprobe der EVS von 2003 genutzt. Aus der Gegenüberstellung in Tabelle 5 sind die Grenzen der Vergleichbarkeit auf der untersten Ebene erkennbar.

Tabelle 5: Ausgabepositionen für Verkehr in der EVS 1998 und in der EVS 2003*

Ausgabepositionen	EVS 1998	EVS 2003
Kauf von neuen Kraftfahrzeugen	x	x
Kauf von gebrauchten Kraftfahrzeugen	x	x
Kauf von Motorrädern	x	x
Kauf von Fahrrädern (ohne Hilfsmotor)	x	x
Ersatzteile und Zubehör für Privatfahrzeuge	x	
Kraftstoffe und Schmiermittel für Privatfahrzeuge	x	x
Wartung und Reparaturen an Privatfahrzeugen	x	x
Garagen und Stellplatzmieten	x	x
Andere Dienstleistungen an Privatfahrzeugen	x	x
Personenbeförderung im Schienenverkehr	x	
Personenbeförderung im Straßenverkehr	x	
Personenbeförderung im Luftverkehr	x	
Personenbeförderung im See- und Binnenschiffsverkehr	x	
Andere Ausgaben für Verkehrsdienstleistungen	x	
Kutschen und ähnliche von Tieren gezogene Fahrzeuge		x
Zubehör, Einzel- und Ersatzteile für Fahrräder		x
Ersatzteile und Zubehör für Kraftfahrzeuge und Krafträder		x
Mietwert der Eigentümergaragen		x
Mietwert für mietfreie Garagen/Stellplätze		x
Fremde Verkehrsdienstleistungen (ohne solche auf Reisen): Sonstige		x
Fremde Verkehrsdienstleistungen (auf Reisen): Sonstige		x
Fremde Verkehrsdienstleistungen (ohne solche auf Reisen): Luftverkehr		x
Fremde Verkehrsdienstleistungen (auf Reisen): Luftverkehr		x

*Quelle: *Statistisches Bundesamt*, Datensatzbeschreibung der EVS 1998 und der EVS 2003.

Deskriptive Analyse des Einflusses von Einkommen und Alter

Wie oben in der Längsschnittanalyse dargestellt, hängen die Verkehrsausgaben von der zeitlichen Veränderung der Einkommenshöhe ab. So ist zu erwarten, dass auch für ein bestimmtes Jahr die Haushalte mit höherem Einkommen mehr für Verkehrsgüter ausgeben als solche, die über weniger Einkommen verfügen. Außerdem kann ein Einfluss des Alters auf die Mobilität der Personen und die Höhe der Verkehrsausgaben vermutet werden. Mit den Angaben aus der Einkommens- und Verbrauchsstichprobe lassen sich die nominalen Verkehrsausgaben der privaten Haushalte nach der Höhe der Haushaltseinkommen der privaten Haushalte und dem Alter des Haupteinkommensbeziehers im Erhebungsjahr der Daten analysieren.

In der Tat zeigt bereits die Gruppierung der Verkehrsausgaben nach Einkommensklassen in der Tabelle 6, dass sich Größe und Anteil der Verkehrsausgaben mit steigendem mittlerem Einkommen tendenziell erhöhen.

Dies hängt insbesondere mit den Ausgaben für Fahrzeugkäufe zusammen. Die Ausgaben für Waren und Dienstleistungen für den Betrieb der Fahrzeuge steigen anteilmäßig erst an und nehmen dann in den höheren Einkommensgruppen wieder ab. Die Ausgaben für den Personenverkehr verlieren mit steigendem Einkommen an Bedeutung. Nur am unteren und oberen Rand der Gruppierung gibt es Abweichungen von der Tendenz.

Die Gegenüberstellung von Verkehrsausgaben und Alter des Haupteinkommensbeziehers der privaten Haushalte lässt vermuten, dass die Bedeutung der Verkehrsausgaben im Haushaltsbudget mit steigendem Alter abnimmt. Dies steht insbesondere im Zusammenhang mit den Ausgaben für Fahrzeugkäufe sowie für Waren und Dienstleistungen zum Betrieb der Fahrzeuge. Dagegen gewinnen mit dem Alter die Ausgaben für Personenverkehrsleistungen wieder an Bedeutung (Tabelle 7).

Tabelle 6: Monatliches Haushaltseinkommen und Verkehrsausgaben im Jahr 2003*

Einkommens-gruppe	Mittleres Haushalts-einkommen	Verkehrs-ausgaben insgesamt	Käufe von Fahrzeugen	Waren und Dienstleis-tungen für Fahrzeuge	Personen-verkehrs-leistungen
In Euro					
unter 500	268,71	111,71	51,02	42,39	18,58
500 - 1 000	795,45	64,49	11,36	38,03	15,57
1 000 - 1 500	1 257,35	117,93	24,39	75,34	19,58
1 500 - 2 000	1 741,76	173,33	42,30	111,92	21,60
2 000 - 2 500	2 245,10	228,38	57,18	150,35	24,27
2 500 - 3 000	2 742,42	300,66	89,80	187,87	25,73
3 000 - 3 500	3 240,76	345,75	107,83	213,74	25,49
3 500 - 4 000	3 738,87	381,43	119,58	233,46	27,19
4 000 - 4 500	4 232,86	461,74	178,49	251,27	29,26
4 500 - 5 000	4 730,74	509,28	210,68	259,53	37,23
5 000 - 6 000	5 444,65	620,03	285,03	291,19	40,58
6 000 - 7 500	6 653,75	747,37	395,43	304,74	44,68
7 500 - 12 500	9 095,50	1 056,56	657,21	320,30	77,56
12 500 - 18 000	14 732,82	1 550,49	1 105,74	368,47	84,71
Insgesamt	2881,52	306,33	114,50	165,94	26,78
In Prozent des ausgabefähigen Haushaltseinkommens					
Unter 500	100,00	41,68	18,99	15,78	6,91
500 - 1 000	100,00	8,17	1,43	4,78	1,96
1 000 - 1 500	100,00	9,49	1,94	5,99	1,56
1 500 - 2 000	100,00	10,09	2,43	6,43	1,24
2000 - 2 500	100,00	10,32	2,55	6,70	1,08
2500 - 3 000	100,00	11,06	3,27	6,85	0,94
3000 - 3 500	100,00	10,71	3,33	6,60	0,79
3 500 - 4 000	100,00	10,17	3,20	6,24	0,73
4 000 - 4 500	100,00	10,84	4,22	5,94	0,69
4 500 - 5 000	100,00	10,73	4,45	5,49	0,79
5000 - 6 000	100,00	11,33	5,24	5,35	0,75
6000 - 7 500	100,00	11,19	5,94	4,58	0,67
7 500 - 12 500	100,00	11,60	7,23	3,52	0,85
12 500 - 18 000	100,00	10,58	7,51	2,50	0,57
Insgesamt	100,00	10,66	3,97	5,76	0,93

*Quellen: Statistisches Bundesamt, Berechnungen des IWH.

Tabelle 7: Monatliche Verkehrsausgaben 2003 nach dem Alter des Haupteinkommensbeziehers*

Altersgruppe des Haupteinkommensbeziehers	Mittleres Haushaltseinkommen	Verkehrsausgaben insgesamt	Käufe von Fahrzeugen	Waren und Dienstleistungen für Fahrzeuge	Personenverkehrsleistungen
Jahre	In Euro				
Unter 25	1 540,18	202,44	63,36	114,02	24,98
25 bis unter 35	2 482,81	310,53	118,17	167,57	24,54
35 bis unter 45	3 302,88	348,67	129,46	192,64	26,51
45 bis unter 55	3 524,54	406,58	164,11	211,40	30,01
55 bis unter 65	3 030,35	334,69	129,91	176,66	28,70
65 bis unter 70	2 455,43	258,51	97,09	137,84	27,29
70 bis unter 80	2 441,94	199,91	67,19	111,05	25,49
Über 80	2 281,81	121,58	27,92	77,23	19,22
Insgesamt	2 886,56	307,70	115,69	166,04	26,78
	In Prozent des ausgabefähigen Haushaltseinkommens				
Unter 25	100,00	13,14	4,11	7,40	1,62
25 bis unter 35	100,00	12,50	4,76	6,75	0,99
35 bis unter 45	100,00	10,55	3,92	5,83	0,80
45 bis unter 55	100,00	11,51	4,66	6,00	0,85
55 bis unter 65	100,00	11,06	4,29	5,83	0,95
65 bis unter 70	100,00	10,68	3,95	5,61	1,11
70 bis unter 80	100,00	8,34	2,75	4,55	1,04
Über 80	100,00	5,45	1,22	3,38	0,84
Insgesamt	100,00	10,69	4,01	5,75	0,93

*Quellen: Projektgruppe Mobilität 2050 nach Statistischem Bundesamt.

Multiple Regressionsanalyse des Einflusses von Einkommen und Alter

Der Einfluss der Einkommenssituation und des Alters auf die Verkehrsausgaben lässt sich ebenfalls anhand einer Regressionsanalyse quantifizieren. Dazu wird eine multiple Regressionsfunktion folgender Art mit β_1 und β_2 als Elastizitätskoeffizienten berechnet:

$$\text{LOG(Ausgaben)} = \beta_0 + \beta_1 \text{ LOG(ausgabefähiges Einkommen)} + \beta_2 \text{ LOG(Alter)}$$

Im Gegensatz zur Zeitreihenanalyse mit den makroökonomischen Daten der Volkswirtschaftlichen Gesamtrechnung (VGR) ergibt sich in der Querschnittanalyse ein weitaus geringeres Bestimmtheitsmaß. Dies ist statistisch im fehlenden Trend der Variablen begründet.

Tabelle 8: Nachfrageelastizität nach Verkehrsgütern bezüglich Einkommen der privaten Haushalte und des Alters des Haupteinkommensbeziehers im Jahr 2003*

Gruppierung nach:	Elastizität[a]		Bestimmtheitsmaß
	Ausgabefähiges Haushaltseinkommen	Alter	Korrigiertes R^2
Verkehrsausgaben insgesamt	1,0297***	-0,4958***	0,3206
Kauf von Fahrzeugen	1,0019***	0,4490***	0,1048
Waren und Dienstleistungen für den Betrieb von Privatfahrzeugen	0,8133***	-0,1843***	0,2309
Verkehrsdienstleistungen	0,2024***	0,0325***	0,0089

*Quellen: Projektgruppe Mobilität 2050 nach Statistischem Bundesamt.

a   Signifikant bei einer Irrtumswahrscheinlichkeit von zehn (*), fünf (**) bzw. einem (***) Prozent.

Auch laut Querschnittanalyse steigen die Verkehrsausgaben insgesamt und die Ausgaben für den Kauf von Fahrzeugen überproportional mit dem verfügbaren Einkommen an (Tabelle 8). Bei den Waren und Dienstleistungen für den Betrieb von Fahrzeugen ist hingegen im Vergleich zur Makroanalyse eine unterproportionale Entwicklung gegenüber dem Einkommen zu beobachten. Die Personenverkehrsleistungen sind – wie auch in der makroökonomischen Zeitreihenanalyse festgestellt – unterproportional vom Einkommen abhängig.

Mit zunehmendem Alter sinken die Verkehrsausgaben insgesamt sowie die Ausgaben für Waren und Dienstleistungen für den Betrieb von Fahrzeugen. Über den gesamten Lebenszyklus betrachtet sinken die Verkehrsausgaben mit steigendem Alter unterproportional. Dagegen nehmen die Ausgaben für den Kauf von Fahrzeugen sowie für Personenverkehrsleistungen mit steigendem Alter zu. Hier kann von einer zeitinvarianten Abhängigkeit ausgegangen werden, da die Auswertung der EVS 1998 zu ähnlichen Aussagen führte.

Einfluss des Einkommens innerhalb von Altersgruppen

Bislang wurde das altersspezifische Verkehrsverhalten der privaten Haushalte unabhängig von ihrem Verhältnis zur Erwerbsfähigkeit analysiert. Von Bedeutung ist aber auch, inwieweit sich die Verkehrsnachfrage zwischen Personen im Alter vor, während und nach der Erwerbsfähigkeit unterscheidet. Dazu können Aussagen auf der Grundlage einer detaillierteren Gruppierung der Haushaltsdaten nach dem Alter getroffen werden.

Es wurden einfache lineare Regressionsfunktionen für drei Altersklassen berechnet: Haushalte mit einem unter 25-jährigen Haushaltsvorstand (jüngere Haushalte), einem Haupteinkommensbezieher im Alter von 25 bis 65 Jahren (mittlere Haushalte) und einem Haupteinkommensbezieher im Alter von über 65 Jahren (ältere Haushalte). Innerhalb jeder Altersgruppe wurde die Abhängigkeit der Ausgaben für Verkehr von den verfügbaren Einkommen geschätzt.

Die älteren Haushalte zeichnen sich bei den Fahrzeugkäufen durch die höchste Einkommenselastizität aus (Tabelle 9). Aber auch bei den mittleren Haushalten erhöhen sich die Ausgaben für den Fahrzeugkauf überproportional mit dem Einkommen.

Dagegen verringert sich die Abhängigkeit der Ausgaben für Waren und Dienstleistungen für den Betrieb von Privatfahrzeugen vom Einkommen mit der Altersgruppe. Die Einkommensabhängigkeit der Ausgaben für Personenverkehrsleistungen erhöht sich mit dem Übergang zu höheren Altersgruppen. Bei den jüngeren Haushalten gehen die Ausgaben für den Personenverkehr sogar mit dem Einkommensanstieg zurück. Die älteren Haushalte geben vom Einkommenszuwachs überproportional viel für den Verkehr insgesamt aus; bei jüngeren und mittleren Haushalten steigen die Verkehrsausgaben insgesamt fast proportional mit dem Einkommen.

Tabelle 9: Einkommenselastizität der Verkehrsnachfrage für Altersgruppen im Jahr 2003*

Gruppierung nach:	Elastizität[a]	Bestimmtheitsmaß
	Ausgabefähiges Haushaltseinkommen	Korrigiertes R^2
Haushalt mit Haupteinkommensbezieher im Alter unter 25 Jahre		
Verkehrsausgaben insgesamt	0,9653***	0,2333
Kauf von Fahrzeugen	0,9150***	0,1048
Waren und Dienstleistungen für den Betrieb von Privatfahrzeugen	1,0934***	0,2491
Personenverkehrsleistungen	-0,0523***	0,0005
Haushalt mit Haupteinkommensbezieher im Alter von 25 Jahren bis unter 65 Jahre		
Verkehrsausgaben insgesamt	0,9658***	0,3009
Kauf von Fahrzeugen	1,0659***	0,0962
Waren und Dienstleistungen für den Betrieb von Privatfahrzeugen	0,7810***	0,2317
Personenverkehrsleistungen	0,2323***	0,0109
Haushalt mit Haupteinkommensbezieher im Alter von 65 Jahren und älter		
Verkehrsausgaben insgesamt	1,1074***	0,2547
Kauf von Fahrzeugen	1,3948***	0,1451
Waren und Dienstleistungen für den Betrieb von Privatfahrzeugen	0,7444***	0,1451
Personenverkehrsleistungen	0,2487***	0,0112

*Quellen: *Projektgruppe Mobilität 2050 nach Statistischem Bundesamt.*

a Signifikant bei einer Irrtumswahrscheinlichkeit von zehn (*), fünf (**) bzw. einem (***) Prozent.

2.1.4 Fazit und Ausblick

Die Verkehrsnachfrage, gemessen an den realen Verkehrsausgaben, bildete in den vergangenen 30 Jahren eine „stabile" Größe im Konsumverhalten der privaten Haushalte in Deutschland. Überdurchschnittlich hohe Anstiege der Preise für Verkehrsgüter konnten die Stellung der Verkehrsausgaben im gesamten Konsumbudget der privaten Haushalte nicht beeinträchtigen. Der preisbedingte Kaufkraftverlust für Verkehrsgüter wurde bislang durch den wachsenden Wohlstand, gemessen an den Realeinkommen, weitgehend kompensiert, so dass der Anteil der Verkehrsausgaben am Konsumentenbudget real konstant blieb. Allerdings hat sich die innere Struktur der Verkehrsausgaben zugunsten des Kaufs von Privatfahrzeugen verschoben, wobei dieser Anteil in den Jahren nach 1991 schwächer geworden ist.

Bei der Querschnittbetrachtung für das Jahr 2003 erwiesen sich die Verkehrsausgaben der Haushalte mit hohem Einkommen absolut und anteilsmäßig als größer als die der Haushalte mit niedrigem Einkommen. Dies unterstreicht die Bedeutung der Einkommen für die Verkehrsnachfrage der privaten Haushalte. So erhöhen sich die Verkehrsausgaben insgesamt und die Ausgaben für den Kauf von Fahrzeugen überproportional mit dem Anstieg der real verfügbaren Einkommen der Haushalte.

Auch das Alter der Konsumenten übt einen deutlichen Einfluss auf ihr Ausgabeverhalten im Bereich Verkehr aus. Feststellen lässt sich – über den gesamten Lebenszyklus gesehen – eine positive, wenn auch unterproportionale Abhängigkeit der Käufe von Privatfahrzeugen vom Alter des Haupteinkommensbeziehers im Haushalt. Betrachtet man die Verkehrsnachfrage getrennt für Personen im Alter vor, während und nach der Erwerbsfähigkeit, so zeigt sich: Überproportional stark hängen die Käufe von Fahrzeugen in den Haushalten mittleren und höheren Alters des Haupteinkommensbeziehers vom Einkommen ab, deutlich unterproportional hängen dagegen vom Einkommen die Ausgaben für Personenverkehrsleistungen von Personen im erwerbsfähigen Alter und im Rentenalter ab. Die mit der Querschnittanalyse gewonnenen Erkenntnisse sind, wie der Vergleich mit den Auswertungsergebnissen der EVS 1998 zeigt, weitgehend zeitinvariant. Von daher lassen sich Prognosen gut begründen.

Für Vorausberechnungen zum Mobilitätsverhalten in der fernen Zukunft bietet vor allem die Prognose der Verkehrsausgaben einen wichtigen Ausgangspunkt, da unter Vorgabe der makroökonomischen Entwicklung der Einkommen und der Definition von Szenarien zur Entwicklung der Preise für Verkehrsgüter die Verkehrsausgaben global abgeschätzt werden können. Allerdings bedarf es noch einiger Zwischenschritte, um den Übergang von den Verkehrsausgaben zur Verkehrsleistung (physische Mobilität) zu vollziehen.

2.2 Modellspezifische Auswertungen von MID

2.2.1 Definition von Urbanitätsklassen

Zur Erarbeitung einer geeigneten räumlichen Differenzierung für die Beschreibung signifikanter raumstrukturabhängiger Unterschiede von Verkehrskennziffern wurden in der ersten Projektphase – zum Teil in Zusammenarbeit mit dem Lehrstuhl für Verkehrs- und Infrastrukturplanung (vip)[3] der TU Dresden – zahlreiche Auswertungen durchgeführt. Von den in den MID-Daten enthaltenen Variablen zur Beschreibung der Raumstruktur haben sich dabei insbesondere die politischen Ortsgrößenklassen als geeignete Variable zur Differenzierung erwiesen. Aufgrund sachlicher Überlegungen (teilweise sehr unterschiedliche Siedlungsstrukturen mit unterschiedlichen Verkehrsangeboten innerhalb eines Ortes einer bestimmten Ortsgrößenklasse; deutschlandweit teilweise stark differierende Strukturen innerhalb einer Ortsgrößenklasse usw.) und der Zielstellung des Projektes (Abschätzung von Folgen siedlungsstruktureller Veränderungen) wurden in der Projektgruppe darüber hinaus die Möglichkeiten diskutiert, auch auf einer sehr viel kleinteiligeren Ebene verschiedene Kennziffern auszuwerten und Annahmen zu den zu definierenden Szenarien zu formulieren.

Als eine raumbezogene Größe, die einen kleinteiligen Bezug zum Wohnstandort hat und die indirekt ggf. auch Rückschlüsse auf das dort vorhandene Verkehrsangebot zulässt, enthält der MID-Datensatz die sogenannten LOCAL-Wohnumfeldtypen. Die LOCAL-Wohnumfeldtypen beschreiben dabei qualitativ auf der Ebene von Wohn- bzw. Wahlbezirken die Wohnlage nach insgesamt 53 Klassifizierungen. Anhand der verbalen Beschreibung dieser 53 Kategorien wurde von der Projektgruppe eine Einteilung in drei Cluster – nachfolgend als Urbanitätsklassen bezeichnet – vorgenommen. Die Urbanität sollte sich im Hinblick auf die Mobilitätsuntersuchungen nicht allein an der Einwohnerdichte oder der Ortsgröße, sondern auch an Faktoren wie Versorgungsdichte und Infrastrukturausstattung orientieren. Die verbale Beschreibung der Wohnumfeldtypen gab dafür entsprechende Anhaltspunkte. Die Berücksichtigung einer zusätzlichen Klassifizierung auf der Ebene der LOCAL-Wohnumfeldtypen hatte – wie im Weiteren noch deutlicher wird – zum einen den Vorteil, auf einer sachbezogenen Klassifizierungsebene Annahmen zu den Szenarien treffen zu können; zum anderen waren auf dieser Basis zumindest für den Analysezustand im Jahr 2002 auch Daten zur kleinteiligen Bevölkerungsverteilung innerhalb der Landkreise für ganz Deutschland beschaffbar (vgl. Kapitel 3.3).

Auf der Grundlage dieser zusätzlichen Klassifizierung nach der Urbanität wurden – neben den anderen in MID bereits enthaltenen Raumklassen – weitere raumbezogene Auswertungen durchgeführt. Die Ergebnisse (vgl. nachfolgendes Kapitel

---

[3] Dies erfolgte im Zusammenhang mit dem FOPS-Projekt 70.756/2004 zur Nutzbarkeit und Stabilität von Kennwerten zum Verkehrsverhalten differenziert nach Raumtypen, das teilweise parallel zu diesem Projekt bearbeitet wurde, vgl. TUD 2005.

2.2.2) zeigen, dass das Verkehrsverhalten auch zwischen den neu definierten Urbanitätsklassen signifikante Unterschiede aufweist und dass die Urbanitätsklassen neben der politischen Ortsgrößenklasse einen zusätzlichen Beitrag zur Erklärung des Verkehrsverhaltens einer Person liefern.

Grundsätzlich werden deshalb beide Kategorien – die Ortsgrößenklassen und die von der Projektgruppe definierten Urbanitätsklassen – als Basis für die räumliche Klassifizierung der Annahmen zur Siedlungsentwicklung verwendet. Die den verwendeten Urbanitätsklassen zugrunde liegende Zuordnung der LOCAL-Wohnumfeldtypen findet sich in Anlage 1.

2.2.2 Auswertung nach Raumklassen

Einige zentrale Ergebnisse zum Zusammenhang zwischen Raumstruktur und Verkehrsverhalten seien nachfolgend beispielhaft dargestellt. Eine relativ bestimmende Größe für die Motorisierung und damit auch für das Verkehrsverhalten ist der Führerscheinbesitz einer Person. Ältere Personen, und dabei insbesondere Frauen, weisen einen deutlich geringeren Führerscheinbesitz auf als jüngere Personen. Aber auch bei den Betrachtungen des Raumes zeigen sich signifikante Unterschiede im Führerscheinbesitz. Abbildung 3 (Auswertung MID-Daten und funktionaler Zusammenhang) macht deutlich, wie sich der Führerscheinbesitz in Abhängigkeit von der Urbanitätsklasse und dem Alter darstellt. In Gebieten mit hoher Urbanität haben weniger Personen einen Führerschein als in Gebieten mit geringer Urbanität.

Es zeigt sich, dass junge Personen ab 18 Jahren relativ schnell einen Führerschein erwerben. Der maximale Führerscheinbesitz wird bei etwa 25 Jahren erreicht. Bis zu einem Alter von 45 Jahren bleibt der Anteil der Personen mit Führerschein weitgehend konstant. Danach nimmt er mit zunehmendem Alter ab. Die Personen, die den Rückgang in den höheren Altersklassen verursachen, haben in ihrer Jugend keinen Führerschein erworben und holen dies mit zunehmendem Alter nur selten nach. Die relativ großen „Ausreißer" bei den sehr hohen Alterswerten sind durch geringe Fallzahlen bedingt.

Eine ebenfalls deutliche Abhängigkeit vom Raum – natürlich auch im Kontext des Führerscheinbesitzes – weist der Motorisierungsgrad auf. Die Abbildungen 3 und 4 zeigen den Zusammenhang zwischen Motorisierungsgrad und politischer Ortsgrößenklasse (Gemeindegrößenklasse) bzw. Urbanitätsklasse.

Abbildung 3

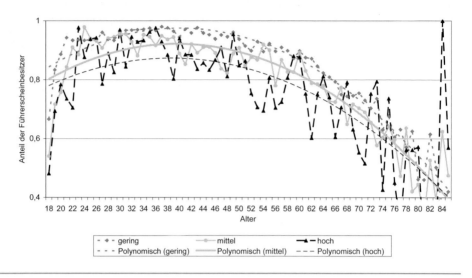

Quelle: *Projektgruppe Mobilität 2050.*

Abbildung 4

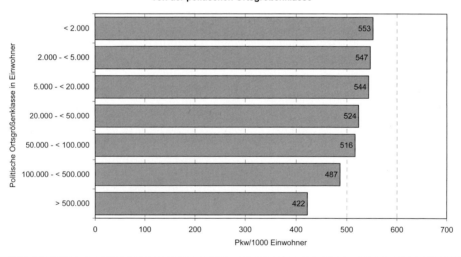

Quelle: *Projektgruppe Mobilität 2050.*

In sehr kleinen Gemeinden ist der Motorisierungsgrad am größten. Gemeinden mit weniger als 2 000 Einwohnern weisen einen mittleren Motorisierungsgrad von 553 Pkw pro 1 000 Einwohner auf. Mit zunehmender Ortsgröße geht der Motorisierungsgrad zurück. Sehr deutlich ist der Rückgang in den großen Ballungsräumen mit mehr als 500 000 Einwohnern, die einen Motorisierungsgrad von 422 Pkw pro 1 000 Einwohner aufweisen. Wesentliche Gründe dafür sind unter anderem alternative ÖV-Angebote und Restriktionen des MIV z.B. durch ein knappes und unter Umständen bewirtschaftetes Stellplatzangebot. Für die Urbanitätsklassen zeigt sich in Abbildung 5 ein ähnliches Bild: Personen in Wohnlagen mit geringer Urbanität haben einen höheren Motorisierungsgrad als Personen in Wohnlagen mit höherer Urbanität.

Abbildung 5

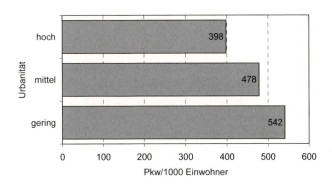

Quelle: *Projektgruppe Mobilität 2050.*

Das spezifische Verkehrsaufkommen (Abbildung 6) weist ebenfalls Abhängigkeiten von der Raumkategorie auf. In den kleinen Gemeinden und in den großen Ballungsräumen ist es mit 3,0 bzw. 3,2 Wegen pro Person und Tag am geringsten. Mittelgroße Städte zwischen 20 000 und 50 000 Einwohnern haben demgegenüber die höchsten Werte von rund 3,4 Wegen je Person und Tag.

Abbildung 6

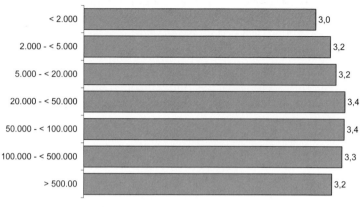

Quelle: Projektgruppe Mobilität 2050.

Abbildung 7 zeigt am Beispiel der Urbanitätsklassen, wie sich die Raumkategorie im Modal Split widerspiegelt. Bemerkenswert ist vor allem der sehr hohe Fußgängeranteil von 38 Prozent in hoch urbanen Gebieten gegenüber lediglich 23 Prozent in gering urbanen Gebieten. Umgekehrt verhält sich dagegen der MIV-Anteil, der in hoch urbanen Gebieten lediglich bei 37 Prozent gegenüber 62 Prozent in gering urbanen Gebieten liegt. Allerdings kann auch der ÖV profitieren, der in hoch urbanen Gebieten immerhin einen Anteil von 15 Prozent am Verkehrsaufkommen erzielt.

Abbildung 7

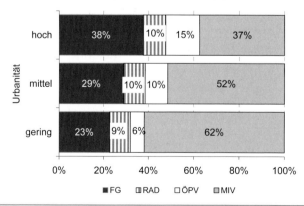

Quelle: Projektgruppe Mobilität 2050.

Ein etwas anderes Bild zeigt sich bei den durchschnittlich pro Person und Tag zurückgelegten Entfernungen (Abbildung 8). Bei der Differenzierung nach politischen Ortgrößenklassen bilden sich insbesondere zwei Gruppen heraus: zum einen alle Gemeinden bis 20 000 Einwohner und zum anderen alle Gemeinden über 20 000 Einwohner. In Letzteren liegt die pro Person und Tag zurückgelegte Entfernung bei rund 37 km pro Tag. Bei den kleineren Gemeinden liegt dieser Wert zwischen 42 und 45 km pro Tag.

Abbildung 8

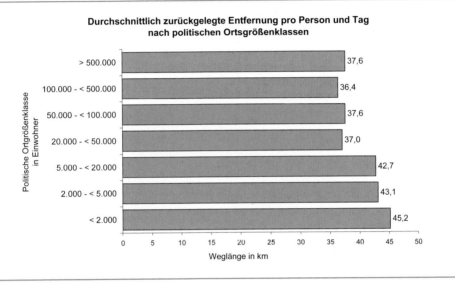

Quelle: Projektgruppe Mobilität 2050.

Die Abbildungen 9 bis 12 zeigen die spezifische durchschnittliche Weglänge für die einzelnen Verkehrsarten in Abhängigkeit von der Ortsgrößenklasse. Beim Fußgängerverkehr sind nur geringe Unterschiede festzustellen. Die durchschnittliche Wegelänge beträgt in allen Räumen zwischen 1,2 und 1,3 km.

Abbildung 9

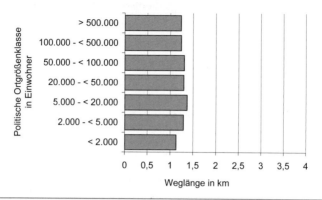

Quelle: *Projektgruppe Mobilität 2050.*

Beim Radverkehr fallen die kleinen Gemeinden mit unter 2 000 Einwohnern mit einer sehr geringen durchschnittlichen Weglänge etwas aus dem Rahmen. Sie beträgt lediglich 2,3 km gegenüber Werten von über drei km in allen größeren Gemeinden.

Abbildung 10

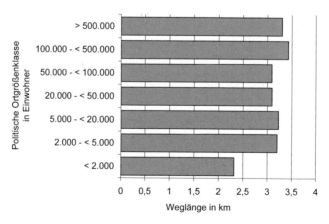

Quelle: *Projektgruppe Mobilität 2050.*

Im öffentlichen Verkehr sind dagegen deutliche Unterschiede bei den spezifischen Weglängen festzustellen. So wird der ÖV in den größeren Gemeinden und Ballungsräumen auch für kurze Fahrten genutzt, wodurch sich in den größeren Orten mittlere Weglängen von 16 km pro Weg ergeben. Bei kleineren Gemeinden, vor allem zwischen 5 000 und 20 000 Einwohnern, liegt die mittlere Weglänge bei 27 km.

Abbildung 11

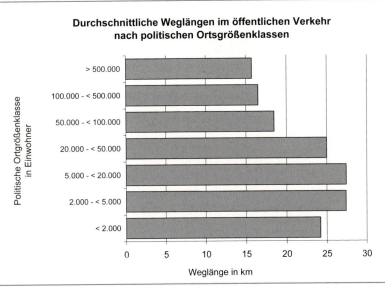

Quelle: *Projektgruppe Mobilität 2050.*

Ein ganz anderes Bild ergibt sich für den MIV. Hier entfallen die längsten Fahrten auf die Einwohner der kleinen Gemeinden. Eine mögliche Begründung dafür ist, dass ein Großteil der Fahrten zwischen den Gemeinden oder zu zentralen Orten stattfindet. Mit zunehmender Einwohnerzahl sinkt die mittlere Fahrtweite. Dieser Trend geht bis zu den Gemeinden mit maximal 50 000 Einwohnern. Danach steigt die mittlere Fahrtweite wieder an.

Abbildung 12

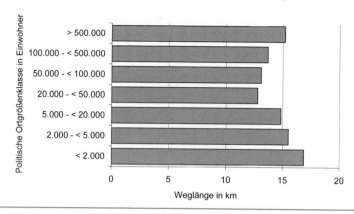

Durchschnittliche Weglängen im MIV nach politischen Ortsgrößenklassen

Quelle: *Projektgruppe Mobilität 2050.*

2.2.3 Weitere wichtige Einflussgrößen

Neben den Raumeinflüssen, beschrieben durch die politische Ortsgrößenklasse und die Urbanität, sind weitere Einflussgrößen auf die maßgebenden Verkehrskennziffern relevant. Diese werden im Folgenden ebenfalls anhand ausgewählter Beispiele diskutiert. Sie lassen sich nach den personenabhängigen und haushaltsabhängigen Einflussgrößen in zwei Kategorien einteilen.

Eine verbreitete Methode zur Beschreibung des Verhaltens ist die Einteilung der Bevölkerung in verhaltenshomogene Personengruppen. Innerhalb einer Personengruppe soll das Verhalten möglichst ähnlich sein, zwischen den Personengruppen möglichst verschieden. Die Auswertungen von MID und Ergebnisse von Literaturrecherchen führten im Projekt zu der in der Abbildung 13 enthaltenen Personengruppeneinteilung.

Abbildung 13

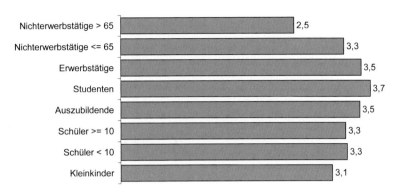

Quelle: *Projektgruppe Mobilität 2050.*

Das spezifische Verkehrsaufkommen unterscheidet sich zwischen den Personengruppen teilweise recht deutlich. Erwartungsgemäß ändern nicht erwerbstätige Personen über 65 Jahre im Mittel ihren Standort am wenigsten pro Tag. Die meisten Ortsveränderungen entfallen auf Studenten, Auszubildende und Erwerbstätige.

Auch der Motorisierungsgrad ist sehr stark von der Personengruppe abhängig. Hier weisen die Erwerbstätigen mit einer durchschnittlichen Motorisierung von 623 Pkw je 1 000 Einwohner den höchsten Wert auf (Abbildung 14). Der Motorisierungsgrad wird bei den weiteren Betrachtungen im Rahmen des Projektes jeweils anhand der Pkw in den in MID befragten Haushalten unter Berücksichtigung der Haushaltsgröße bestimmt. Erst in diesem Haushaltskontext erklärt sich die Motorisierungskennziffer für Personen unter 18 Jahren[4].

---

4   Zwei Personen mit einem Alter von sechs und 36 Jahren in einem Haushalt und einem Pkw haben also jeweils einen Motorisierungsgrad von 500 Pkw je 1 000 Einwohner. Anschließend werden die Werte über Altersklassen und Haushalte aggregiert.

Abbildung 14

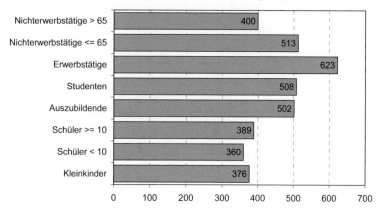

Quelle: *Projektgruppe Mobilität 2050.*

Neben der Personengruppe spielt jedoch auch das Alter eine wichtige Rolle für das Verkehrsverhalten. Hierbei ist zu beachten, dass es zwischen Personengruppen und Alter natürlich Überschneidungen gibt: So bilden z.B. Personen unter sechs Jahren im Wesentlichen die Gruppe der Kleinkinder. Abbildung 15 zeigt den Zusammenhang zwischen Alter und Motorisierungsgrad.

Abbildung 15

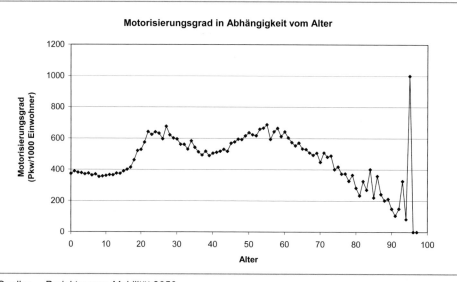

Quelle: *Projektgruppe Mobilität 2050.*

Deutlich zeigt sich im Haushaltskontext die geringere Motorisierung bei Kindern und älteren Menschen. Im Alter zwischen 30 und 50 Jahren gibt es eine Delle im Kurvenverlauf. Dies erklärt sich daraus, dass Personen dieser Altersgruppen oftmals in Familienhaushalten gemeinsam mit Kindern leben und der Motorisierungsgrad dort bezogen auf die Zahl der Haushaltsmitglieder geringer ist als beispielsweise in einem erwachsenen Singlehaushalt.

Das spezifische Verkehrsaufkommen liegt bis zum Alter von 65 Jahren bei über drei Wegen pro Person und Tag (Abbildung 16), danach fällt es deutlich ab. Noch deutlicher zeigen sich diese Unterschiede in Bezug auf die mittleren Reiseweiten pro Tag in Abbildung 17. In den Diagrammen ist zu beachten, dass die hohen Altersgruppen nur gering besetzt sind, wodurch sich die „Ausreißer" erklären lassen.

Abbildung 16

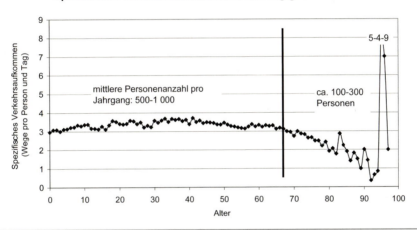

Quelle: Technische Universität Dresden.

Abbildung 17

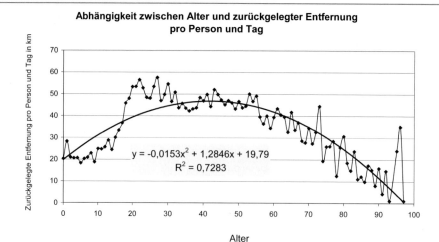

Quelle: Technische Universität Dresden.

Sehr deutlich zeigt sich in Abbildung 18 die Abhängigkeit des Führerscheinbesitzes vom Alter. Der Führerscheinbesitz nimmt mit zunehmendem Alter ab. In der Abbildung kommt als zweite personengebundene Einflussgröße das Geschlecht zum Tragen. Bei weiblichen Personen nimmt der Führerscheinbesitz mit zunehmendem Alter stärker ab als bei männlichen Personen. Die zeitliche Stabilität dieser Zusammenhänge wird im Rahmen der Methodendiskussion in Kapitel 4.3.4 diskutiert.

Abbildung 18

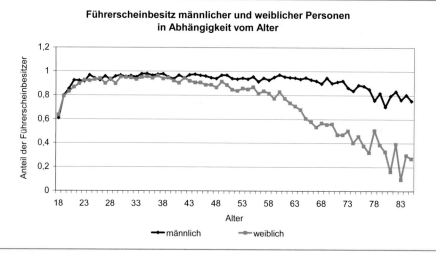

Quelle: Projektgruppe Mobilität 2050.

Der Einfluss des Geschlechts zeigt sich auch beim Motorisierungsgrad, der bei männlichen Personen mit 540 Pkw je 1 000 Einwohner immer noch deutlich über dem Wert von 488 Pkw je 1 000 Einwohner bei den Frauen liegt (Abbildung 19).

Abbildung 19

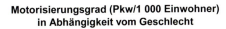
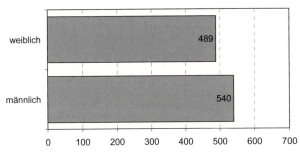

Quelle: *Projektgruppe Mobilität 2050.*

Neben den Personenmerkmalen spielt auch der Haushaltskontext für das Verkehrsverhalten eine nicht zu vernachlässigende Rolle. Im Rahmen der Auswertungen von MID kristallisierten sich dabei als die zwei wesentlichsten Aspekte das Haushaltseinkommen und die Haushaltsgröße heraus.

Sehr deutlich wird der Einfluss des Haushaltseinkommens auf das spezifische Verkehrsaufkommen und die Wahl des Verkehrsmittels (Modal Split). Wie Abbildung 20 zeigt, steigt mit zunehmendem Haushaltseinkommen auch das spezifische Verkehrsaufkommen. Allerdings verlangsamt sich der Anstieg mit zunehmendem Einkommen.

Abbildung 20

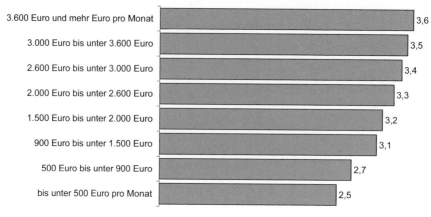

Quelle: Projektgruppe Mobilität 2050.

Beim Modal Split ist die Tendenz ebenfalls eindeutig (Abbildung 21). Zunehmendes Einkommen bedeutet auf der einen Seite geringere Anteile am nichtmotorisierten und am öffentlichen Verkehr und auf der anderen Seite größere Anteile am motorisierten Individualverkehr.

Abbildung 21

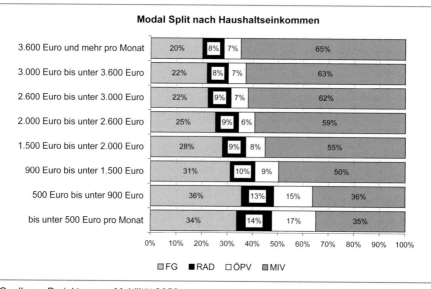

Quelle: Projektgruppe Mobilität 2050.

Abbildung 22 zeigt noch einmal deutlich den Zusammenhang zwischen Haushaltseinkommen und Motorisierungsgrad. Bei den Haushalten mit hohen Einkommen liegt der Motorisierungsgrad bei über 620 Pkw je 1 000 Einwohner. Die Haushalte mit niedrigen Einkommen haben demgegenüber einen geringen Motorisierungsgrad von lediglich 325 Pkw je 1 000 Einwohner.

Abbildung 22

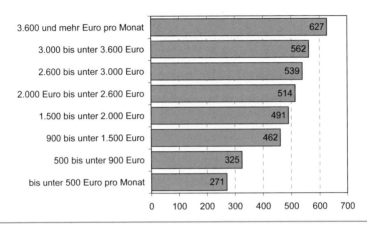

Quelle: *Projektgruppe Mobilität 2050.*

Die gezeigten Beispiele der Auswertungen verdeutlichen die Einflüsse verschiedener Merkmale des Raumes, der Personen und des Haushalts auf das Verkehrsverhalten. Bei den Abbildungen handelt es sich überwiegend um singuläre Auswertungen für einzelne Merkmalswerte wie z.B. das Alter oder die Personengruppe. Die Einflüsse der Merkmale auf einzelne Verkehrskennziffern können sich überlagern, so dass zwischen den verschiedenen Merkmalen auch Korrelationen möglich sind.

Für den Modellaufbau wurden deshalb alle in Frage kommenden Merkmale, aber im Rahmen einer multiplen Regressionsanalyse auch mögliche Abhängigkeiten zwischen ihnen untersucht. Einzelne Merkmale werden für die Berechnungen nur verwendet, wenn sie auch einen eigenständigen Beitrag zur Erklärung des Verkehrsverhaltens liefern und nicht vollständig durch ein oder mehrere andere Merkmale erklärbar sind. Einen Überblick über die dem Modellansatz und dem im Rahmen der Datenaufbereitung zu entwickelnden Strukturdatensatz (vgl. Kapitel 3) zugrunde liegenden Merkmale bietet Abbildung 58.

3. Eingangsdaten und Datenaufbereitung

3.1 Bevölkerungsprognose des BBR

3.1.1 Eckwertebetrachtung und Einordnung

Die Bevölkerungsentwicklung gehört zu den recht gut prognostizierbaren Bereichen. In Deutschland werden im Jahr 2050 mit hoher Wahrscheinlichkeit weniger Menschen leben als im Jahr 2002. Hierin stimmen alle vorliegenden Prognoserechnungen überein. Die Berechnungen unterscheiden sich nach den Annahmen zu einzelnen Faktoren wie Lebenserwartung, Geburtenrate oder Zuwanderung. Nach den Prognosen des Statistischen Bundesamtes sinkt die Bevölkerungszahl in Deutschland bis zum Jahr 2050 je nach Variante auf Werte zwischen 67 Mio. und 81 Mio. Einwohnern gegenüber rund 82,5 Mio. Einwohnern im Jahr 2002 (StBA 2003). Die Unterschiede resultieren überwiegend aus differierenden Annahmen zur Lebenserwartung und zur Zuwanderung (vgl. Abbildung 23).

Abbildung 23

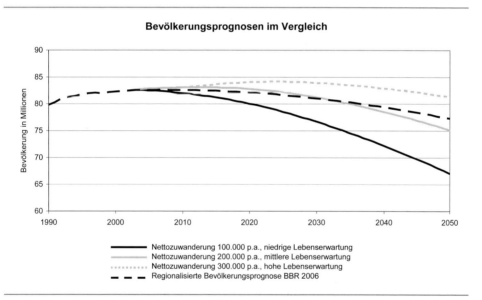

Quelle: *Projektgruppe Mobilität 2050 nach StBA 2003 und BBR 2006.*

Die einzige Bevölkerungsprognose bis zum Jahr 2050, die auch differenzierte Aussagen zur regionalen Bevölkerungsverteilung in Deutschland enthält, wurde vom Bundesamt für Bauwesen und Raumordnung im Zusammenhang mit der Erstellung der Raumordnungsprognose 2020/2050 (BBR 2006) vorgelegt. Die Annahmen zu dieser regionalisierten Bevölkerungsprognose orientieren sich teilweise an der mittleren Variante (Variante 5) der Bevölkerungsprognose des Statistischen Bundesamtes. Im Ergebnis führt dies dazu, dass der Prognosewert für Gesamtdeutschland mit rund 77 Mio. Einwohnern im Jahr 2050 ebenfalls in der Größenordnung dieser Variante liegt (vgl. Abbildung 23).

Für die Erarbeitung von Szenarien zur Siedlungsstruktur und zur Spezifikation geeigneter raumstruktureller Klassifizierungen war die BBR-Prognose mit ihrem regionalen Bezug bereits eine gute Datenbasis als Input für die vorliegende Untersuchung. Da die demografischen Veränderungen und die in der BBR-Prognose enthaltenen räumlichen Bevölkerungsverschiebungen zwei wichtige Ursachen für die Veränderungen der Mobilitätskennziffern sind, seien einige zentrale Annahmen der BBR-Prognose kurz genannt (BBR 2006): Sämtliche Berechnungen des BBR basieren auf differenzierten Annahmen auf der Ebene der Landkreise. Die Geburtenrate (Fertilität) in Ostdeutschland steigt in den einzelnen Landkreisen um zehn bis 20 Prozent und nähert sich der Geburtenrate in Westdeutschland an. In Westdeutschland und nach dem Annäherungsprozess in Gesamtdeutschland liegt die angenommene Geburtenrate konstant bei etwa 1,4 Geburten je Frau. Die Lebenserwartung Neugeborener steigt zwischen 2002 und 2050 um etwa sechs Jahre, bei Männern auf 81,1 Jahre und auf 86,6 Jahre bei Frauen. Die fernere Lebenserwartung der 60-Jährigen steigt bis zum Jahr 2050 um rund viereinhalb Jahre auf 23,7 Jahre bei Männern und auf 28,2 Jahre bei Frauen. Zur Außenwanderung wird ein positiver Wanderungssaldo von jährlich rund 230 000 Personen bis 2020 und von jährlich rund 255 000 Personen zwischen 2020 und 2050 angenommen.

Für den Zeitraum ab 2020 wurde der Prognoseansatz teilweise vereinfacht fortgeschrieben. Eine Annahmendiskussion über die Zeit nach 2020 wurde nach den Ausführungen des BBR nur sehr eingeschränkt geführt. Unter anderem heißt dies, dass das Fertilitätsverhalten als konstant eingeschätzt wird. Für weitere Informationen zur Bevölkerungsprognose wird auf die zitierte Quelle verwiesen (BBR 2006).

Eine wichtige Konsequenz aus der geringen Geburtenrate von 1,4 Geburten je Frau – und auch hier stimmen alle vorliegenden Prognosen überein – ist die Veränderung in der Altersstruktur der Bevölkerung (vgl. Abbildung 24). Gegenüber derzeit etwa 25 Prozent Bevölkerungsanteil der Altersklasse ab 60 Jahre werden im Jahr 2050 über 35 Prozent der Bevölkerung dieser Gruppe angehören. Hingegen geht der Anteil junger Menschen unter 20 Jahre von derzeit etwa 21 Prozent bis 2050 auf etwa 16 Prozent zurück.

Abbildung 25 zeigt eine Betrachtung in einer Schichtung nach Kindern und Jugendlichen unter 18 Jahre, der Gruppe der Erwerbstätigen von 18 bis 64 Jahre und der Gruppe der Personen im Rentenalter ab 65 Jahre. Während Anteil und auch Gesamtzahl der unter 65-Jährigen sinken, wird in der Gruppe der Personen im Rentenalter auch bei sinkender Gesamtbevölkerung eine Zunahme um über 50 Prozent von 14,4 Mio. Einwohnern im Jahr 2002 auf über 22,3 Mio. Einwohner im Jahr 2050 erwartet.

Abbildung 24

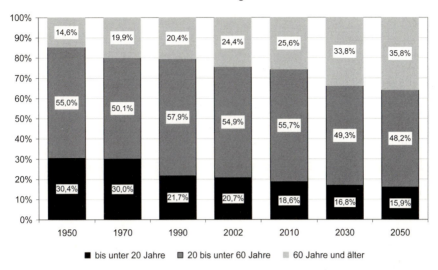

Altersaufbau der Bevölkerung von 1950 bis 2050

Quelle: Projektgruppe Mobilität 2050 nach StBA 2003 (Daten 1950 bis 1993) und BBR 2006 (Daten ab 2002).

Abbildung 25

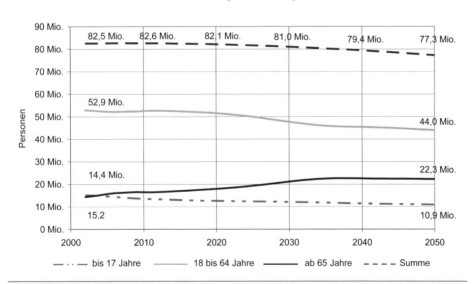

Annahmen zur Bevölkerungsentwicklung in Deutschland

Quelle: Projektgruppe Mobilität 2050.

3.1.2 Regionale Bevölkerungsentwicklung

Will man das Thema der Siedlungsentwicklung und Mobilität bis zum Jahr 2050 nicht nur auf der Ebene von Eckwerten für Deutschland, sondern – zumindest auf einer aggregierten Ebene von Raumtypen – auch räumlich disaggregiert betrachten, so spielen neben den demografischen Effekten auch die räumlichen Veränderungen der Bevölkerungsverteilung aufgrund von Binnen- und Außenwanderungen eine bedeutende Rolle. Zur Abschätzung der Binnenwanderung hat das BBR im Rahmen der Raumordnungsprognose 2020/2050 umfangreiche Berechnungen zur regionalen Bevölkerungsentwicklung erarbeitet. Aufsetzend auf der Wanderungsverflechtungsmatrix der amtlichen Statistik wurde ein Wanderungsmodell geschätzt, das auf speziellen Bevölkerungsgruppen und stark altersabhängigen Mobilitätsraten beruht. Erwartete Veränderungen der Wanderungsraten (z.B. das Abflachen von Stadt-Umland-Wanderungen in den neuen Bundesländern) werden dabei berücksichtigt.

Abbildung 26 (im farbigen Abbildungsteil in der Mitte dieses Bandes) zeigt die sich aus der Summe aller Annahmen ergebenden regionalen Bevölkerungsveränderungen bis zum Jahr 2020. Nach 2020 wird die Binnenmobilität in Form von altersspezifischen Fortzugsraten konstant gehalten. Die Verteilung der Fortzüge auf Zielregionen erfolgt anhand eines ab 2020 zeitstabilen Musters (BBR 2006). Hinsichtlich weiterer Ausführungen zum Modell wird wiederum auf die Quelle verwiesen.

Vor allem die Annahmen zur Binnenwanderung gelten wegen politischer, gesellschaftlicher und wirtschaftlicher Einflüsse in einem Zeithorizont bis zum Jahr 2050 als eine der unsichersten Annahmen im Rahmen der Bevölkerungsprognose.

Die Fortschreibung der Wanderungsraten über einen Zeitraum von mehr als 45 Jahren ist aufgrund großer Unsicherheiten nur unter Vorbehalt möglich, und bei der Bewertung von darauf basierenden Untersuchungen zur regionalen Entwicklung von Mobilitäts- und Siedlungsstrukturen – wie der hier vorliegenden Studie – gilt deshalb immer der gleiche Vorbehalt. Das BBR (2006) schreibt dazu: „Der ‚lange Ast' der Bevölkerungsprognose ist nur mit äußerster Vorsicht zu benutzen. Wohl können die altersstrukturellen Effekte auf die natürlichen Bewegungen und deren Bedeutung für die Siedlungsstruktur mit hinreichender Gewissheit geschätzt werden, doch werden diese ‚verunsichert' durch die Wanderungsbewegungen."

Dennoch zeigen sich in Abbildung 26 deutliche Effekte, die zumindest in der Tendenz – nicht zuletzt aufgrund von Rückkopplungen aus sicheren Eingangsdaten zur Geburtenrate und zu den bereits geborenen Frauen im gebärfähigen Alter[1]

---

[1] Nach BBR 2006 nimmt die Zahl der Frauen im gebärfähigen Alter von 15 bis unter 45 Jahre bis zum Jahr 2020 deutschlandweit um 2,4 Mio. bzw. um 14 Prozent gegenüber 2002 ab. In den alten Bundesländern ergibt sich dabei ein Rückgang um elf Prozent und in den neuen Bundesländern ein Rückgang um 27 Prozent. In der wichtigsten Altersgruppe der Frauen zwischen 25 und unter 35 Jahren ist der Ost-West-Unterschied mit minus zwölf Prozent im Osten gegenüber minus zwei Prozent im Westen noch deutlicher.

– relativ stabile Aussagen liefern, in welchen Regionen mit Bevölkerungsrückgängen zu rechnen ist. Mit abnehmenden Zahlen ist vor allem in Ostdeutschland zu rechnen, abgesehen von wenigen Kernstädten, dem Berliner Umland sowie den Räumen um die Städte Halle/Leipzig, Erfurt, Dresden und Rostock. Aber auch im Ruhrgebiet, im Saarland, an den Küsten, im Bayerischen Wald und im gesamten Raum des nördlichen Hessens bis zum südlichen Niedersachsen werden Bevölkerungsrückgänge erwartet. Die großen Wachstumszonen werden vorwiegend im Nordwesten, im Südwesten und Süden Deutschlands liegen. Dazu gehören der Großraum München, der Rhein-Main-Stuttgarter Raum, das südliche Rheinland, das Münsterland und der Raum Hamburg.

3.2 Klassifizierung der Raumordnungsregionen

3.2.1 Notwendigkeit und Vorgehen

Ein wesentliches Ergebnis der Expertenworkshops war, dass für die Entwicklung von Szenarien der Siedlungsstruktur nicht nur „klassische" räumliche Parameter – wie etwa Ballungsräume oder ländliche Räume – herangezogen werden sollten. Gleichzeitig ist es aufgrund der Datenlage, der Modellierbarkeit und des Zeithorizontes weder möglich noch sinnvoll, die Betrachtungen teilräumlich zu stark zu differenzieren.

Andererseits zeigt die aktuelle Diskussion über die Folgen der demografischen Entwicklung sowie der unterschiedlichen ökonomischen Entwicklungen nicht nur zwischen ost- und westdeutschen Regionen die große Bedeutung regionaler Unterschiede. Wirtschaftlich weiterhin wachsenden Regionen, die auch Bevölkerungszuwächse zu erwarten haben, stehen Regionen mit stark zurückgehender Bevölkerungszahl und absehbaren wirtschaftlichen Problemen gegenüber.

Insbesondere für die Analyse von wirtschaftlichen Eckdaten (vgl. Kapitel 5.2) bietet sich die Ebene der 97 Raumordnungsregionen des BBR an. Es stehen zwar auch engmaschigere regionale Abgrenzungen wie die Landkreise einschließlich der kreisfreien Städte zur Verfügung. Dort liegen Wohn- und Arbeitsort jedoch häufig nicht im gleichen Raum. Da Pendlerbeziehungen nicht berücksichtigt sind, wird die wirtschaftliche Leistungskraft auf der Kreisebene nicht adäquat gemessen. Das Ausmaß der Verzerrung ist auf der Ebene der Raumordnungsregionen in deutlich geringerem Maße relevant. Die Raumordnungsregionen bestehen im Mittel aus 4,5 Kreisen, so dass ein Großteil der Pendlerströme innerhalb der Regionen stattfindet. Die Raumordnungsregionen sind kreisscharf abgegrenzt, so dass Kreisdaten eindeutig zur übergeordneten Ebene aggregiert werden können. Dennoch wird die Datensituation unterhalb der gesamtwirtschaftlichen Ebene zunehmend problematisch. Während einzelne Reihen aus der Volkswirtschaftlichen Gesamtrechnung noch für Bundesländer und Regierungsbezirke über einen längeren Zeitraum vorliegen, sind Jahresangaben zur Wertschöpfung, Bevölkerung und Erwerbstätigkeit auf der Kreisebene erst ab Mitte der 90er-Jahre des vergangenen Jahrhunderts vorhanden.

Für die Definition und Berechnung von geeigneten (und inhaltlich noch überschaubaren) Szenarien im Zeithorizont bis zum Jahr 2050 erschien jedoch auch die Ebene der Raumordnungsregionen ungeeignet. Zum einen hätte eine räumlich sehr differenzierte Vorgehensweise auch die Notwendigkeit räumlich sehr differenzierter Annahmen zur Siedlungsstruktur nach sich gezogen, die unter Beachtung des Zeithorizontes eher fragwürdig gewesen wären. Zum anderen lassen sich schon für das Analysejahr 2002 in der für das Verkehrsmodell gewünschten sachlichen Schichtung kaum belastbare Statistiken auf der Ebene der Raumordnungsregionen beschaffen. Drittens – und nicht zuletzt – bestand sowohl innerhalb des Konsortiums als auch im Rahmen der Expertenworkshops weitgehend Einvernehmen, dass einer eher grob strukturierten Raumklassifizierung aufgrund der erheblichen regionalen Unsicherheiten bei den Annahmen zur Wirtschaftsentwicklung und zu den Wanderungsbewegungen der Vorrang gegenüber einer sehr feinteiligen Betrachtung gegeben werden sollte.

Den weiteren Betrachtungen (und den später folgenden Szenarien) zugrunde gelegt wird deshalb die Annahme einer Differenzierung unterschiedlicher Entwicklungspfade für wachsende und schrumpfende Regionen. Für Regionen mit lokal uneinheitlichen Tendenzen – also Raumordnungsregionen, in denen sich mit hinreichender Bedeutung sowohl wachsende und zeitlich stabile als auch schrumpfende Landkreise bzw. kreisfreie Städte finden – wird als dritte Gruppe eine der „mittleren Regionen" definiert.

Die Klassifizierung von Raumordnungsregionen bzw. Landkreisen in schrumpfende, mittlere und wachsende Regionen erfordert neben der Betrachtung der Bevölkerungsentwicklung ohne Zweifel auch die Beachtung weiterer – wesentlich feinerer und regionsspezifischer – demografischer, makro- und sozioökonomischer Indikatoren. Da die Analyse und Auswertung solcher Indikatoren nicht im Rahmen dieses Vorhabens erfolgen konnte, wurden für die Zuordnung der Raumordnungsregionen zu den Regionstypen Rankings herangezogen, die vom Berlin-Institut für Bevölkerung und Entwicklung (BI 2004) sowie von der Prognos AG (Prognos 2004) zur Beurteilung der Zukunftsperspektiven von Kreisen und kreisfreien Städten erarbeitet worden sind. Die Rankings werden unter anderem in Abhängigkeit von Indikatoren aus den Bereichen Demografie, Arbeitsmarkt, soziale Lage und Wohlstand sowie Wettbewerb und Innovation gebildet. Die Raumordnungsregionen wurden auf dieser Basis anhand der Durchschnittsbewertung der dazugehörigen Kreise in Cluster eingeordnet. Anschließend erfolgte eine Mittelung über die Rankings beider Studien. Der auf diese Weise gebildete Zukunftsindex für die Raumordnungsregionen ist hoch mit der regionalen Bevölkerungsprognose des BBR korreliert.

Auf der Grundlage der beiden Rankings werden also drei Regionscluster für schrumpfende, mittlere und wachsende Regionen gebildet. Die Bildung der regionalen Cluster erfolgt somit nicht ausschließlich auf Basis der vergangenen Entwicklung, sondern auf der Grundlage der zu erwartenden Perspektiven. Die Cluster bilden die Grundlage und die räumliche Aggregationsebene für die erforderliche Aufbereitung von Strukturdaten bis zum Jahr 2050 sowie für die Berechnung und Auswertung von Mobilitätskennziffern. Im anschließenden Kapitel 3.2.2 folgen zunächst einige Ausführungen zu den beiden Basisstudien. Ein Überblick über die Klassifizierung und Zuordnung der einzelnen Regionen wird danach in Kapitel 3.2.3 gegeben.

3.2.2 Zukunftschancen und Zukunftsrisiken der Regionen

In den beiden Studien von Prognos und vom Berlin-Institut wurden Indikatoren zu den Bereichen Demografie, Wirtschaft und Arbeit sowie zu sozialen Faktoren, zur allgemeinen Lage des Wohlstands, zur Bildung und zur Familienfreundlichkeit entwickelt. Das Ergebnis ist eine Klassifikation der Landkreise nach Zukunftschancen und Zukunftsrisiken. In der Untersuchung von Prognos werden die Zukunftschancen und -risiken anhand von 28 Indikatoren entwickelt, die zu vier Teilindizes zusammengefasst sind: Demografie, Arbeitsmarkt, Wettbewerbsfähigkeit und soziale Lage/Wohlstand. Die Untersuchung des Berlin-Instituts berücksichtigt 22 Indikatoren, die sechs Teilindizes bilden: Demografie, Wirtschaft, Integration, Bildung, Familienfreundlichkeit und Flächennutzung (Tabelle 10).

Tabelle 10: Kriterien zur Klassifizierung der Raumordnungsregionen nach Prognos und Berlin-Institut*

Prognos-Zukunftsatlas		Berlin-Institut	
Teilindizes	Zahl der Indikatoren	Teilindizes	Zahl der Indikatoren
Demografie	4	Demografie	6
Arbeitsmarkt	8	Wirtschaft	7
Wettbewerbsfähigkeit	11	Integration	2
Soziale Lage/Wohlstand	5	Bildung	3
		Familienfreundlichkeit	2
		Flächennutzung	2
Gesamt	28	Gesamt	22

*Quelle: *Projektgruppe Mobilität 2050* nach Prognos 2004 und Berlin-Institut 2004.

Der Index von Prognos berücksichtigt sowohl die aktuelle Stärke als auch die Art von Entwicklungen. Abbildung 27 (im farbigen Abbildungsteil) zeigt einige wichtige Charakteristika des Vorgehens und eine grobe Übersicht über die Einstufung der Regionen. Blaue Regionen kennzeichnen Regionen mit hohen Zukunftsrisiken, während roten Regionen ausgesprochen gute Zukunftschancen zugeordnet werden. Die Beschreibung erfolgt rein verbal und ohne Notenbildung. Auffällig ist bei der Prognos-Studie das sehr breite Mittelfeld. Ein sogenannter „ausgeglichener Chancen-/Risikomix" ist fast flächendeckend vertreten. Die demografische Entwicklung wirkt sich besonders in Ostdeutschland aus. Hier werden vielen Regionen hohe Zukunftsrisiken attestiert. Beispiele sind die Ostseeküste, die Altmark oder die Lausitz. Aber auch im Westen gibt es solche Regionen, etwa im Bayerischen Wald und im südlichen Niedersachsen. Wachstumsregionen sind der Raum München-Oberbayern, das Rhein-Main-Neckar-Gebiet, der Raum Stuttgart, das südliche Rheinland sowie Westfalen und das Münsterland.

Das Berlin-Institut hat seine Studie etwas stärker den sozialen Belangen gewidmet. Bei dieser Arbeit gibt es keine verbale Beschreibung, sondern eine Notenskala. Die Ergebnisse weisen insgesamt eine etwas ausgewogenere Verteilung der Kategorien auf (vgl. Abbildung 28 im farbigen Abbildungsteil) als in der Studie von Prognos. Rote Flächen kennzeichnen hier Regionen mit hohen Zukunftsrisiken, während Regionen mit sehr guten Zukunftschancen als dunkelgrüne Flächen hervorgehoben sind. Wachstumsregionen finden sich in Süddeutschland, rund um Hamburg, im Münsterland und im Rhein-Main-Neckar-Raum. Im Unterschied zu Prognos wird allerdings der Raum um Berlin deutlich positiver beurteilt. Die Risikoregionen sind wiederum vor allem in Ostdeutschland zu finden, zudem wesentlich häufiger als bei Prognos. Im Westen finden sich beim Berlin-Institut mit dem Ruhrgebiet und einigen Regionen Niedersachsens nur wenige Regionen kritisch beurteilt. Weitere Unterschiede zeigen sich etwa im Bayerischen Wald, der vom Berlin-Institut durchaus positiv beurteilt wird. In Ostdeutschland wiederum ist die Ostseeküste eher positiv bewertet worden. Insgesamt weisen die beiden Studien, obwohl auf ähnlichen Daten aufbauend, einige auffallend unterschiedliche Ergebnisse auf.

3.2.3 Zuordnung der Raumordnungsregionen

Die beiden Studien vom Berlin-Institut und von der Prognos AG bieten zusammen eine gute Informationsgrundlage, auch wenn sie sich an vielen Stellen hinsichtlich der Zuordnung einzelner Regionen unterscheiden. Gemeinsam ist beiden Studien die Verwendung einer achtstufigen Skala, nach der die Einzelergebnisse der Kreise und Städte gruppiert werden. Ebenso ziehen beide Studien vergleichbare Faktoren heran, auch wenn sich die Untersuchungen in einigen Punkten deutlich unterscheiden.

Nur wenige Regionen (etwa ein Dutzend von insgesamt 440 Kreisen und kreisfreien Städten) weisen eine um mehr als drei Stufen differierende Einordnung auf der von beiden Studien verwendeten achtstufigen Skala auf. Die meisten Regionen werden mit einer Abweichung von maximal einer Stufe bewertet. Von daher bot es sich an, den Mittelwert beider Studien für eine eigene Einteilung heranzuziehen.

Zur Clusterung der Raumordnungsregionen in drei Typen mit unterschiedlichen Entwicklungsperspektiven (schrumpfende, mittlere und wachsende Regionen) waren beide Studien zunächst zu einer einheitlichen Bewertung auf der Ebene der Raumordnungsregionen zusammenzuführen. Hierzu mussten die kreisfeinen Einstufungen in aggregierter Form auf die regionale Ebene übertragen werden. Weiterhin war im Rahmen der Entwicklung der Szenarien die relativ feine Skalierung der beiden Studien nicht nötig, da die Einteilung nach den Chancen und Möglichkeiten einer Region lediglich als Kriterium für die unterschiedliche Ausprägung der Parameter innerhalb der Szenarien herangezogen werden sollte, nicht aber als eigener Parameter.

Bei der Zusammenführung der Ergebnisse wurden die in den Studien mit Buchstaben belegten kreisspezifischen Ergebnisse jeweils mit Werten von 1 (sehr gute Chancen) bis 8 (sehr schlechte Chancen) belegt und daraus der Mittelwert über die Raumordnungsregionen gebildet. Dabei zeigte sich, dass viele Raumordnungsregionen in den zugehörigen Landkreisen vergleichbare Entwicklungschancen haben. Nur in sehr wenigen Fällen weichen die in einer Region zusammengefassten Kreise deutlich voneinander ab. Anhand der Mittelwerte wurden die Regionen folgendermaßen klassifiziert:

- wachsende, prosperierende Regionen (Mittelwert kleiner 4,0),
- mittlere Regionen (Regionen mit ausgeglichenen Chancen und Risiken oder uneinheitlicher Entwicklung mit Mittelwerten zwischen 4,0 und kleiner 5,5) und
- schrumpfende, zurückfallende Regionen (Mittelwert ab 5,5 und größer).

Von den insgesamt 97 Raumordnungsregionen in Deutschland wurden 35 ROR der Gruppe der wachsenden Regionen und 18 ROR der Gruppe der schrumpfenden Regionen zugeordnet. Insgesamt 44 Regionen entfielen auf die Gruppe der mittleren Regionen (vgl. Tabelle 11). Damit ist etwas weniger als die Hälfte in die Kategorie der ausgeglichenen Regionen eingestuft. Etwa 20 Prozent der Regionen können eindeutig als schrumpfend eingestuft werden, etwas unter 40 Prozent als wachsend. Wie schon erwähnt zeigt ein Abgleich mit den neuesten Ergebnissen der BBR-Bevölkerungsprognosen, dass diese Einteilung auch im Kontext der erwarteten demografischen Entwicklung plausibel ist. Einen Überblick über die konkrete Zuordnung der einzelnen Raumordnungsregionen zu den Regionstypen enthalten Abbildung 29 im farbigen Abbildungsteil und Tabelle 12.

Tabelle 11: Verteilung der Raumordnungsregionen nach Entwicklungskriterien*

Einstufung der ROR	Anzahl
Wachsende Regionen	35
Mittlere Regionen	44
Schrumpfende Regionen	18

*Quelle: *Projektgruppe Mobilität 2050.*

Um das Risiko einer zu heterogenen Zusammensetzung der Kreise innerhalb der jeweiligen Raumordnungsregionen zu reduzieren, wurden diejenigen Regionen, bei denen der aus den Einzelwerten der Kreise in den beiden Ausgangsstudien resultierende Mittelwert eine hohe Standardabweichung (größer als 1,25) aufwies, noch einmal einer genaueren Betrachtung unterzogen. In den meisten Fällen waren hohe Standardabweichungen auf unterschiedliche Werte der jeweiligen Kreise in den beiden Ausgangsstudien zurückzuführen. Nur sehr wenige Raumordnungsregionen haben auffällige Unterschiede hinsichtlich der Kategorien bei der Zuordnung der jeweiligen Kreise. Dazu gehören ein Teil der Regionen des Berliner Umlands und die Region Ostthüringen. Insgesamt aber ist der weitaus größte Teil der Raumordnungsregionen entweder in sich homogen oder innerhalb der beiden jeweiligen Ausgangsstudien homogen. Die wenigen Abweichungen, die sich bei allen drei Gruppen ergeben, rechtfertigten keine weitere Unterteilung in zusätzliche Klassen.

In der Aggregation der vorliegenden Studien ergibt sich nun bei der Klassifizierung der Regionen großräumlich natürlich ein ähnliches Bild wie in den Detailuntersuchungen und in den Betrachtungen des BBR: Die als schrumpfend klassifizierten Raumordnungsregionen konzentrieren sich zum großen Teil auf die neuen Bundesländer. So sind mit den Regionen Göttingen und Emscher-Lippe lediglich zwei der insgesamt 18 schrumpfenden Regionen in den alten Bundesländern zu finden. Einige ostdeutschen Gebiete wurden den mittleren Regionen zugeordnet. Dies betrifft die Raumordnungsregionen Mittleres Mecklenburg/Rostock, Berlin mit den benachbarten Regionen Oderland-Spree und Havelland-Fläming, Mittel- und Südthüringen sowie die Region Oberes Elbtal/Dresden.

Wachsende Regionen konzentrieren sich im Süden Deutschlands vor allem auf Bayern und Baden-Württemberg bis hinein ins südliche Hessen einschließlich einiger Raumordnungsregionen in Rheinland-Pfalz. Der Gruppe der wachsenden Regionen ebenfalls zugeordnet werden einige Inselgebiete im Norden (Oldenburg, Hamburg, Hamburg-Umland-Süd, Schleswig-Holstein Süd), der Bereich Köln/Bonn sowie die Regionen Paderborn, Arnsberg und Münster.

In den nordwestlichen Bundesländern einschließlich der übrigen Gebiete in Rheinland-Pfalz, im nördlichen Hessen und im Saarland dominiert darüber hinaus die Gruppe der mittleren Regionen. Ebenfalls als mittlere Regionen werden einige Gebiete im östlichen und nördlichen Bayern sowie die Raumordnungsregionen Ostalbkreis und Heidenheim in Baden-Württemberg klassifiziert.

Tabelle 12: Zuordnung der Raumordnungsregionen zu Regionstypen*

Regionstyp	Raumordnungsregion
Schrumpfende Regionen (18 ROR)	Westmecklenburg, Vorpommern, Mecklenburgische Seenplatte, Göttingen, Prignitz-Oberhavel, Uckermark-Barnim, Altmark, Magdeburg, Halle/Saale, Emscher-Lippe, Dessau, Nordthüringen, Ostthüringen, Westsachsen, Oberlausitz-Niederschlesien, Chemnitz-Erzgebirge, Südwestsachsen, Lausitz-Spreewald
Mittlere Regionen (44 ROR)	Schleswig-Holstein Nord, Schleswig-Holstein Südwest, Schleswig-Holstein Mitte, Schleswig-Holstein Ost, Mittleres Mecklenburg/Rostock, Bremen, Ostfriesland, Bremerhaven, Bremen-Umland, Emsland, Osnabrück, Hannover, Südheide, Lüneburg, Braunschweig, Hildesheim, Oderland-Spree, Havelland-Fläming, Berlin, Bielefeld, Dortmund, Duisburg/Essen, Düsseldorf, Bochum/Hagen, Aachen, Siegen, Nordhessen, Mittelhessen, Osthessen, Oberes Elbtal/Osterzgebirge, Mittelthüringen, Südthüringen, Mittelrhein-Westerwald, Trier, Westpfalz, Rheinpfalz, Saar, Ostwürttemberg, Bayerischer Untermain, Würzburg, Main-Rhön, Oberfranken-Ost, Oberpfalz-Nord, Donau-Wald
Wachsende Regionen (35 ROR)	Schleswig-Holstein Süd, Hamburg, Hamburg-Umland-Süd, Oldenburg, Münster, Paderborn, Arnsberg, Köln, Bonn, Rhein-Main, Starkenburg, Rheinhessen-Nahe, Unterer Neckar, Franken, Mittlerer Oberrhein, Nordschwarzwald, Stuttgart, Donau-Iller (BW), Neckar-Alb, Schwarzwald-Baar-Heuberg, Südlicher Oberrhein, Hochrhein-Bodensee, Bodensee-Oberschwaben, Oberfranken-West, Industrieregion Mittelfranken, Westmittelfranken, Augsburg, Ingolstadt, Regensburg, Landshut, München, Donau-Iller (BY), Allgäu, Oberland, Südostoberbayern

*Quelle: Projektgruppe Mobilität 2050.

3.2.4 Bevölkerungsentwicklung in den drei Raumtypen

Die Klassifizierung der Raumordnungsregionen entsprechend Tabelle 12 bildet nun die Aggregationsebene für weitere Betrachtungen und für die Modellrechnungen. In den Abbildungen 30-32 (im farbigen Abbildungsteil) finden sich zunächst einige Eckwerte zur Bevölkerungsentwicklung in den drei Regionstypen bis zum Jahr 2050 entsprechend den Prognoserechnungen des BBR (BBR 2006). Im linken Teil der Abbildungen sind jeweils die über die Raumklassen aggregierten Bevölkerungsanteile im Analysejahr 2002 (rotbraun) und im Jahr 2050 (blau) nach Geschlecht[2] und Altersklassen (in 5-Jahres-Scheiben) dargestellt. Im rechten Bereich finden sich für die Summen der jeweiligen Altersklassen die Veränderungen[3] zwischen dem Analysejahr 2002 und dem Jahr 2050.

In den wachsenden Regionen lebten im Analysejahr 2002 mit 33,7 Mio. Einwohnern rund 41 Prozent der Bevölkerung Deutschlands (Abbildung 30). In der Sum-

---

[2] Die Bevölkerungsprognose des BBR lag im Rahmen des Projektes für die 97 Raumordnungsregionen in einer Altersschichtung mit 5-Jahres-Schritten ohne Splitting nach Geschlecht vor. Für die Altersklasse 15 bis unter 20 Jahre wurden zusätzlich die Gruppen 15 bis unter 18 Jahre sowie 18 bis unter 20 Jahre zur Verfügung gestellt. Mit Hilfe von Anteilswerten aus der fünften Variante der 10. Koordinierten Bevölkerungs Bevölkerungsvorausberechnung des Statistischen Bundesamtes (StBA 2003) wurden die Daten für die Modellrechnung innerhalb der 5-Jahres-Scheiben weiter nach Jahrgängen und Geschlecht gesplittet.

[3] Bei den Zuwachsraten wurde die Gruppe der Personen ab 65 Jahre jeweils aggregiert betrachtet.

me werden für die wachsenden Regionen bis zum Jahr 2050 auch in absoluten Zahlen noch Zugewinne bei der Bevölkerung (rund 1,3 Mio. bzw. vier Prozent) ausgewiesen. Hinsichtlich der Altersstruktur ergeben sich jedoch auch in den wachsenden Regionen deutliche Verschiebungen zu den höheren Altersklassen: Während die Gruppe der Kinder (0 bis unter 15 Jahre) um 22 Prozent und die Gruppe der mittleren Jahrgänge (15 bis unter 45 Jahre) um 17 Prozent abnimmt, wächst die Gruppe der Personen ab 65 Jahre in der Prognose um über 70 Prozent und die Gruppe der 45- bis unter 65jährigen um zehn Prozent.

Die als mittlere Regionen eingestuften Gebiete umfassen mit 37,5 Mio. Einwohnern rund 45 Prozent der Bevölkerung Deutschlands (Abbildung 31). Gegenüber den wachsenden Regionen ergibt sich für die mittleren Regionen in absoluten Zahlen kein Bevölkerungszuwachs mehr. Stattdessen sinkt die Bevölkerung in der Prognose bis zum Jahr 2050 insgesamt um rund 3,2 Mio. Einwohner bzw. acht bis neun Prozent. Bis auf die Altersklasse 65 Jahre und älter ist in allen anderen Schichten ein mehr oder weniger deutlicher Rückgang der Bevölkerung zu erwarten. In den Altersklassen unter 45 Jahre beträgt der Bevölkerungsrückgang etwa 27 bzw. 30 Prozent. Lediglich für die Gruppe der ab 65-Jährigen wird ein Zuwachs von etwa 3,3 Mio. Einwohnern bzw. 49 Prozent erwartet.

Anders als bei den wachsenden und mittleren Regionen – die schon aufgrund ihrer Bevölkerungsanteile den Trend für Gesamtdeutschland bestimmen – werden in der BBR-Prognose für die schrumpfenden Regionen noch einmal Bevölkerungsrückgänge erwartet, die deutlich über den Werten für Gesamtdeutschland liegen. Im Analysejahr wohnten in den schrumpfenden Regionen mit 11,4 Mio. Einwohnern etwa 14 Prozent der Gesamtbevölkerung (Abbildung 32). Bis zum Jahr 2050 wird in der BBR-Prognose für diese Regionen ein Rückgang der Bevölkerung um 3,4 Mio. Einwohner bzw. 30 Prozent ausgewiesen. In der Gruppe der Kinder (unter 15 Jahre) und in den mittleren Altersklassen (15 bis unter 45 Jahre) wird ein Rückgang um 39 bzw. 49 Prozent ermittelt. Die Gruppe der ab 65-Jährigen wird auch in den schrumpfenden Regionen um 0,6 Mio. und damit um rund 27 Prozent anwachsen.

Im Zusammenhang mit den Berechnungen zur Wirtschaftentwicklung (vgl. Kapitel 5.2) wurden die jährlichen Wachstumsraten der Bevölkerungszahl für die drei Raumtypen ermittelt. Die Ergebnisse finden sich in Anlage 3.

3.3 Ortsgrößen- und Urbanitätsklassen

Entsprechend der Aufgabenstellung des BMVBS waren die in der Bevölkerungsprognose des BBR dargestellten demografischen Veränderungen ebenso wie die auf Landkreisebene unterstellten regionalen Bevölkerungsverschiebungen ein festes Eingangsdatum der geplanten Modellrechnung. Bereits in Kapitel 3.2.4 wurde deutlich, dass damit die Eckwerte zur Prognose der Bevölkerungsentwicklung für die drei Regionstypen bereits fixiert sind. Dies betrifft sowohl die Bevölkerungsmengen in den drei Regionstypen als auch die sich daraus ergebenden Altersstrukturen.

Wie unter anderem auch im Rahmen der Expertenworkshops unterstrichen wurde, ist diese makroskopische Ebene zur Modellierung von Einflüssen der Siedlungsstruktur auf das Verkehrsverhalten ungeeignet. Unterschiede im Verkehrsverhalten zeigen sich eher auf der Ebene von Ortsgrößenklassen sowie – noch kleinräumiger – unter Beachtung der jeweiligen Erschließungssituation und der urbanen Infrastruktur auf der Ebene von Wohnbezirken bzw. Stadtgebieten (vgl. dazu Kapitel 2.2). Problematisch ist dabei, dass solche kleinräumigen Wanderungen für konkrete Räume im Betrachtungszeitraum hochgradig zufallsabhängig sind und dass auch die Tendenzen der zu erwartenden Wanderungen nicht sicher quantifizierbar sind. Um dennoch mögliche Entwicklungspfade für kleinräumige siedlungsstrukturelle Veränderungen abzubilden, werden in der Szenariodefinition (Kapitel 4) plausible Annahmen gesetzt. Damit dies mit einer überschaubaren Anzahl von Setzungen realisiert werden kann, wurde auf der Basis der politischen Ortsgrößenklassen und der in Kapitel 2.2 definierten Urbanitätsklassen eine neue modellspezifische Klasseneinteilung definiert.

Zunächst wurde die übliche Einteilung von sieben Ortsgrößenklassen zu zwei Klassen (kleine und große Orte) zusammengefasst. Aufgrund der im Analysezustand gegebenen Bevölkerungsverteilung, aber auch aus anderen sachlichen Überlegungen (vgl. z.B. Abbildung 8) wurde die Grenze zwischen beiden Gruppen bei einer Bevölkerungszahl von 20 000 Einwohnern definiert. Die Gruppe der kleinen Orte umfasst also alle Orte mit weniger als 20 000 Einwohnern. Die Gruppe der großen Orte umfasst die städtischen Gebiete und Ballungszentren mit einer Einwohnerzahl ab 20 000. Um auch innerörtliche Prozesse der Konzentration oder Suburbanisierung abbilden zu können, wurde innerhalb der beiden Ortsgrößenklassen zudem die Verteilung der Bevölkerung auf die Urbanitätsklassen berücksichtigt.

Die Bevölkerungssummen über die sechs Klassen liegen für die drei Regionstypen (schrumpfende, mittlere und wachsende ROR) jeweils als Eckwert aus der BBR-Prognose vor. Die Verteilung der Bevölkerung auf die sechs Klassen innerhalb eines Regionstyps konnte für das Analysejahr 2002 aus Daten der infas GEOdaten GmbH mit Hilfe von Anteilswerten abgeleitet werden. Tabelle 13 zeigt die sich daraus ergebenden und den Modellrechnungen zugrunde liegenden Bevölkerungszahlen der einzelnen Klassen für das Analysejahr 2002.

Die Anteilswerte der Sechserklassifizierung innerhalb einer Raumordnungsregion, die sich jeweils auf 100 Prozent (ggf. mit Rundungsabweichungen) addieren, sind in den Abbildungen 33-35 (im farbigen Abbildungsteil) dargestellt. Für die wachsenden und die mittleren Regionen ergeben sich ähnliche Verteilungen: Etwa 40 Prozent der Bevölkerung wohnen in kleinen Orten mit weniger als 20 000 Einwohnern. Die Gebiete mit sehr hoher Urbanität sind in den kleinen Orten erwartungsgemäß sehr schwach besetzt. Die Bevölkerung konzentriert sich dort zu über

85 Prozent auf Gebiete mit eher geringer Urbanität. Innerhalb der großen Orte wurde die Bevölkerung zu etwas über zehn Prozent den Gebieten mit hoher Urbanität zugeordnet. Die übrigen Einwohner verteilen sich etwa zu gleichen Anteilen auf Gebiete mit mittlerer und geringer Urbanität.

Tabelle 13: Kleinräumige Bevölkerungsverteilung (Analyse 2002)*

Regionstyp mit Eckwerten zur Einwohnerzahl		Ortsgröße	Urbanitätsklasse		
			Gering	Mittel	Hoch
Schrumpfend	11,4 Mio.	Kleine Orte	5,3 Mio.	1,0 Mio.	0,0 Mio.
		Große Orte	2,3 Mio.	2,3 Mio.	0,5 Mio.
Mittel	37,5 Mio.	Kleine Orte	12,0 Mio.	1,8 Mio.	0,1 Mio.
		Große Orte	10,3 Mio.	10,1 Mio.	3,2 Mio.
Wachsend	33,7 Mio.	Kleine Orte	12,9 Mio.	1,8 Mio.	0,1 Mio.
		Große Orte	9,0 Mio.	7,7 Mio.	2,2 Mio.

*Quelle: Projektgruppe Mobilität 2050.

Für die schrumpfenden Regionen zeigt sich dabei für den Analysezustand ein etwas abweichendes Bild: Während die Bevölkerungsverteilung auf die Urbanitätsklassen innerhalb der beiden Ortsgrößenklassen weitgehend den beiden anderen Regionen entspricht, ist der Anteil der kleinen Orte an der Gesamtbevölkerung mit rund 55 Prozent deutlich größer als bei den wachsenden und mittleren Regionen.

Für die Szenarien bis zum Jahr 2050 war es nun auf dieser Basis möglich, die kleinräumigen Wanderungsbewegungen durch eine überschaubare Anzahl von Annahmen zur Verschiebung der Anteilswerte innerhalb der drei Regionstypen zu quantifizieren (vgl. dazu Kapitel 4).

3.4 Entwicklung der Erwerbstätigkeit

Ein weiteres zentrales Element der Eingangsdaten war neben der Bevölkerungsprognose des BBR der Bericht der Rürup-Kommission zur Finanzierung der sozialen Sicherungssysteme (RÜRUP 2003). Daraus flossen zum einen Eckwerte zur Entwicklung des Bruttoinlandsproduktes sowie zur Entwicklung von Preisen und Einkommen ein, worauf in Kapitel 5.2 eingegangen wird. Zum anderen wurde vom Institut für Wirtschaftsforschung in Halle auf der Basis der dort getroffenen Annahmen zur Erwerbsbeteiligung die Zahl der Erwerbstätigen für die drei Raumtypen bis zum Jahr 2050 berechnet.

Eine Zusammenfassung der wichtigsten Ergebnisse und Annahmen enthält Abbildung 36 (im farbigen Abbildungsteil): Die Zahl der Personen in der Altersklasse von 18 bis unter 65 Jahre geht bis zum Jahr 2050 auf 44,0 Mio. und damit gegenüber 52,9 Mio. im Jahr 2002 um über 17 Prozent zurück. Im gleichen Zeitraum geht die Zahl der Erwerbstätigen von 38,7 Mio. lediglich auf 35,5 Mio. zurück. Dies entspricht einer Abnahme um etwa acht Prozent bezogen auf den Zeitraum von 2002 bis 2050. Bezogen auf die Bevölkerung in der Altersklasse von 18 bis unter 65 Jahre ergibt sich für das Jahr 2002 eine Quote von rund 0,73 Erwerbstätigen je Einwohner. In der Mitte des Betrachtungszeitraumes steigt diese Quote auf über 0,80 Erwerbstätige je Einwohner an (in der Abbildung 36: „Quote Erw"). Bezogen auf die Gesamtbevölkerung in Deutschland bleibt die Quote der Erwerbstätigen mit rund 47 Prozent im Jahr 2002 und rund 46 Prozent im Jahr 2050 nahezu konstant (in der Abbildung 36: „Quote Bev").

3.5 Weitere Merkmalsklassifizierungen

Die Berechnungen des Verkehrsmodells (vgl. Kapitel 4.7) beruhen für die einzelnen Kennziffern auf einem Regressionsansatz unter Berücksichtigung der in Kapitel 2.2 herausgearbeiteten maßgebenden Einflussgrößen. Wie gezeigt wurde, erklärt sich das Verkehrsverhalten einer einzelnen Person dabei zum einen aus der Lage des Wohnortes (Ortsgrößenklasse, Urbanitätsklasse) und den damit indirekt verbundenen Verkehrsangeboten im Umfeld. Zum anderen bestimmen sich die Verhaltensparameter wesentlich über das Alter und das Geschlecht. Drittens wurde herausgearbeitet, dass auch die Einkommenssituation und die Größe des eigenen Haushaltes sowie die Zugehörigkeit zu einer bestimmten verhaltenshomogenen Personengruppe einen maßgeblichen Einfluss auf das Verkehrsverhalten ausüben. Um auf dieser Basis (d.h. des aus den genannten Merkmalen abgeleiteten Verkehrsverhaltens einer einzelnen Person) für einen bestimmten Raum (wie hier für einen bestimmten Regionstyp) aggregierte Verkehrskennziffern ermitteln zu können, ist die Verteilung der Bevölkerung auf die einzelnen Klassen innerhalb des betrachteten Raumaggregats erforderlich.

Die Anteilswerte der räumlichen Merkmale (Ortsgrößenklasse, Urbanitätsklasse) mit einer Aufsplittung nach Alter und Geschlecht wurden entsprechend den bisherigen Ausführungen erarbeitet. Zusätzlich zu diesen Merkmalen musste innerhalb der daraus resultierenden einzelnen Schichten eine Aufteilung nach Haushaltsgröße, Haushaltseinkommen und Personengruppe erfolgen, sofern die sich aus den Veränderungen des Altersaufbaus der Bevölkerung ergebenden Effekte im Modellansatz berücksichtigt werden sollen. Da für keines der Merkmale eine exogene Prognose bis 2050 verfügbar ist und im Rahmen des vorliegenden Projektes im Detail auch nicht erarbeitet werden konnte, wurde zur Abschätzung ein vereinfachter Ansatz über die in den MID-Daten enthaltenen Anteilswerte gewählt.

Zunächst wurden aus MID geeignete raum-, alters- und geschlechtsspezifische Anteilswerte der entsprechenden Schichten ausgewertet. Dies erfolgte für die bereits aus Abbildung 4 bzw. Abbildung 20 bekannte Einteilung in acht Personengruppen und acht Einkommensklassen. Die Betrachtung der Haushaltsgröße unterscheidet zwischen Ein-, Zwei- und Mehrpersonenhaushalten. Die Anteilswerte wurden nun zunächst über den Szenariohorizont bis 2050 konstant gehalten, den Bevölkerungsdaten zugespielt und über einen Eckwertevergleich mit Sekundärstatistiken abgeglichen.

Für die einzelnen Merkmale ergab sich folgende Einschätzung: Die Verteilung der Bevölkerung über die Einkommensklassen verschiebt sich auf der Ebene der drei Regionstypen zwischen 2002 und 2050 um maximal drei Prozent. Die Unterschiede der Klassenanteile zwischen den Szenarien im Zeithorizont 2050 liegen in allen Klassen deutlich unter einem Prozent (wenn also ein Klasse z.B. 18 Prozent der Personen auf sich vereinigte, so lag der Anteil dieser Klasse in den anderen Szenarien maximal zwischen 17 und 19 Prozent). Somit ist die sich aus dem vereinfachten Ansatz ergebende Splitting nach Einkommensklassen zeitlich und gegenüber den Annahmen zur Bevölkerungsverteilung in den Szenarien weitgehend stabil. Allein aus der Splittung resultierende große quantitative Auswirkungen auf die Mobilitätskennziffern sind nicht zu erwarten. Veränderungen ergeben sich aus den Annahmen zur Einkommens- und Preisentwicklung nach Kapitel 5.2.

Die Aufteilung auf die Personengruppen erforderte zunächst die Einarbeitung der Projektion der Erwerbstätigen durch die Verschiebung von Anteilswerten. Der Abgleich der sich anschließend für den Analysezeitpunkt 2002 ergebenden Personengruppen ergab eine gute Übereinstimmung mit bekannten Eckwerten. Hinsichtlich des zeitlichen Verlaufs kann (abgesehen von der Verschiebung zwischen den Erwerbstätigen und den Nichterwerbstätigen) von einer relativ engen Kopplung an das Alter ausgegangen werden. Explizite Annahmen z.B. zur Erhöhung des Schüler- oder Studentenanteils innerhalb einer Altersschicht wurden nicht getroffen. In den Verschiebungen zwischen diesen Personengruppen spiegeln sich somit vor allem die Veränderungen der Altersstruktur wider: Die Zahl der Schüler geht im Betrachtungszeitraum um rund 30 Prozent zurück; die Zahl der Studenten sinkt um rund 20 Prozent.

Eine etwas größere Abhängigkeit von den Verschiebungen der Alterspyramide ergibt sich hingegen für die Anteilswerte der Haushaltsgrößen. Während der Anteil der Personen in Mehrpersonenhaushalten nach diesem Ansatz bis zum Jahr 2050 um sechs bis sieben Prozent abnimmt, steigen die Anteile der Personen in Einpersonenhaushalten um rund vier Prozent und der Personen in Zweipersonenhaushalten um rund zwei Prozent. Ein Abgleich mit der bis zum Jahr 2025 vorliegenden Haushaltsprognose des BBR (2006) ergab tendenziell eine gute Übereinstimmung. In der hier angewandten Fortschreibung der Anteilswerte zeigte sich für das Jahr 2020 eine Unterschätzung der Zweipersonenhaushalte gegenüber der BBR-Prognose um etwa fünf Prozent, während die Anzahl der Ein- und Mehrpersonenhaushalte leicht überschätzt wird. Die Unterschiede der Anteilswerte zwischen den Szenarien liegen im Zeithorizont 2050 auch bei diesem Merkmal deutlich unter einem Prozent. Die Verschiebung resultiert im Wesentlichen aus der in den Szenarien angenommenen Verschiebung von Bevölkerungsanteilen zwischen den Ortsklassen und den dort bereits im Analysefall vorhandenen Differenzen in der Verteilung der Haushaltsgrößen.

Abbildung 26: Regionale Bevölkerungsentwicklung bis 2020*

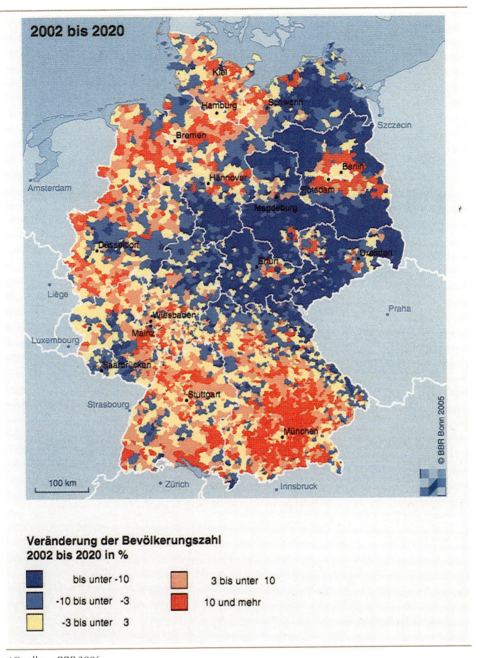

Veränderung der Bevölkerungszahl
2002 bis 2020 in %

- bis unter -10
- -10 bis unter -3
- -3 bis unter 3
- 3 bis unter 10
- 10 und mehr

*Quelle: BBR 2006.

Abbildung 27: Zukunftsperspektiven der Regionen*

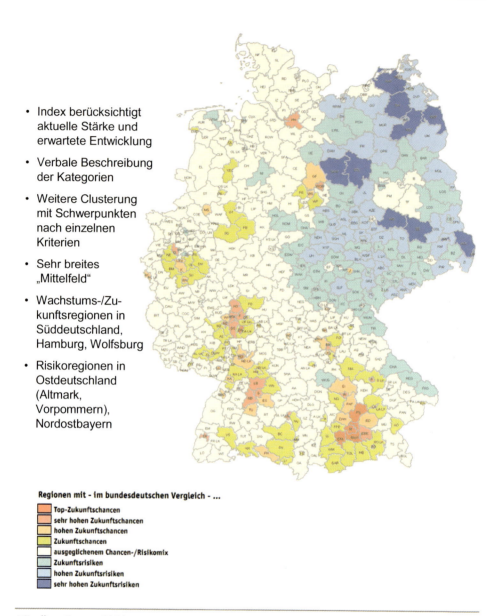

- Index berücksichtigt aktuelle Stärke und erwartete Entwicklung
- Verbale Beschreibung der Kategorien
- Weitere Clusterung mit Schwerpunkten nach einzelnen Kriterien
- Sehr breites „Mittelfeld"
- Wachstums-/Zukunftsregionen in Süddeutschland, Hamburg, Wolfsburg
- Risikoregionen in Ostdeutschland (Altmark, Vorpommern), Nordostbayern

Regionen mit - im bundesdeutschen Vergleich - ...
- Top-Zukunftschancen
- sehr hohen Zukunftschancen
- hohen Zukunftschancen
- Zukunftschancen
- ausgeglichenem Chancen-/Risikomix
- Zukunftsrisiken
- hohen Zukunftsrisiken
- sehr hohen Zukunftsrisiken

*Quelle: *Prognos* 2004.

Abbildung 28: Zukunftsperspektiven der Regionen*

- Starke Berücksichtigung sozialer Kriterien
- Keine verbale Beschreibung der Kriterien
- „Ausgewogenere" Verteilung der Kategorien
- Insgesamt mit Prognos-Studie vergleichbare räumliche Verteilung
- Wachstums-/Zukunftsregionen in Süddeutschland, Hamburg, Münsterland, Berlin, Wolfsburg
- Risikoregionen in Ostdeutschland (Sachsen-Anhalt, Oberlausitz), Saarland, Ruhrgebiet, Oberfranken

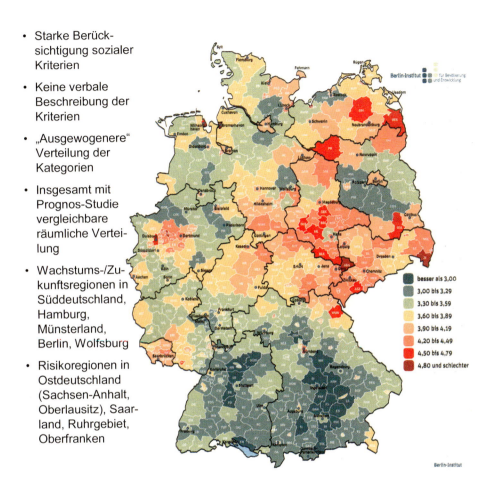

*Quelle: Berlin-Institut 2004.

Abbildung 29

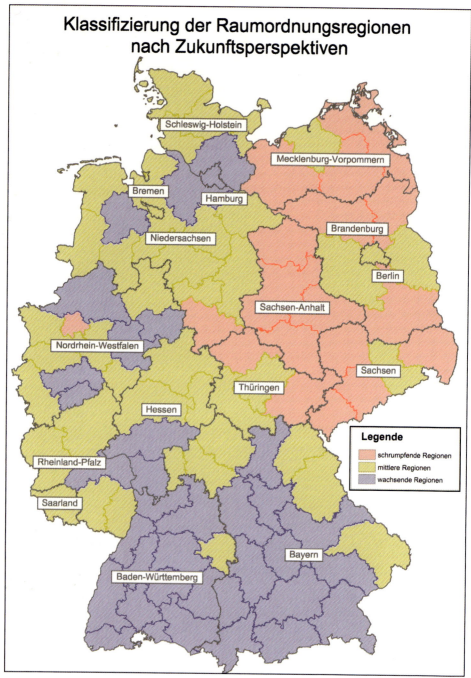

Quelle: *Projektgruppe Mobilität 2050.*

Abbildung 30: Bevölkerungsentwicklung in wachsenden Regionen*

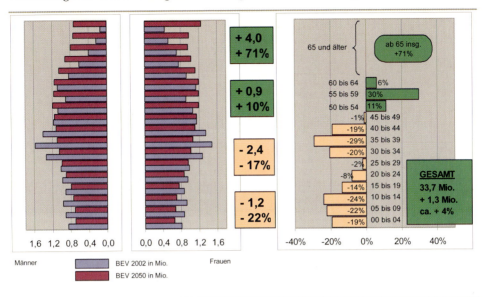

*Quelle: Projektgruppe Mobilität 2050 nach BBR.

Abbildung 31: Bevölkerungsentwicklung in mittleren Regionen*

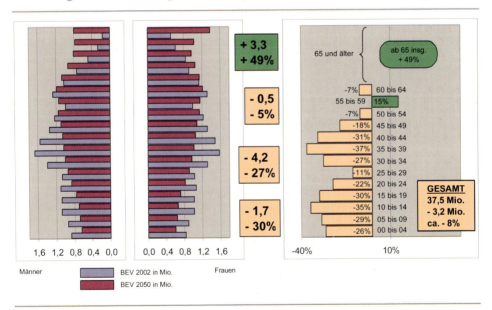

*Quelle: Projektgruppe Mobilität 2050 nach BBR.

Abbildung 32: Bevölkerungsentwicklung in schrumpfenden Regionen*

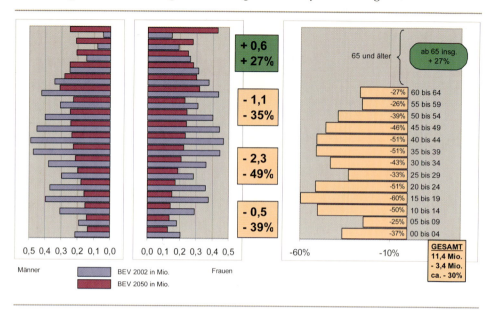

*Quelle: Projektgruppe Mobilität 2050 nach BBR.

Abbildung 33: Lokale Bevölkerungsverteilung – Wachsende Regionen (Analyse 2002)*

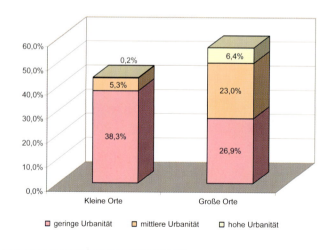

*Quelle: Projektgruppe Mobilität 2050.

Abbildung 34: Lokale Bevölkerungsverteilung – Mittlere Regionen
(Analyse 2002)*

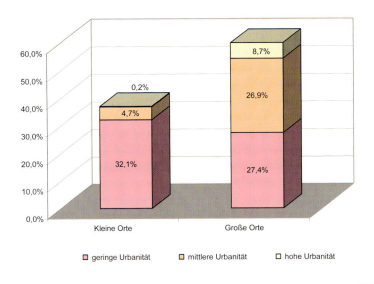

*Quelle: Projektgruppe Mobilität 2050.

Abbildung 35: Lokale Bevölkerungsverteilung – Schrumpfende Regionen
(Analyse 2002)*

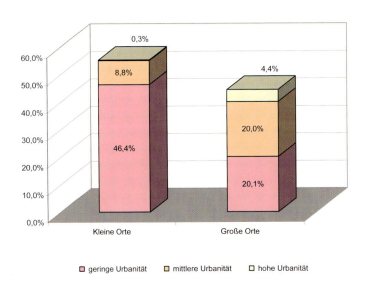

*Quelle: Projektgruppe Mobilität 2050.

Abbildung 36: Annahmen zur Erwerbstätigkeit in Deutschland*

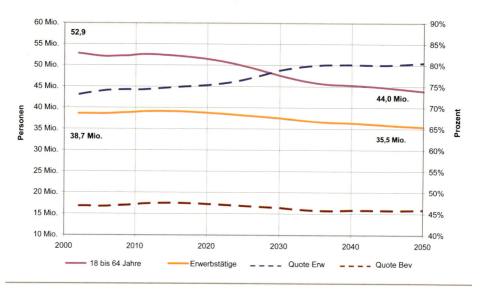

*Quelle: *Projektgruppe Mobilität 2050.*

4. Szenarienbildung und Perspektiven bis 2050

4.1 Methodendiskussion und Workshops

Wie werden sich Siedlungsstrukturen und Mobilität in einem Zeitraum von über 40 Jahren entwickeln, innerhalb dessen die Lebensdauer der gegenwärtigen Fahrzeugflotte längst zu Ende sein wird, sich die Bevölkerungsstruktur verändert und an dessen Ende – statt 24 Prozent im Jahr 2002 – nun 36 Prozent der Bevölkerung zur Gruppe der über 60-Jährigen gehören werden? Welchen Einfluss werden der technische Fortschritt sowie die ökonomischen und politischen Rahmenbedingungen ausüben, wenn sie sich in eine aus heutiger Sicht kaum prognostizierbare Richtung weiterentwickelt haben werden? Welches der heutigen Prognoseverfahren wäre in der Lage gewesen, im Jahr 1960 die Entwicklung bis zum Jahr 2005 vorherzusagen? Bleiben die Triebkräfte der Trends der vergangenen Jahrzehnte, die zu steigender Zersiedelung sowie zu steigenden Verkehrsleistungen und wachsender Autonutzung geführt haben, bestehen? Werden sie stärker oder werden sie schwächer?

Vieles spricht dafür, dass die Entwicklung der Mobilität in Zukunft gerade durch den demografischen Wandel deutlich beeinflusst wird. Wenn sich die zukünftige Bevölkerungsverteilung der Kinder und Jugendlichen, der Personen im Erwerbsalter und der Senioren verändern wird und dabei der Anteil der allein lebenden Personen steigt, wird dies die Entwicklung der Motorisierung beeinflussen und zu möglichen oder sogar wahrscheinlichen Veränderungen in Bezug auf die Aktivitäten und die Mobilität in den einzelnen Lebensphasen führen. Nicht zuletzt wird die Zukunft der Mobilität von der Entwicklung der räumlichen Verflechtungen und der daraus resultierenden Standortbindungen sowie von Gesetzen, Politik und neuen Rahmenbedingungen abhängen.

Die Diskussion um die künftige Entwicklung von Siedlungsstrukturen und Mobilität erfolgt vor dem Hintergrund eines gesellschaftlichen Wertewandels und globaler Veränderungen. Ein einheitliches gesellschaftliches Leitbild, das schlüssige Hinweise auf die künftige Mobilität geben könnte, gibt es nicht. Im Verkehrssektor und bei Entscheidungsträgern scheint zunächst ein gesellschaftliches Leitbild „Mehr Verkehr = mehr Wohlstand = mehr Lebensqualität" zu dominieren. Andererseits gibt es gleichzeitig eine Vielzahl von in anderen Zusammenhängen getroffenen Entscheidungen, die anderen Leitbildern folgen. Weil Zersiedelung und Verkehr für einen großen und wachsenden Anteil der lokalen und der globalen Umweltbeeinträchtigungen verantwortlich sind, zielt die aktuelle Nachhaltigkeitsstrategie der Bundesregierung auf die „Entkopplung" von Wirtschaftswachstum und Verkehr. Die aktuelle Gesetzgebung zu Lärm- und Luftreinhaltung wird sich vermutlich ohne strukturelle Veränderungen von Raumentwicklung und Verkehr nicht umsetzen lassen. In Fachkreisen wird diskutiert, ob unter den Prognosen und Erwartungen liegende Motorisierungs- und Fahrleistungskennziffern bereits Sättigungstendenzen des motorisierten Individualverkehrs andeuten. Unklar ist auch, ob der technische Fortschritt – wie bei Kindern und Jugendlichen, wo Fernseher, Computer, Handy und Gameboy in den letzten Jahrzehnten physische Mobilität bereits teilweise ersetzt haben – auch bei anderen Bevölkerungskreisen zu neuen Verhaltensweisen führen wird, die mit der Substitution individueller Mobilität verbunden sind.

Aufgrund der Langfristigkeit vieler Entscheidungen, insbesondere in Bezug auf Bauinvestitionen und Infrastruktur, sind für robuste Planungen Zukunftsinformationen erforderlich. Eine Alternative zu Prognosen, die aufgrund des gesellschaftlichen Wandels und unbekannter politischer Entwicklungen in einem mehrere Generationen umfassenden Zeitraum völlig unsicher scheinen, sind Szenarien. Die Szenariotechnik ermöglicht es, die Zukunft oder Zukünfte unabhängig vom Status quo „zu denken". Sie ermöglicht eine relativ „freie" Kombination von Einzelinhalten. Szenarien sind also keine Prognosen, sondern die Kombination fachlich und politisch vorgedachter Maßnahmen und Entwicklungen. In Szenarien können Hoffnungen, Befürchtungen und Erwartungen dargestellt werden. Sie ermöglichen schließlich auch die Darstellung von Abhängigkeiten innerhalb möglicher Entwicklungsstränge. Zukünftige Handlungsentscheidungen können nur auf der Grundlage komplexer Darstellungen und Gegenüberstellungen möglicher Situationen getroffen werden. Dabei werden sich die zukünftige Bevölkerungs-, Arbeitsmarkt- und Wohnungsmarktentwicklung ebenso auf die Angebotsqualität und auf die Nachfrage- und Sozialstruktur auswirken wie beispielsweise neue Bedürfnis- und Verhaltensmuster oder andere gesellschaftliche Trends.

Die Szenariotechnik als primär qualitativ vorgehende Methode der raumbezogenen Zukunftsforschung hat sich in komplexen Planungsprozessen mit unsicheren Entwicklungspfaden und einem langfristigen Betrachtungshorizont bewährt. Sie bietet sich damit für Antworten auf unbekannte Entwicklungen, veränderte Rahmenbedingungen und offene Sachfragen an.

Die inhaltliche Konzeption der Szenarien erfolgte unter Beteiligung eines Expertenkreises, mit dem in einem strukturierten Verfahren auf der Grundlage einer Literaturauswertung (vgl. Kapitel 4.1) die für den Komplex Siedlungsentwicklung und Verkehr relevanten Zukunftsthemen identifiziert, die möglichen und wahrscheinlichen Entwicklungen diskutiert und letztendlich der Zuschnitt der Szenarien festgelegt wurde. Unter den Experten waren neben neun Mitgliedern der Projektgruppe und des BMVBS vier Wissenschaftler aus Hochschulen, sechs Wissenschaftler aus außeruniversitären Forschungseinrichtungen, ein weiterer Vertreter des Bundes, vier weitere Wissenschaftler des Deutschen Instituts für Urbanistik, zwei kommunale Vertreter sowie je ein Vertreter der Automobilbranche und des öffentlichen Verkehrs. Die Auswahl der Experten erfolgte in Abstimmung mit dem auftraggebenden BMVBS.

Mit den Experten wurde die Konsistenz der Vorgehensweise und der getroffenen Annahmen abgestimmt. Einige zentrale Ergebnisse sind:

- Man muss davon ausgehen, dass sich eine Diskussion komplexer Entwicklungen nur dann sinnvoll führen lässt, wenn sie auf wichtige relevante Themenbereiche kanalisiert werden kann. Deshalb ist für die Szenarien eine *Beschränkung auf wenige, relativ makroskopische und belastbare Faktoren* sinnvoll. Zu viele und zu vage Faktoren beeinträchtigen die Operationalität und erhöhen das Risiko, dass die zentralen Parameter in der Diskussion aus dem Blick geraten und andere Themen im Vordergrund stehen. Grundlage aller Überlegungen sollte daher eine transparente und möglichst einfache Struktur der Szenarien sein.

- In diesem Kontext wurde der Ansatz der Projektgruppe, die Definition der Szenarien auf *drei Kernparameter* zu konzentrieren, im Grundansatz bestätigt. Die zu variierenden Kernparameter sind die Preise des Verkehrs, die siedlungsstrukturelle Bevölkerungsverteilung und die Mobilität der Senioren. Zahlreiche weitere Faktoren sollten – meist wegen ihrer auch im Expertenkreis uneinheitlich eingeschätzten Entwicklungstendenzen – lediglich im Rahmen einer Risikoansprache auf der qualitativen Ebene berücksichtigt werden.

- Mögliche Entwicklungsrichtungen der Kernparameter sind *möglichst stark zu differenzieren*. Die Szenarien sollten an Unsicherheiten und vermuteten Wachstumspfaden ausgerichtet werden und sich im „Zielfenster" deutlich unterscheiden. Hierbei sollte auch der bisherige Trend der Zersiedelung als Möglichkeit der weiteren Entwicklung einbezogen werden.

Als sinnvoll erachtet wurde der Ansatz, als Vergleichsfall ein Status-quo-Szenario zu definieren, bei dem alle Parameter außer der exogenen Bevölkerungsentwicklung und der makroskopischen Bevölkerungsverteilung (Ebene der Landkreise bzw. der ROR) auf dem Stand des Analysejahres eingefroren werden. Dies sollte nicht als Trendszenario aufgebaut werden, bei dem sich „in der Zukunft nichts anders ändert, als es sich in der Vergangenheit geändert hat", sondern stattdessen explizit als Status-quo-Szenario ohne Fortschreibung früherer Entwicklungen. Positiv bewertet wurde zudem der Ansatz, keine „guten" oder „schlechten" Szenarien zu definieren, um die verkehrlichen Konsequenzen möglicher Entwicklungen abzuschätzen zu können, ohne eine Bewertung der dazu ggf. erforderlichen Maßnahmen bereits vorwegzunehmen.

4.2 Szenarien und Verkehrsprognosen – state of the art

Nachfolgend wird zur Einordnung der vorliegenden Studie zunächst ein Überblick über weitere Szenarien und Verkehrsprognosen gegeben, der im Rahmen der umfangreichen Literaturauswertungen erarbeitet wurde.

4.2.1 Infrastrukturfolgekosten 2020 in einer Planungsregion

Von einem Konsortium aus Leibnizinstitut für ökologische Raumentwicklung e.V. Dresden, Lehrstuhl für Stadttechnik an der BTU Cottbus und Büro für Planung, Beratung und Forschung Gertz Gutsche Rümenapp GbR, Hamburg, (kurz: IÖR-Studie) wurde am Beispiel einer Planungsregion für das Jahr 2020 das Thema der Infrastrukturfolgekosten unterschiedlicher Entwicklungen untersucht (IÖR 2005). Die betrachtete Planungsregion „Havelland-Fläming" liegt westlich und südlich von Berlin und umfasst die Landkreise Havelland, Potsdam-Mittelmark und Fläming sowie die kreisfreien Städte Potsdam und Brandenburg/Havel.

Die Untersuchung fokussiert auf den Bezug zwischen den Infrastrukturfolgekosten und dem demografischen Wandel. Die Folgen der veränderten Altersstruktur werden anhand von zwei Szenarien beleuchtet. Dies sind ein Szenario „Trend" – im Prinzip weiter wie bisher – und ein Szenario der „Nachhaltigkeit". Tabelle 14 zeigt die Stellgrößen der Szenarien. Beide Szenarien gehen davon aus, dass in der Region zwar insgesamt gleich viele Menschen leben werden, wobei die Bevölkerungszahl in der betrachteten Region bis zum Jahr 2020 noch um jährlich 0,8 Prozent zunehmen wird. Die intraregionale Bevölkerungsverteilung und die Wohn- und Siedlungsstruktur werden sich in den Szenarien jedoch unterschiedlich entwickeln. Im Szenario „Trend" wird mit einer interregionalen Polarisierung der Bevölkerung gerechnet. Die Zersiedlung wird anhalten, und die zentralen Orte werden dementsprechend einen Verlust ihrer Zentralität erleben. Dort wird die Außenentwicklung stärker als die Innenentwicklung sein. Es wird zunehmenden Leerstand geben, und mit einer stark rückläufigen Siedlungsdichte wird es zu einem dispersen Rückbau kommen. Das Szenario „Nachhaltigkeit" unterstellt dagegen eine stabile Entwicklung, eine gedämpfte Schrumpfung der zentralen Orte, eine stärkere Bindung an den Bestand, einen höheren Anteil von Mehrfamilienhäusern, also eine verdichtete Siedlungsentwicklung, und damit insgesamt eine stabile Siedlungsdichte.

Tabelle 14: Infrastrukturfolgekosten 2020 in der Planungsregion Havelland-Fläming*

Stellgrößen	„Trend 2020"	„Nachhaltigkeit 2020"
Regionale Bevölkerungsentwicklung	stabil	stabil
Intraregionale Bevölkerungsentwicklung	polarisiert	ausgeglichen
Zentrale Orte	Zentralitätsverlust	gedämpfte Schrumpfung
Wohnungsneubau	moderat	gebremst
Wohnungsformen im Neubau	Einfamilienhäuser	höherer MFH-Anteil
Migrationsdynamik im Bestand	hoch	stärkere Bindung an Bestand
Innenentwicklung versus Außenentwicklung	Außenentwicklung	Innenentwicklung
Wohnungsleerstand	weiter zunehmend	rückläufig
Siedlungsdichte	stark rückläufig	rückläufig
Rückbau	dispers	netzorientiert

*Quelle: IÖR 2005.

Die Abbildung 37 zeigt wichtige Ergebnisse der durchgeführten Berechnungen: Die technische Infrastruktur wird im Szenario „Trend" mit einem Plus von 17 Prozent deutlich höhere Kosten verursachen.

Im Nachhaltigkeitsszenario dagegen werden die Kosten gegenüber heute stabil bleiben. Die betrachteten Kosten ausgewählter Bereiche der sozialen Infrastruktur werden sich aufgrund der veränderten Alters- und Standortverteilung ganz unterschiedlich entwickeln. Stärkster Wachstumsfaktor werden die Pflegekosten sein.

Abbildung 37: Infrastrukturfolgekosten 2020 in der Region Havelland-Fläming*

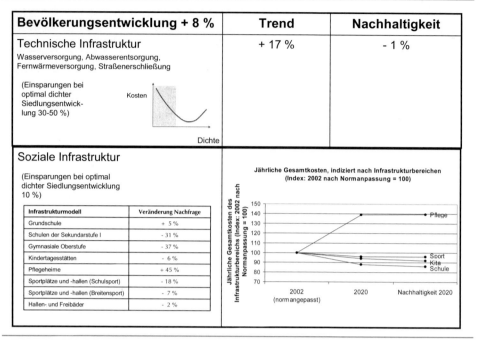

*Quelle: IÖR 2005.

4.2.2 Pkw-Szenarien 2030 von Shell

Die im zweijährigen Turnus veröffentlichten Shell-Studien bilden eine langjährige Orientierungsgröße für die Entwicklung des Pkw-Bestands und der Pkw-Fahrleistungen. Die 24. Studie „Shell Pkw-Szenarien bis 2030" steht unter dem Titel „Flexibilität bestimmt Entwicklung" (Shell 2004). Die Studie umfasst zwei Szenarien für das Zieljahr 2030. Basisjahr ist 2002. Die beiden gewählten Szenarien tragen die Überschriften „Tradition" und „Impulse". Die beiden Szenarien unterscheiden sich bezüglich der Annahmen zu den Rahmendaten. Das Bruttoinlandsprodukt wächst im Szenario „Tradition" um 1,6 Prozent pro Jahr, im Szenario „Impulse" dagegen um zwei Prozent. Sie berücksichtigen außerdem unterschiedliche Bevölkerungsszenarien. Die Pkw-Prognose berücksichtigt einen zunehmenden Führerscheinbesitz alter Menschen. Während die Männer bereits zu einem großen Teil mit Führerscheinen versorgt sind, wenn sie ins Alter kommen, nimmt der Führerscheinbesitz bei den Frauen noch erheblich zu. Die Führerscheinbesitzquote älterer Frauen liegt bislang noch deutlich niedriger als bei Männern.

Abbildung 38: Shell-Prognose der Pkw-Kennziffern bis 2030 *

„Tradition"
BIP +1,6 % p.a.
Bevölkerung -3 Mio.
725 Pkw/1 000 Erwachsene
(+ 9 % gegenüber 2002 mit
664 Pkw/1 000 Erw.)

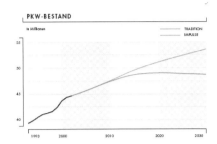

„Impulse"
BIP +2,0 % p.a.
Bevölkerung -2 Mio.
785 Pkw/1 000 Erwachsene
(+18 %)

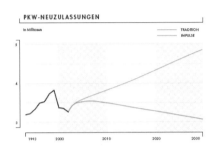

*Quelle: Shell 2004.

Die Abbildung 38 zeigt die errechneten Ergebnisse für den Pkw-Bestand und die Neuzulassungen. Während für das Szenario „Impulse" für beide Kenngrößen im Betrachtungszeitraum noch mit Wachstum zu rechnen ist, verspricht das Szenario „Tradition" rückläufige jährliche Pkw-Neuzulassungen und ab 2015 auch eine Sättigung des Pkw-Bestands.

Die Abbildung 39 zeigt, dass die Gesamtfahrleistungen bei den Annahmen des oberen Szenarios noch um elf Prozent zunehmen werden, wobei die Zuwachsraten sinken. Im Szenario „Tradition" wird der Nachfragegipfel in den Jahren 2013/2014 sein.

Abbildung 39: Shell-Prognose der Fahrleistung bis 2030*

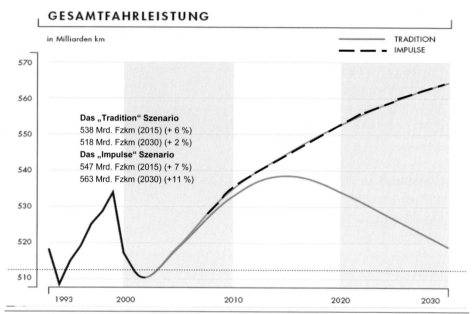

*Quelle: Shell 2004.

4.2.3 Studie „Zukunft der Mobilität 2025" des Instituts ifmo

Zu ähnlichen Ergebnissen kommt auch die Untersuchung zur Zukunft der Mobilität (ifmo 2005), die das zur BMW Group gehörende Institut ifmo gemeinsam mit der Deutschen Bahn, der Deutschen Lufthansa und MAN durchgeführt hat. 2005 wurde die Fortschreibung einer 2002 veröffentlichten Basisstudie (ifmo 2002) herausgegeben. Der Szenarienhorizont reicht bis zum Zieljahr 2025. Die ifmo-Studie beschreibt Zukunftsbilder, die in Expertenworkshops erarbeitet wurden. Beteiligt waren 80 Experten aus der Wissenschaft und dem Verkehrsgewerbe. Die Ergebnisse sind rein qualitativ. Modellrechnungen wurden nicht durchgeführt.

Die beiden von den Experten beschriebenen Szenarien lauten „Was passiert, wenn nichts passiert?" und „Mobilität braucht Aktion". Die Szenarien unterscheiden sich in Bezug auf das prognostizierte Wachstum des Bruttoinlandsprodukts. Dies beträgt 0,8 Prozent pro Jahr im ersten Szenario und 1,8 Prozent im zweiten Szenario. Tabelle 15 zeigt die quantitativen und politischen Annahmen und die durch Verdichtung des Expertenwissens erarbeiteten Ergebnisse.

Die Darstellung der bisherigen Verkehrsleistungen und der im Szenario „Mobilität braucht Aktion" erwarteten Wachstumsrate der Verkehrsleistung von 0,4 Prozent pro Jahr findet sich in Abbildung 40. Für den Fall des Eintritts des Szenarios „Was passiert, wenn nichts passiert?" erwarten die Experten einen nicht näher bestimmten Rückgang der Personenverkehrsleistung.

Tabelle 15: Annahmen und Ergebnisse der ifmo-Studie*

	Was passiert, wenn nichts passiert?	Mobilität braucht Aktion
Quantitative Annahmen	BIP-Wachstum 0,8 % pro Jahr, das verfügbare Haushaltseinkommen sinkt, Mobilität wird teurer.	BIP-Wachstum 1,8 % pro Jahr, die Mobilitätsausgaben steigen, Pendlerdistanzen verlängern sich.
Politische Annahmen	Die öffentliche Hand hat nicht die Mittel für eine leistungsfähige Infrastruktur.	Die Verkehrspolitik erhält deutlich höheren Stellenwert.
Ergebnis Personenverkehr	Die Personenverkehrsleistung geht zurück.	Personenverkehr 10 % (Mrd. Pkm)
Ergebnis Güterverkehr	Der Güterverkehr nimmt weiter zu.	Güterverkehr +80 % (Mrd. tkm)

*Quelle: ifmo 2005.

Abbildung 40: Entwicklung der Verkehrsleistung im Personenverkehr*

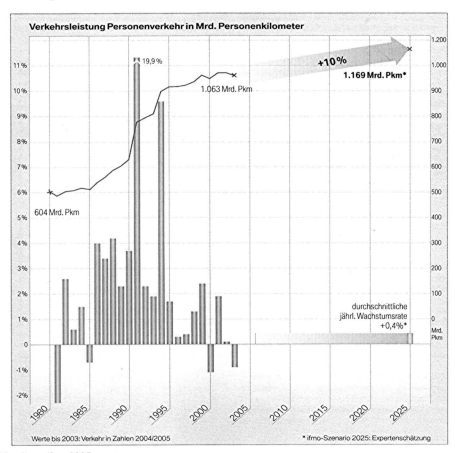

*Quelle: ifmo 2005.

Die Szenarien betreffen auch den Güterverkehr. Im Gegensatz zum Personenverkehr erwarten die Fachleute beim Güterverkehr in beiden Szenarien noch deutliche Wachstumsraten, und zwar im zweiten Szenario für 2025 gegenüber 2004 insgesamt ein Plus von 80 Prozent. Grund sind vor allem Wachstumsimpulse durch internationale Transporte, also Einfuhren, Ausfuhren und Transitverkehre.

Im Rahmen ihrer Beratungen haben sich die befragten Experten explizit auch mit den Zukunftsrisiken befasst, die in den beiden Szenarien selbst nicht explizit berücksichtigt wurden, und deren mögliche Folgen beschrieben. Diese Annahmen beschreiben Trendbruchereignisse und sind daher mit herkömmlichen Verkehrsmodellen nicht modellierbar. Tabelle 16 zeigt die Auflistung ausgewählter Zukunftsrisiken und einige Ergebnisse. Die Auflistung beispielhafter Trendbruchereignisse umfasst einen langen Wachstumsboom, eine tiefe Depression, Kriege, Ölverknappung oder neue Technologien.

Tabelle 16: Ausgewählte Trendbruchereignisse*

Basisstudie 2002 (Auswahl 9 aus 50)	Fortschreibung 2005 (Auswahl 2 aus 20)
Langer Wachstumsboom	Drastische Zunahme klimatischer Extremsituationen
Tiefe Depression als Folge eines Big Bang	Eskalation des internationalen Terrorismus
Tiefe Depression als schleichende Rezession	
Krieg in Ölförderregionen	
Ölverknappung	**Wirkungen**
Neue Energietechnik im Kfz	Verkehrsdämpfende Wirkungen
Neue Transportinfrastruktur	Mittel- und langfristig Verbesserung der Verkehrseffizienz
Chinesisches Wirtschaftswunder	
Kontinentale Festungen	

*Quelle: ifmo 2005.

Die in 2005 erfolgte Fortschreibung berücksichtigt eine „drastische Zunahme klimatischer Extremsituationen" und die „Eskalation des internationalen Terrorismus". Bei Eintritt dieser Annahmen rechnen die Experten mit verkehrsdämpfenden Wirkungen und mit einer mittel- und langfristigen Verbesserung der Verkehrseffizienz.

4.2.4 Verkehr in Baden-Württemberg 2050

Die ersten langfristigen Mobilitätsszenarien bis 2050 wurden für das Bundesland Baden-Württemberg vom Statistischen Landesamt entwickelt (Walker 2005). Basis sind eine Bevölkerungsprognose, altersspezifische Verkehrsleistungen (Kilometer pro Tag bzw. pro Jahr einer Person einer bestimmten Altersgruppe) und altersspezifische Unfallkennziffern. In drei Szenarien wird beschrieben, wie sich die gesamte Verkehrsleistung und das Unfallrisiko bis zum Jahr 2050 aufgrund der veränderten Altersstruktur verändern können.

Die drei Szenarien heißen: „Bevölkerung", „Trend" und „Mobile Senioren". Das Szenario „Bevölkerung" beschreibt, welche Entwicklung sich aufgrund der Bevölkerungsprognose ergibt, wenn die heutigen spezifischen Verkehrsleistungen der Altersgruppen hochgerechnet werden. Im Szenario „Trend" wird der Trend des in den elf Jahren von 1992 bis 2002 beobachteten Verkehrswachstums bis zum Jahr 2024 fortgeschrieben. Das Szenario „Mobile Senioren" unterstellt für die Gruppe der über 60-jährigen Personen eine gegenüber dem Szenario „Trend" nochmals 50 Prozent höhere Verkehrsleistung. Die Tabelle 17 zeigt zusammenfassend die wichtigsten Annahmen.

Tabelle 17: Verkehr in Baden-Württemberg 2050*

Zielsetzung, Methode	„Bevölkerung"
▪ Bevölkerungsvorausberechnung für B-W bis zum Jahr 2050 ▪ Altersspezifische Verkehrsleistungen (Wegelängen nach Verkehrsmitteln) und Verunglücktenraten **Szenarien** ▪ „Bevölkerung" ▪ „Trend" ▪ „Mobile Senioren"	▪ Geburtenhäufigkeit für Frauen 15-45 konstant bis zum Jahr 2050 ▪ Steigende Lebenserwartung ▪ Positive Wanderungsbilanz ab 2020 mit einem Zuwachs von 35.000 Einwohnern pro Jahr **„Trend"** ▪ Spezifische Mobilitätsfaktoren und Unfallrisiko verändern sich von 2003-2024 wie von 1992-2002 **„Mobile Senioren"** ▪ Verkehrsleistung in der Altersgruppe ab 60 Jahre steigt gegenüber „Trend" um 50 %

*Quelle: *Walker* 2005.

Die Ergebnisse der Berechnungen zu Verkehrsleistungen finden sich in Abbildung 41. Wenn nur die demografische Prognose einbezogen wird, könnte Baden-Württemberg mit 6,5 Prozent weniger Personenverkehrsleistungen rechnen. Wenn die Trendvariante eintritt, wäre noch mit einer Verkehrszunahme um 15 Prozent zu rechnen. In der Variante „Mobile Senioren" steigt die Verkehrsleistung um 25 Prozent. Darüber hinaus wurden entsprechende Aussagen zur Entwicklung des Unfallgeschehens erarbeitet.

Abbildung 41: Verkehrsleistung in Baden-Württemberg bis 2050*

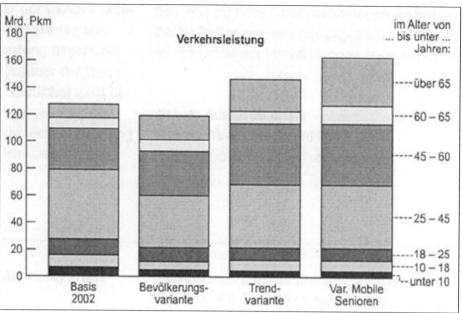

*Quelle: Walker 2005.

4.2.5 Backcasting-Szenarien 2030 für Großbritannien

Zusammenfassend zeigen die bisher genannten Studien, dass ein deutlicher Zusammenhang zwischen Bruttoinlandsprodukt, Wirtschaftsentwicklung und Personenverkehrsleistung besteht, dass der Altersfaktor erhebliche Veränderungen bewirken wird und dass technische Strategien allein keinesfalls ausreichen werden, um anspruchsvolle Nachhaltigkeitsziele, z.B. in Bezug auf CO_2-Minderung, zu erreichen. So belegt unter anderem das Sondergutachten Umwelt und Straßenverkehr des Sachverständigenrats für Umweltfragen (SRU 2005), dass die Erreichung der an den Verkehr aus Umwelt- und Gesundheitssicht gestellten Qualitätsziele erhebliche Veränderungen erfordert.

Eine andere Vorgehensweise wurde für Großbritannien im Projekt „Visioning and Backcasting for UK Transport Policy" (VIBAT) gewählt. Vorgabe war die Erreichung der für ein Zieljahr (2030) angestrebten Wirkungen des Verkehrs (sustainable transport, indicator CO_2). Da das Szenario „business as usual" zeigen konnte, dass dieses Niveau ohne weitergehende Maßnahmen nicht erreicht wird, wurde in weiteren Szenarien untersucht, mit welchen Instrumenten „sustainable transport" erreichbar ist. Diese Vorgehensweise nennt man „Backcasting"-Prozess.

Die im Auftrag des britischen Verkehrsministeriums am University College London durchgeführte Studie zeigt anhand von zwei Szenarien, mit welchen Instrumenten eine Reduktion der CO_2-Emissionen des Verkehrs in Großbritannien um

60 Prozent bis zum Jahr 2030 erreicht werden kann. Dabei wurde der internationale Luftverkehr trotz seiner großen Bedeutung nicht einbezogen.

Die Szenarien beschreiben dabei einen technologischen und einen verhaltensorientierten Weg. Die Tabelle 18 zeigt die wesentlichen Unterschiede der beiden Szenarien.

Tabelle 18: Annahmen der VIBAT-Szenarien*

Technological Change Scenario	Behavioural Change Scenario
"The entire car fleet could match the level of emissions of the current best hybrid cars at 104 g/km"	"European best practice levels of cycling and walking across the whole of the UK/heavy investment in cycling and walking"
Rohölpreis bei $ 60 je Barrel	Rohölpreis bei $ 80 bis $ 100 je Barrel
112 km/h auf Autobahnen	80 km/h auf Autobahnen

*Quelle: Hickmann 2006.

Das „Technological Change Scenario" setzt auf deutlich verbesserte Abgasstandards sowie moderate Ölpreise und Tempolimits, das „Behavioural Change Scenario" auf ein höheres Tempolimit, höhere Ölpreise und auf stärker verhaltensbeeinflussende Maßnahmen. Wichtige Aussagen des Ergebnisberichts sind:

- Hohe Ölpreise dürften sich als Schlüsselkatalysatoren für Verhaltensänderungen erweisen ("High oil prices might prove to be a key catalyst to change").

- Die meisten Menschen werden Fahrzeuge fahren, die nur noch sehr geringe Emissionen ausstoßen, oder eine hohe Gebühr dafür bezahlen, wenn sie ein Auto fahren, das hohe Emissionen ausstößt ("Most people will be driving low emission vehicles, or be paying a heavy emission charge for driving a high emission car").

- Die Lebensstile werden viel eher lokal orientiert sein (mehr örtliche Kontakte, stärkere Nachbarschaften, Einkaufen vor Ort) ("Lifestyles will be much more locally based (more local contact, stronger communities, local shopping").

- Technologie alleine wird uns bis zum Jahr 2030 nicht ans Ziel bringen, auch Verhaltensänderungen werden notwendig sein ("Technology won't take us all the way there by 2030, behavioural change will be needed as well").

Die Ergebnisse der Szenarien zeigen, dass es ungewöhnlich starker politischer Impulse bedarf, um das Ziel – minus 60 Prozent CO_2 bis zum Jahr 2030 – zu erreichen. Das Technologieszenario alleine wird dazu nicht ausreichen. Das Ziel kann nur erreicht werden, wenn starke verhaltensbeeinflussende Maßnahmen greifen.

4.2.6 Backcasting-Szenarien 2030 für Deutschland

Im Rahmen eines von der OECD geförderten Vorhabens zum Thema „Environmentally Sustainable Transport (EST)" wurden an der Universität Karlsruhe im Jahre 2002 Backcasting-Szenarien zur Verkehrsentwicklung in Deutschland entwickelt (Schade 2002). Diese sollen zeigen, welche Anstrengungen auf nationaler Ebene erforderlich sind, um das in Bezug auf CO_2 geltende Minderungsziel bis zum Jahr 2030 zu erreichen.

Die Untersuchung definiert die beiden Szenarien BAU („Business as usual") und EST „Environmentally Sustainable Transport". Die Gegenüberstellung der Annahmen in Tabelle 19 zeigt das ambitionierte Ziel, den CO_2-Ausstoß des Verkehrs bis zum Jahr 2030 um 80 Prozent zu reduzieren, weil ein derartiger Rückgang der CO_2-Emissionen erforderlich ist, um eine Klimakatastrophe zu verhindern.

Tabelle 19: Annahme der Szenarien BAU und EST-80 Prozent*

BAU	EST (Ziel: minus 80 % CO_2-Emissionen)
▪ Moderates Wachstum	▪ Moderates Wachstum
▪ Keine signifikanten politischen und größeren technologischen Änderungen	▪ Durchschnittsverbrauch Pkw 2,5 l/100 km
▪ 820 Pkw/1 000 EW	▪ Benzinpreis/100 km verdoppelt
▪ 30 % Diesel, 10 % Elektro	▪ Road Pricing (Lkw) steigt auf 2,50 DM/km
	▪ Straßenausbau stoppt 2010
	▪ Schienennetz verdoppelt

*Quelle: Schade 2002.

Die Ergebnisse sind in Abbildung 42 dargestellt. Gemäß EST-Szenario wird der CO_2-Rückgang realisierbar sein, wenn die Pkw-Flotte einen Durchschnittsverbrauch von 2,5 Litern pro 100 km erreichen wird, sich die Benzinpreise verdoppeln und eine kräftige Erhöhung der Straßenbenutzungsgebühren für Lkw erfolgt. Innerstädtisch werden kleinere oder schwächer motorisierte Fahrzeuge genutzt. Kurze Wege werden weitgehend zu Fuß und per Fahrrad erledigt. Nach dem EST-Szenario wird der Straßenausbau gestoppt und das Schienennetz massiv ausgebaut. In EST wird die Energie für das Verkehrssystem praktisch kohlenstofffrei sein. Starke verkehrslenkende Maßnahmen werden Anreize zur Nutzung besserer Technologien schaffen. Wasserstoff wird als Treibstoff eingeführt.

Abbildung 42: EST-Szenarien 2030*

Wie ist -80 % CO_2 bis 2030 erreichbar?

Szenario	Pkm Straße 2030/2003	Pkm Stadt 2030/2000
BAU	+ 18 %	- 1 %
EST-50%	- 27 %	k.A:
EST-80%	- 55 %	- 4 %

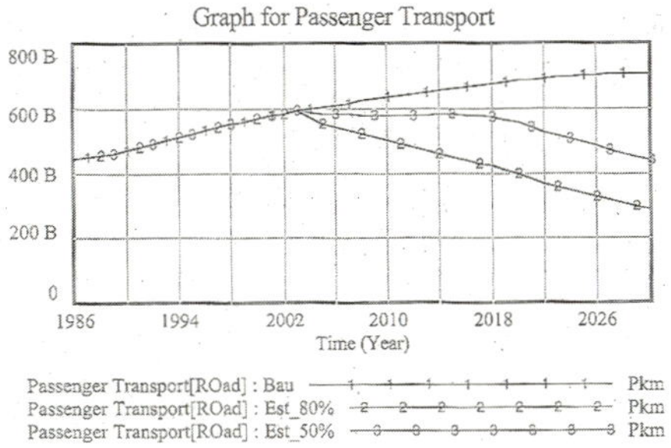

Energie für das Verkehrssystem wird praktisch kohlenstofffrei.

Verkehrslenkende Maßnahmen, Anreize zur Nutzung besserer Technologien.

Integrierte Verkehrsdienstleistungen, Wasserstoff als Treibstoff

Innerstädtisch kleinere oder schwächer motorisierte Fahrzeuge, kurze Wege zu Fuß gehen und Radfahren. Langstreckenverkehr für Geschäftszwecke durch Videokonferenzen und Informationstechnologien reduziert.

*Quelle: Schade 2002.

4.3 Kernparameter der Szenarien

4.3.1 Basisannahmen aller Szenarien

Im Kontext der in der Projektgruppe und im Rahmen der Expertenworkshops geführten Diskussionen wurde sowohl für die Szenariodefinition als auch für das Rechenmodell ein Ansatz gewählt, der nur wenige spekulative Elemente beinhaltet und bei dem die zu treffenden Annahmen auf eine Betrachtungsebene abstrahiert werden, die es ermöglicht, sie weitgehend frei von den Aspekten einer konkreten politischen Ausgestaltung zu diskutieren. Für das Rechenmodell bedeutet dies den Rückgriff auf ein – wenngleich gegenüber vielen anderen Ansätzen sehr differenziertes – Kennziffernmodell, bei dem für die Mehrheit der Verhaltensparameter einer konkreten Person (bzw. Personengruppe) unter sonst gleichen sozioökonomischen und siedlungsstrukturellen Randbedingungen eine zeitliche Konstanz unterstellt wird (vgl. Kapitel 5). Hinsichtlich der Abbildung bekannter und gegenwärtig abschätzbarer Entwicklungen kann mit dem verfolgten Modellansatz jedoch auch bei Annahme einer weitgehenden Verhaltensstabilität eine relativ gute Quantifizierung der Ursache-Wirkungs-Zusammenhänge erwartet werden.

Für die Definition der Kernparameter der Szenarien wird aufgrund der Vielfalt unterschiedlicher Diskussionsstränge und möglicher Ausdifferenzierungen auf den Versuch einer Quantifizierung der Einflüsse von hoch spekulativen Produktinnovationen (neue Fahrzeuge, neue Antriebstechniken usw.), aber auch auf den Versuch einer Quantifizierung von – innerhalb des sehr langen Betrachtungszeitraumes durchaus denkbaren – Verhaltensänderungen verzichtet. Natürlich könnte z.B. aus einem steigenden ökologischen Problembewusstsein heraus eine negativere gesellschaftliche Einstellung zum Pkw mit entsprechenden Folgen für die Nutzung der anderen Verkehrsmittel resultieren. Allerdings lässt sich – und dies wurde in den Workshops bestätigt – über die Veränderung und den quantitativen Einfluss solcher Parameter bei der Vielzahl möglicher Entwicklungspfade ganz unterschiedlich spekulieren.

Einheitlich für alle Szenarien wurden – dies vor allem in Hinsicht auf die Schaffung eines insgesamt konsistenten Gesamtbildes, aber auch vor dem Hintergrund der verfügbaren Daten – die prognostizierten Daten der bereits genannten Bevölkerungsprognose des BBR (BBR 2006) und des Berichtes der Rürup-Kommission (RÜRUP 2003) übernommen. Dies heißt im Einzelnen:

- Die demografische Entwicklung (Altersstruktur, Einwohnerzahl) und die Verteilung der Bevölkerung auf die drei definierten Regionstypen (schrumpfend, mittel, wachsend) innerhalb von Deutschland entsprechend der BBR-Prognose für die einzelnen Zeitschichten.

- Im Abgleich mit der Rürup-Kommission werden für das Bruttoinlandsprodukt die Entwicklungen gemäß Tabelle 23 (Spalte Produktionsfunktion) unterstellt. Für den Zeitraum bis 2010 entspricht dies einem mittleren jährlichen Wachstum von 1,8 Prozent. Daran anschließend wächst die Wirtschaft bis zum Jahr 2020 jährlich um rund 1,7 Prozent. Nach 2020 liegt das mittlere jährliche Wachstum bei rund 1,4 Prozent. Die deutschlandweiten Eckwerte werden – für alle Szenarien einheitlich – auf die drei Regionstypen heruntergebrochen (vgl. dazu Kapitel 5.2).

- Für die Anzahl der Erwerbstätigen wird in allen Szenarien – ebenfalls in Anlehnung an den Bericht der Rürup-Kommission – eine Entwicklung wie in Abbildung 36 dargestellt angenommen. Bezogen auf die Gesamtbevölkerung wird dabei von einer zunächst steigenden und nach dem Jahr 2015 sinkenden Erwerbsbeteiligung ausgegangen. Bei stärkerer prozentualer Abnahme der Einwohner im Erwerbstätigenalter sinkt die Zahl der Erwerbstätigen von 38,7 Mio. im Jahr 2002 auf 35,5 Mio. im Jahr 2050.

Unterschiedliche Szenarioannahmen werden zu den bereits genannten Kernparametern – Preise des Verkehrs, siedlungsstrukturelle Bevölkerungsverteilung und Mobilität der Senioren – getroffen. Sowohl auf die drei Kernparameter als auch auf die Inhalte der drei Szenarien wird nachfolgend im Detail eingegangen.

4.3.2 Preise des Verkehrs

Die Entwicklung der Verkehrskosten wurde von den Experten in der Vorabbefragung zu den Workshops als wichtigster Einflussfaktor des zukünftigen Verkehrsverhaltens bewertet. Die erste Kernvariable betrifft deshalb die Veränderung der Preise des Verkehrs.

Für die erwartete Verteuerung von Verkehr spricht eine Reihe von Gründen: Verknappung der globalen Energieressourcen (Rohölpreis), steigende öffentliche und private Kosten zur Vorsorge und zur Finanzierung von direkten oder indirekten Folgen des Klimawandels (Konflikte, Naturkatastrophen) sowie eine steigende Beteiligung der Verkehrsteilnehmer an den allgemeinen Kosten der öffentlichen Haushalte und vor allem an der tendenziell bereits erwarteten Gebührenfinanzierung des Verkehrs (z.B. durch ein Mautsystem). Die Benutzer müssen auf dem Verkehrsmarkt angesichts dieser Entwicklungen mit erheblichen Preissteigerungen rechnen. Diese Preissteigerungen betreffen nicht nur den Anteil der Energiekosten.

Die Expertenworkshops haben jedoch noch weitere Prämissen aufgezeigt: Zum einen wird hinsichtlich der Preisentwicklung zukünftig kaum zwischen MIV und ÖV zu unterscheiden sein, wenngleich es bei stark steigenden Preisen durchaus denkbar ist, dass effektive Massenverkehrsmittel wegen ihres Preisvorsprungs (ebenso wie der nicht motorisierte Verkehr) wieder an Attraktivität gewinnen. Deshalb wurde überwiegend die Auffassung vertreten, dass beide Verkehrsarten von Preissteigerungen ähnlich stark betroffen sein werden. Zum anderen wurde im Expertenkreis mit einer Verdoppelung der Preise oder einer noch stärkeren Kostensteigerung gerechnet. Zu den bereits heute erkennbaren und diskutierten Gründen gehören Effizienzüberlegungen, der langfristig erwartete Übergang von der Steuer- zur Gebührenfinanzierung, der Subventionsabbau im Verkehrssektor und insbesondere der Beginn der Diskussion darüber, dass Mobilität und Versorgung der Fläche direkt und indirekt nicht mehr im bisherigen Umfang öffentlich finanziert bzw. subventioniert werden.

Zwar wäre es denkbar, dass die Haushalte diese Preissteigerungen durch eine (teilweise) Erhöhung ihres für Verkehrszwecke verfügbaren Budgets kompensieren. Dagegen spricht jedoch, dass die mit der demografischen Entwicklung steigenden Sozialausgaben und der Zwang zur privaten Vorsorge bereits die für andere Zwecke verfügbaren Einkommen der privaten Haushalte deutlich verringern dürften. Da außerdem entsprechende Preissteigerungen auch in anderen Sektoren zu erwarten sind, erscheint es plausibel, von einem konstanten Anteil der Verkehrsausgaben am Gesamtbudget der privaten Haushalte auszugehen.

Um Preissteigerungen im Kontext der unterstellten Annahmen zur Wirtschaftsentwicklung sinnvoll bewerten zu können, wurden die Vorschläge zur Ausgestaltung der Szenarien von der Projektgruppe in Relation zu der im Rürup-Bericht angenommenen allgemeinen Inflationsrate von jährlich rund 1,5 Prozent gesetzt. Wird – wie im Expertenkreis diskutiert – (mindestens) eine Verdoppelung der Preise des

Verkehrs bis zum Jahr 2050 unterstellt, so kann dies sinnvoll nur in Relation zur mittleren Preissteigerung aller Güter verstanden werden. Denn bei 1,5 Prozent Steigerung jährlich ergibt sich bis zum Jahr 2050 etwa eine Verdoppelung der Preise. Aufgrund der genannten Rahmenbedingungen wurde für die Szenarien vorgeschlagen, für die Preise des Verkehrs gegenüber der allgemeinen Entwicklung eine um den Faktor 1,5 bis 2,0 höhere Steigerungsrate – also eine Spanne von etwa 2,2 bis 3,0 Prozent jährlich – zu unterstellen.

4.3.3 Räumliche Verteilung der Bevölkerung

Die Auswertung der vorhandenen Literatur erbrachte eine große Bandbreite bei der Einschätzung der zu erwartenden siedlungsstrukturellen Entwicklungen. Unterscheidungsmerkmale sind aber die Lage im Raum (Ballungsraum bis ländlicher Raum), die Größe und Dichte, das bestehende Verkehrsangebot und die Lage von Wohnstandorten, Infrastruktur und Arbeitsplätzen bzw. die Erreichbarkeit zentraler Orte. Schließlich ist aufgrund der unterschiedlichen Voraussetzungen demografischer und raumordnerischer Natur noch auf Jahrzehnte von abweichenden Entwicklungen in Ost und West, mindestens aber von zeitlich versetzt ablaufenden Entwicklungsprozessen auszugehen, was im Projekt bereits durch die Berücksichtigung der Bevölkerungsprognose des BBR Eingang findet. Einige Ergebnisse der Literaturauswertungen seien nachfolgend zusammengefasst.

Die Präferenzen nach Wohnstandorten und Wohnlage innerhalb der Regionen hängen einerseits von den Bodenpreisen und der sozialen und technischen Infrastruktur sowie von der Versorgungsqualität ab, deren Qualität wiederum an die örtliche Dichte und die Bevölkerungszahl im Einzugsbereich gekoppelt ist, und andererseits von politischen Rahmenbedingungen (Subventionsniveau, räumliche Verteilung finanzieller Instrumente). Auf jeden Wohntyp und jede Regionen werden sich die Nachfrage nach Wohnstandorten und die Nachfrage nach Verkehr – zwei voneinander auch abhängige Faktoren – differenziert auswirken.

Siedlungsstrukturelle Leitbilder („Kompakte Stadt", „Dezentrale Konzentration") haben in den vergangenen Jahren nur sehr begrenzte Wirkung gezeigt und können daher nicht ohne Weiteres als Annahmen für die zukünftige räumliche Verteilung dienen. Die Entwicklung wird vermutlich unabhängig von der raumstrukturellen Ausgangslage in verschiedenen Bahnen verlaufen – primär bedingt durch die wirtschaftliche Entwicklung. Es wird davon ausgegangen, dass es nicht „den" Ballungsraum oder „den" ländlichen Raum geben wird und dass Annahmen nur begrenzt übertragbar sind.

Viele Regionen werden sich gegenüber heute relativ stabil entwickeln. Sie sind keine Wachstums-, aber auch keine Schrumpfungsregionen. Dabei kann dies entweder auf einer Neuorientierung (verstärkte Ausrichtung auf Tourismus) oder einer Beibehaltung bzw. Stärkung bisheriger Profile (Sicherung vorhandener Industrie und Einrichtung) beruhen. Das Infrastrukturangebot kann hier durch Neuorganisation und Zusammenarbeit auf dem heutigem Niveau gehalten werden. Daneben wird es Regionen geben, die sich regelrecht entleeren, da weder für die Beibehaltung bisheriger Strukturen noch für die Neuausrichtung hinreichendes Potenzial angenommen wird. Vielfach wird in der Literatur auch infrastruktureller Rückzug postuliert. Verschiedentlich wird ein bewusster Rückzug auch staatlicher Einrichtungen vorgeschlagen. Ausgesprochene Wachstumsregionen werden auf Jahrzehnte noch Bedarf an neuen Flächen oder dem Recycling alter Flächen und damit weiterhin eine dynamische siedlungsstrukturelle Entwicklung haben.

Es wird teilweise eine Entmischung der Altersstrukturen erwartet, nicht nur in der großräumigen Verteilung innerhalb Deutschlands, sondern auch kleinräumig innerhalb von Regionen. Allerdings besteht noch keine Einigkeit, wie diese Entwicklung innerhalb einer Region ablaufen wird. Eine Annahme ist eine Überalterung in ländlichen kleinen Gemeinden und in nahe am Ballungskern liegenden suburbanen Gemeinden und Stadtteilen. Auch Entwicklungskerne im weiteren Ballungsraum sind davon betroffen. Weniger wird Überalterung in den Kernstädten sowie in den großräumiger um den Ballungskern vorhandenen Wohngemeinden zu finden sein.

Der in Kapitel 3.3 entwickelte Ansatz, die Strukturveränderungen durch gezieltes Setzen von Annahmen zur Bevölkerungsverteilung innerhalb der sechs definierten Raumklassen je Regionstyp abzubilden, wurde in den Expertenworkshops bestätigt.

Ein erster Vorschlag der Projektgruppe, die Szenarien in Hinsicht auf die siedlungsstrukturelle Entwicklung vorrangig an unterschiedlichen Geschwindigkeiten der ablaufenden Prozesse festzumachen, wurde im Kontext der Workshops verworfen. Stattdessen werden aufgrund der uneinheitlichen Einschätzung kleinräumiger Entwicklungen für den weiteren Aufbau der Szenarien zwei unterschiedliche Entwicklungspfade modelliert: In einem Szenario werden teilweise auch Tendenzen einer weiteren Zersiedelung unterstellt, während in einem zweiten Szenario auch auf der siedlungsstrukturellen Ebene stärkere Anpassungen an die veränderten Rahmenbedingungen (Preise, Demographie) angenommen werden.

4.3.4 Mobilität der Senioren und Kohorteneffekte

Der dritte Kernparameter der Szenarien ist die Variation der Verhaltensparameter der Senioren gegenüber einer einfachen Fortschreibung altersspezifischer Kennziffern. Insbesondere aufgrund der nach den Prognosen des Statistischen Bundesamtes und des BBR steigenden Lebenserwartung und wegen des überproportional wachsenden Anteils von Senioren an der Gesamtbevölkerung stellt sich die Aufgabe, die Mobilität der hohen Altersjahrgänge möglichst plausibel zu modellieren.

Hierbei ist zwischen zwei Aspekten zu unterscheiden: Zum einen wird der Anteil der Senioren mit Führerschein ansteigen und damit in der Gruppe der Senioren auch der Anteil der MIV-Wege. Dies resultiert allein aus der Tatsache, dass die Altersklasse der heute 18- bis 60-Jährigen bereits zu etwa 90 Prozent und damit zu einem deutlich höheren Anteil über einen Führerschein verfügt als die Altersklasse der älteren Personen ab 60 Jahre. Zukünftig werden ältere Menschen weitgehend über einen eigenen Führerschein verfügen. Wie in Kapitel 2.2 gezeigt wurde, existieren Unterschiede beim Führerscheinbesitz jedoch nicht nur altersabhängig, sondern auch in Abhängigkeit von der Urbanitätsklasse und vom Geschlecht. Für die Szenarien wird deshalb unterstellt, dass die Wahrscheinlichkeit des Führerscheinbesitzes der älteren Personen lage- und geschlechterspezifisch ansteigen wird (vgl. auch Kapitel 5.3). Wegen des in den höheren Altersklassen bei Frauen gegenwärtig deutlich stärker abfallenden Anteils des Führerscheinbesitzes wird hierdurch auch eine nachholende Motorisierung der Frauen unterstellt (Kohorteneffekte), wenngleich die Unterschiede zwischen Frauen und Männern nicht vollständig verschwinden. Für die Motorisierung und das Verkehrsverhalten wird anschließend angenommen, dass sich Personen mit Führerschein unter sonst gleichen Bedingungen (Haushaltseinkommen, Personengruppe usw.) ähnlich verhalten wie im Analysejahr. Dies führt implizit auch zu einer überproportional steigenden Pkw-Motorisierung und zu höheren MIV-Anteilen in der Gruppe der Senioren. Da über diese Kohorteneffekte in der Fachwelt weitgehend Einvernehmen besteht, werden sie in allen Szenarien berücksichtigt. Selbst wenn sich die Besitzstrukturen von Pkw ändern (z.B. mehr Car Sharing, weniger Pkw im Familienbesitz), scheint es wahrscheinlich, dass sich die Pkw-Verfügbarkeit weiterhin vorwiegend nach dem (für Verkehr) verfügbaren Haushaltseinkommen richtet.

Darüber hinaus wird in der Fachwelt als zweiter Aspekt zunehmend die Hypothese diskutiert, dass ältere Menschen in den kommenden Jahrzehnten gesünder und ggf. mobiler sein werden als Gleichaltrige heute. Dieser Effekt wurde auf den Expertenworkshops gegenüber den genannten Kohorteneffekten zumindest quantitativ deutlich unterschiedlicher bewertet. Wieviel sind die Senioren zusätzlich unterwegs? Welches verfügbares Einkommen haben Senioren und Hochbetagte (aktiv, Pflegephase) für Wohnen und Verkehr? Wie vollzieht sich der Prozess des „fading" – des Ausstiegs aus der Automobilität am Lebensende?

Zur Abbildung einer veränderten Altersmobilität in der Klasse der über 65-Jährigen wurde von der Projektgruppe der Ansatz des „gefühlten Alters" entwickelt und im Expertenkreis als sinnvoll erachtet. Darüber hinausgehende Annahmen wären zu unscharf und hätten eine zu starke Diversifizierung der Szenarien bei insgesamt eher geringen quantitativen Effekten zur Folge. Im Ansatz des „gefühlten Alters" wird unterstellt, dass das Verkehrsverhalten der über 65-Jährigen nicht an ihr reales Alter, sondern an die verbleibende Lebenserwartung gekoppelt ist, die sich für eine 70-jährige Frau nach der Bevölkerungsprognose (StBA 2003) bis zum Jahr 2050 um rund 3,8 Jahre erhöht. Ein 70-jährige Frau im Jahr 2050 hat nach diesem Ansatz also etwa das Verkehrsverhalten einer heute 66-jährigen, was sowohl eine höhere Mobilität (Anzahl der Wege) als auch ein anderes Verhalten hinsichtlich Verkehrsmittelwahl und Reiseweiten unterstellt (vgl. weiter Kapitel 5.4).

Um die Effekte aus den beiden anderen Kernparametern (Preise und Siedlungsstruktur) in den Ergebnissen eindeutig quantifizieren zu können und nicht durch Einflüsse des „gefühlten Alters" zu überlagern, werden die Szenarien hierzu ebenfalls weitgehend einheitlich definiert.

4.4 Szenario „Status quo"

Das Szenario „Status quo" wird nach den Ergebnissen der Workshops als Vergleichsfall für die zwei anderen – inhaltlich differenzierteren – Szenarien definiert. Es wird explizit nicht als Trendszenario im Sinne einer Trendfortschreibung früherer Entwicklungen formuliert. Stattdessen werden – bis auf die Veränderungen der Bevölkerungsverteilung und der Bevölkerungsstruktur nach BBR-Prognose – alle anderen Verhaltensparameter auf dem Stand des Analysejahres 2002 eingefroren. Dies umfasst auch das Bruttoinlandsprodukt, die Einkommen und die Preise im Verkehr. Als einzige Ausnahme wird wegen der engen Kopplung an die Veränderung der Altersstruktur und wegen der weitgehend einheitlichen Einschätzung dieses Zusammenhangs auch der steigende Führerscheinbesitz in der Gruppe der Senioren (Kohorteneffekt) berücksichtigt. Die Bevölkerungsverteilung innerhalb der drei Regionstypen wird entsprechend den Anteilswerten des Analysejahres fortgeschrieben und folgt damit in jeder einzelnen Klasse dem mittleren Regionstrend aus der BBR-Prognose. Die absoluten Einwohnerwerte finden sich in Tabelle 20. Die Verteilung innerhalb der drei Regionstypen entspricht mit sehr geringen Verschiebungen der Anteilswerte (maximal 0,16 Prozent Differenz) dem Analysejahr 2002 (vgl. Abbildungen in Kapitel 3.3).

Tabelle 20: Bevölkerungsverteilung auf kleinräumige Klassen im Szenario „Status quo" im Jahr 2050*

Regionstyp mit Eckwerten zur Einwohnerzahl		Ortsgröße	Urbanitätsklasse		
			Gering	Mittel	Hoch
Schrumpfend	8,0 Mio.	Kleine Orte	3,7 Mio.	0,7 Mio.	0,0 Mio.
		Große Orte	1,6 Mio.	1,6 Mio.	0,4 Mio.
Mittel	34,3 Mio.	Kleine Orte	11,0 Mio.	1,6 Mio.	0,1 Mio.
		Große Orte	9,4 Mio.	9,2 Mio.	3,0 Mio.
Wachsend	34,9 Mio.	Kleine Orte	13,4 Mio.	1,8 Mio.	0,1 Mio.
		Große Orte	9,4 Mio.	8,0 Mio.	2,2 Mio.

*Quelle: Projektgruppe Mobilität 2050.

Im Status-quo-Szenario wird also der Fall abgebildet, der allein durch die bundesweiten und großräumig regionalen und demografischen Veränderungen zu erwarten wäre. Es ist mehr oder weniger ein reines „Demografieszenario", das ausschließlich als Vergleichsbasis für die beiden anderen (noch zu definierenden) Szenarien dient. Damit wird es möglich, die Auswirkungen der Annahmen bei den anderen einbezogenen Parametern sichtbar zu machen. Ebenso lassen sich mit diesem Vorgehen die direkt demografisch bedingten Veränderungen besser identifizieren.

4.5 Szenario „Dynamische Anpassung"

4.5.1 Grundsätzliche Überlegungen und Preise

Als erstes weiteres Szenario neben dem Status-quo-Szenario wird das Szenario „Dynamische Anpassung" definiert. Dieses Szenario bildet hinsichtlich der Variation der Kernparameter das stärkste Szenario. Es geht dabei nicht von zu setzenden oder zu erreichenden Zielen einer bestimmten Entwicklung aus. Starke Signale setzen vielmehr die Entwicklungen der einbezogenen Kernparameter selbst. Insbesondere die Preisentwicklung ist hier als Signal zu verstehen. Die Preise des Verkehrs steigen mit dem 2,0-fachen der jährlichen Inflationsrate aller Güter. Hinsichtlich der Seniorenmobilität werden sowohl die Kohorteneffekte zum Führerscheinbesitz als auch das „gefühlte Alter" berücksichtigt.

Grundannahme ist, dass die Entwicklung der drei verwendeten Kernparameter durch die absehbaren und diskutierten externen Entwicklungen (also Globalisierung, Abbau fossiler Energiequellen, Klimawandel usw.) forciert wird. Die Auswirkungen gestiegener Energiepreise und drohender Klimawandel führen zu schnellen Reaktionen. Die Menschen als Nutzer und Mobilitätsnachfrager reagieren relativ schnell und vollziehen entsprechende Änderungen bei der Wahl von Mobilitätszielen und ihren Wohnstandorten. Ebenso geht dieses Szenario von einer schnellen politischen Reaktion aus. Steuerungsinstrumente zur Beeinflussung von Verkehrsaufwand, Verkehrsmittelwahl und Wohnstandortwahl werden beschleunigt geändert oder neu eingeführt. Nutzerfinanzierung und steigende Infrastrukturkosten führen zusätzlich zu steigenden Verkehrspreisen. Das Szenario geht zudem davon aus, dass die Menschen sich entsprechend den mit diesen Instrumenten gesetzten Anreizen verhalten. Welche Instrumente dies sind, kann und soll hier nicht in allen Einzelheiten geklärt werden. Zur Ermittlung der Mobilität und Verkehrsleistung sowie zur Beschreibung der räumlichen Entwicklung reicht die Annahme ihres Vorhandenseins und einer gewissen Wirksamkeit aus.

Schwierig abzuschätzen sind aber die effektiven Auswirkungen der Annahme stark gestiegener Preise und der Anwendung weiterer Instrumente zur Beeinflussung der Wohnstandortwahl. Der Blick in die Vergangenheit hilft wenig, da vergleichbare Entwicklungen bislang entweder in der Nachkriegszeit nicht oder nicht über einen hinreichend langen Zeitraum eingetreten sind, um eine derart langfristige Entscheidung, wie sie die Wohnstandortwahl darstellt, spürbar zu beeinflussen. Bisherige Instrumente haben kaum die Lage des Wohnstandorts berücksichtigt und sich auf finanzielle Aspekte beschränkt. So zeigt die Entwicklung des Baus neuer Wohnungen über die letzten Jahre seit der Wiedervereinigung, dass für die Anteile von Ein-, Zwei- und Mehrfamilienhäusern vorwiegend die allgemeine wirtschaftliche Lage sowie steuerliche Instrumente entscheidend waren. Im Jahr 1993 waren nur 29 Prozent aller neuen Wohnungen als Einfamilienhäuser gebaut worden. Dagegen waren 57 Prozent in Mehrfamilienhäusern entstanden. Im Jahr 2002 hatte sich das Verhältnis mit 54 Prozent Wohnungen in Einfamilienhäusern und 31 Prozent in Mehrfamilienhäusern weitgehend umgekehrt (StBA 2004: 158). Ursache war vorwiegend der Wegfall steuerlicher Abschreibungsmöglichkeiten. Immerhin lässt sich deshalb ableiten, dass auch räumlich differenziert eingesetzte Instrumente spürbare Auswirkungen auf die Wohnstandortwahl haben dürften, sofern sie finanziell hinreichend Anreize setzen. Da bereits heute Faktoren wie „Nähe des Arbeitsplatzes" und „ÖPNV-Erreichbarkeit" zu den wichtigsten Entscheidungsgründen bei der Wohnstandortwahl im suburbanen Raum zählen, ist davon auszugehen, dass jede finanzielle Beeinflussung dieser Faktoren die Wahl ebenfalls stark determiniert, vor allem in gering urbanen Wohnbereichen.

4.5.2 Räumliche Entwicklung

Die Folgen deutlich höherer Verkehrspreise und des Einsatzes planerischer und ökonomischer Instrumente zur Reduzierung des Verkehrsaufwands schlagen sich entsprechend in der Wohnstandortwahl nieder. Einerseits steigt der Wunsch nach Reurbanisierung, andererseits die Nachfrage nach versorgungsnaher, integrierter Lage. Die Kernannahme ist eine zunehmende Orientierung der Wohnstandortwahl an den Kosten für Verkehr. Generell wird von den Menschen in diesem Szenario eine steigende Bereitschaft zur Veränderung aufgrund der Preissteigerungen erwartet. Sie verläuft in den unterschiedlichen Raumtypen allerdings differenziert. Die gesamthafte Bevölkerungsentwicklung einer Region wirkt sich auch auf die individuellen Entscheidungen aus. Ebenso sind die Rückkopplungen zwischen Verkehrs- und Wohnpreisen zu beachten. Einen Überblick über die im Szenario angenommene Verteilung der Bevölkerung über die sechs Raumklassen in den Regionstypen bietet Tabelle 21. Die Annahmen, die zu diesen Verteilungen geführt haben, und die jeweiligen Anteilswerte werden in den folgenden Kapiteln für jeden der drei Regionstypen vertieft diskutiert.

Tabelle 21: Bevölkerungsverteilung auf kleinräumige Klassen im Szenario „Dynamische Anpassung" im Jahr 2050*

Regionstyp mit Eckwerten zur Einwohnerzahl		Ortsgröße	Urbanitätsklasse		
			Gering	Mittel	Hoch
Schrumpfend	8,0 Mio.	Kleine Orte	2,8 Mio.	0,6 Mio.	0,0 Mio.
		Große Orte	1,7 Mio.	2,3 Mio.	0,6 Mio.
Mittel	34,3 Mio.	Kleine Orte	9,6 Mio.	1,6 Mio.	0,1 Mio.
		Große Orte	9,3 Mio.	9,8 Mio.	3,9 Mio.
Wachsend	34,9 Mio.	Kleine Orte	11,9 Mio.	2,1 Mio.	0,1 Mio.
		Große Orte	9,1 Mio.	9,1 Mio.	2,7 Mio.

*Quelle: Projektgruppe Mobilität 2050.

4.5.3 Wachsende Regionen

In den „wachsenden Regionen" wirken der weiterhin bestehende Druck von Zuwanderern aus anderen Regionen sowie die kontinuierliche Entwicklung der Wirtschaft teilweise gegenläufig zu den Instrumenten und Rahmenbedingungen. Trotz höherer Preise für Verkehr bleibt aufgrund der Zuwanderung der Siedlungsdruck auch in suburbanen Regionen und kleineren Gemeinden bestehen. Wohnformen mit hoher Pro-Kopf-Flächeninanspruchnahme werden auch weiterhin nachgefragt sein. Ihr Anteil wird insgesamt zwar abnehmen, aber nicht in dem Maße, wie es in schrumpfenden und mittleren Regionen der Fall sein wird. Ursache sind die wegen der gesamthaft steigenden wirtschaftlichen Leistungsfähigkeit der Region ebenfalls steigenden Preise für stadtnahe und verdichtete Wohnformen. Die damit verbundenen hohen Grundstückspreise und die starke Nachfrage nach innerstädtischen Wohnlagen führen dazu, dass stadtferne Wohnlagen weiterhin attraktiv bleiben. Die vermehrte Erschließung und Neunutzung innerstädtischer Potenziale (Verdichtung, Flächenrecycling) werden diesen Trend durch begrenzte Reserven und Widerstand gegen zu hohe Verdichtungen trotz restriktiver gesetzlicher Rahmenbedingungen nicht völlig verhindern können. Zuwächse in verdichteten Bereichen wird es dennoch geben. Trotz erhöhter Energie- und Mobilitätspreise und geänderter Rahmenbedingungen sorgt die wirtschaftliche Entwicklung zudem weiterhin für eine Nachfrage nach flächenintensiven Wohnformen, allerdings nicht mehr in früherem Umfang.

Veränderungen ergeben sich daher vor allem in den höher verdichteten Bereichen der kleinen Gemeinden. Ursachen sind die damit mögliche Reduktion alltäglicher Wege (Versorgung usw.) abseits der meist immer noch auf längere Pendeldistanzen angelegten Arbeitswege sowie die Reduzierung der Wohnkosten zugunsten der stark gestiegenen Mobilitätspreise. Der Anteil der Bewohner in Wohnformen mit geringer Urbanität nimmt dagegen im Verhältnis deutlich ab, die weiterhin wachsende Bevölkerungszahl könnte je nach letztlich eintretender Entwicklung dafür sorgen, dass in absoluten Werten dennoch kaum Rückgänge zu erwarten sind. Die Abbildung 43 zeigt zusammenfassend die für wachsende Regionen angenommenen Tendenzen.

Abbildung 43: Siedlungsentwicklung (Wachsende Regionen; Dynamische Anpassung)*

Wachsende Regionen Veränderungen des Bevölkerungsanteils der Urbanitätstypen			
	Gering urban	Mittel urban	Hoch urban
Kleine Kommunen (< 20 000 EW)	▬	✚	✚
Große Kommunen (> 20 000 EW)	◯	✚	✚

*Quelle: Projektgruppe Mobilität 2050.

Im Einzelnen werden für die sechs Siedlungstypen folgende Annahmen getroffen (Abbildung 44): In kleinen Gemeinden geht der Anteil der Bewohner in gering urbanen Bereichen etwas zurück. Dagegen nimmt der Anteil der Bewohner von Bereichen mittlerer und hoher Urbanität in diesen Gemeinden zu. Insgesamt verlieren die kleinen Gemeinden gegenüber den großen Gemeinden Einwohneranteile. Verglichen mit kleinen Gemeinden in schrumpfenden Regionen erfolgt dies jedoch nur in beschränktem Umfang. Zu beachten ist, dass dabei die absoluten Zahlen aufgrund des Bevölkerungszuwachses der Gesamtregionen kaum oder gar nicht zurückgehen. Die hohen Preise für Mobilität führen zu einer sinkenden Nachfrage nach verkehrsungünstigen Standorten.

In großen Gemeinden bleibt gegenüber 2002 der Anteil der Bewohner von Bereichen mit hoher Urbanität nicht nur stabil, sondern nimmt deutlich zu. Auch für die Bereiche mittlerer Urbanität werden Zuwächse erwartet. In beiden Bereichen macht sich der wegen der steigenden Verkehrspreise verstärkte Wunsch nach Wohnraum in verdichteten, mit fußläufiger Infrastruktur sowie ÖPNV-Anbindung versehenen Bereichen bemerkbar. In Gebieten mit geringer Urbanität verändert sich der prozentuale Anteil ihrer Bevölkerung an der Gesamtbevölkerung kaum. Angenommen wird ein lediglich minimaler Rückgang. Gegenüber dem in den vergangenen Jahrzehnten auch in großen Kommunen abnehmenden Anteil der Bevölkerung in hoch urbanen Bereichen resp. der Zunahme in gering urbanen Gebieten zeigt sich die Wirkung damit teils durch einen gegenläufigen Trend und teilweise durch das Ende der bisherigen Entwicklung sowie die damit verbundene Stabilisierung der Bevölkerungsverteilung. Die steigenden Grundpreise werden teilweise durch dichtere Siedlungsformen kompensiert, daher gewinnen besonders Bereiche mittlerer und hoher Urbanität anteilig Bewohner dazu.

Abbildung 44

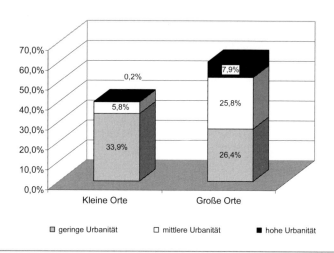

**Lokale Bevölkerungsverteilung 2050
– Szenario Dynamische Anpassung/Wachsende Regionen –**

Quelle: *Projektgruppe Mobilität 2050.*

4.5.4 Mittlere Regionen

Die mittleren Regionen Deutschlands sind überdurchschnittlich städtisch geprägt. Sie umfassen vor allem die Oberzentren und Ballungsräume außerhalb der Wachstumsregionen. Im Jahr 2002 betrug der Anteil der in größeren Kommunen lebenden Menschen fast 63 Prozent. In mittleren Regionen führen die voneinander abhängigen Entwicklungen der Kosten für Mobilität und der Wohnkosten weniger als in wachsenden Regionen zu einer gegenseitigen Aufhebung der Auswirkungen auf die Wohnstandortwahl. Da in diesen Regionen die Bevölkerungszahl stagniert oder leicht abnimmt, entspannt sich der Bodenmarkt auch in größeren Gemeinden, so dass die stark gestiegenen Preise der Mobilität für verstärkte Wanderungsbewegungen zurück aus dem Umland sorgen. Die im Vergleich mit wachsenden Regionen schwächere Nachfrage durch zurückgehende Bevölkerungszahlen sorgt – trotz sinkender Haushaltsgrößen – für eine langfristig relativ entspannte Bodenmarktsituation. Die unterstellten Entwicklungstendenzen enthält Abbildung 45.

Abbildung 45: Siedlungsentwicklung (Mittlere Regionen; Dynamische Anpassung)*

Mittlere Regionen **Veränderungen des Bevölkerungsanteils der Urbanitätstypen**			
	Gering urban	**Mittel urban**	**Hoch urban**
Kleine Kommunen (< 20 000 EW)	–	○	+
Große Kommunen (> 20 000 EW)	○	○	++

*Quelle: *Projektgruppe Mobilität 2050.*

Im Einzelnen werden für die sechs Siedlungstypen folgende Annahmen getroffen (Abbildung 46): In kleinen Kommunen nimmt der Anteil der Wohnbevölkerung in hoch urbanen Bereichen zu, was sich quantitativ jedoch kaum auswirkt. Die steigenden Mobilitätspreise führen zu einer Konzentration in diesen verdichteten Bereichen, in denen Pkw-Fahrten durch nicht motorisierte Wege und ÖV-Fahrten am ehesten substituiert werden können. Dagegen wird – ebenfalls aufgrund der Mobilitätspreise – ein deutlicher Rückgang in den gering urbanen Bereichen angenommen.

Abbildung 46

Lokale Bevölkerungsverteilung 2050
– Szenario Dynamische Anpassung/Mittlere Regionen –

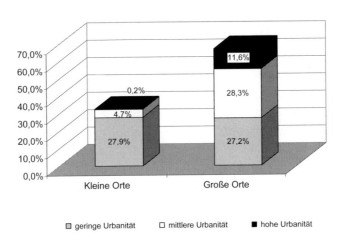

Quelle: *Projektgruppe Mobilität 2050.*

Im Unterschied zu den wachsenden Regionen fällt im Kontext der insgesamt sinkenden Bevölkerungszahlen der gegenläufige Effekt von Mobilitäts- und Wohnpreisen wesentlich geringer aus. Der Umfang der aufgrund des gesamthaften Bevölkerungsrückgangs in den mittleren Regionen zu erwartenden sinkenden Wohn- und Grundkosten wird in den gering urbanen Bereichen der kleinen Orte nicht ausreichen, um die steigenden Mobilitätspreise zu kompensieren. Bei den mittel urbanen Bereichen ist durch die abgeschwächte Wirkung dieses Effekts nur ein sehr leichter Rückgang der Bevölkerungsanteile zu erwarten, der allerdings gegenüber dem Analysejahr 2002 in absoluten Zahlen deutlicher sichtbar wird.

In den hoch urbanen Bereichen der großen Kommunen nimmt der Bevölkerungsanteil zu, der Trend zurück in die Stadt wird hier ebenfalls weniger als in den wachsenden Bereichen durch steigende Wohnkosten negativ beeinflusst. Der prozentuale Anteil der Bevölkerung in Gebieten geringer und mittlerer Urbanität in den größeren Kommunen bleibt dagegen weitgehend stabil, angenommen wird ein sehr geringfügiger Rückgang in den gering urbanen Bereichen und eine leichte Zunahme in den mittel urbanen Bereichen. Die Ursache für diese nur leichten Verschiebungen der Anteile liegt in der Abnahme der absoluten Zahlen, bei diesen werden beide Bereiche ebenfalls Verluste haben. Bevölkerungszuwachs in absoluten Zahlen haben lediglich die hoch urbanen Bereiche zu erwarten.

4.5.5 Schrumpfende Regionen

Die schrumpfenden Regionen sind überwiegend ländlich geprägt. Die Entwicklung der schrumpfenden Regionen wird durch die steigenden Mobilitätspreise besonders intensiv beeinflusst. Stark steigende Mobilitätspreise sorgen für eine zunehmende Landflucht, die zum einen interregional in die Wachstumsregionen führt, zum anderen aber innerhalb der schrumpfenden Regionen zu einer Konzentration der Bevölkerung in den zentralen Orten und dort wiederum zu einer Verdichtung im Bestand.

Der Bevölkerungsrückgang insgesamt sorgt in absoluten Zahlen für spürbare Rückgänge bei fast allen Wohnformen. Der prozentuale Anteil der Wohnbevölkerung in Gebieten mit mittlerer und vor allem hoher Urbanität steigt dennoch an – weniger Menschen konzentrieren sich in dichter besiedelten Bereichen. Neben den Mobilitätspreisen ist dafür auch der zunehmende Abbau sozialer und ökonomischer Infrastruktur in den kleinen Gemeinden verantwortlich. Die insgesamt auf die Regionen bezogene Abwanderung führt zudem zu sinkenden Grundstückspreisen, so dass eine den wachsenden Regionen gegenläufige Entwicklung zu verzeichnen ist: Die steigenden Verkehrskosten müssen nicht gegen steigende Grundstückspreise „antreten", sondern die sinkenden Grundstückspreise bedeuten manchmal sogar die Entscheidung für die Inkaufnahme höherer Mobilitätspreise. Dies wirkt sich aber wegen des angenommenen Rückgangs der infrastrukturellen

Ausstattung kaum aus. Die grundlegend angenommenen Tendenzen zeigt Abbildung 47.

Abbildung 47: Siedlungsentwicklung (Schrumpfende Regionen; Dynamische Anpassung)*

Schrumpfende Regionen Veränderungen des Bevölkerungsanteils der Urbanitätstypen			
	Gering urban	Mittel urban	Hoch urban
Kleine Kommunen (< 20 000 EW)	 ■■	 ■	 ■
Große Kommunen (> 20 000 EW)	○	✚	 ✚✚

*Quelle: Projektgruppe Mobilität 2050.

Im Einzelnen werden für die sechs Siedlungstypen folgende Annahmen getroffen (Abbildung 48): In kleinen Kommunen nimmt der Anteil der Wohnbevölkerung in allen Wohnbereichen ab, besonders stark in den gering urbanen Bereichen. Die mittel und hoch urbanen Bereiche der kleinen Kommunen verlieren auch, aber nicht so stark wie die gering urbanen Bereiche. Auf niedrigerem Niveau gibt es somit in den kleinen Kommunen eine Konzentration der dort verbliebenen Wohnbevölkerung. Mehr noch als in den mittleren Regionen sind dafür die steigenden Mobilitätspreise verantwortlich.

Dagegen nehmen die Bevölkerungszahlen der großen Kommunen anteilig deutlich zu, auch wenn die absoluten Bevölkerungszahlen auch in diesen Kommunen insgesamt zurückgehen. In den gering urbanen Bereichen ist der prozentuale Zuwachs recht gering, dagegen sind mittel und hoch urbane Bereiche von deutlichen prozentualen Zuwächsen gekennzeichnet. In absoluten Zahlen bedeutet dies aber auch für die großen Kommunen Bevölkerungsverluste. Ursachen der kleinräumig eintretenden Konzentration sind auch hier die gestiegenen Mobilitätspreise und die fehlende Infrastruktur der gering urbanen Bereiche. Bereits heute ist dieser Abbau von Infrastruktur in vielen schrumpfenden Städten deutlich erkennbar. Besonders für ältere Menschen führt dies zur Suche nach entsprechendem Wohnraum in mittel und hoch urbanen Bereichen, da dort die notwendige Infrastruktur weiterhin vorhanden sein wird.

Abbildung 48

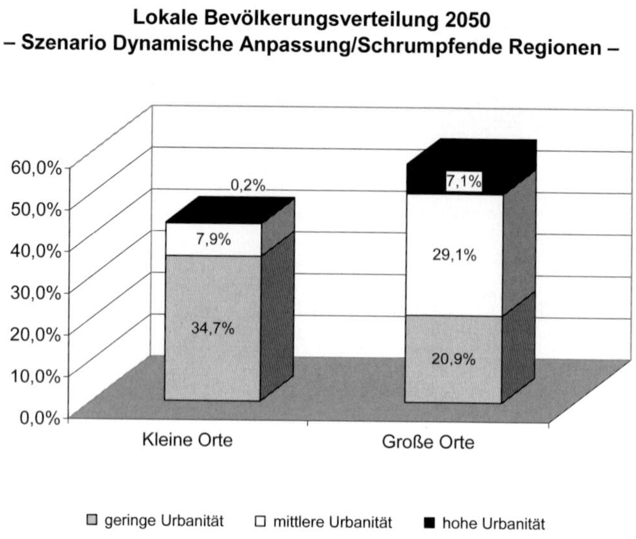

Lokale Bevölkerungsverteilung 2050
– Szenario Dynamische Anpassung/Schrumpfende Regionen –

```
                Kleine Orte              Große Orte
   60,0%
             0,2%                     7,1%
   50,0%
   40,0%    7,9%                     29,1%
   30,0%
   20,0%   34,7%
                                     20,9%
   10,0%
    0,0%
```

☐ geringe Urbanität   ☐ mittlere Urbanität   ■ hohe Urbanität

Quelle: *Projektgruppe Mobilität 2050.*

4.6 Szenario „Gleitender Übergang"

4.6.1 Grundsätzliche Überlegungen und Preise

Als drittes und letztes Szenario wird das Szenario „Gleitender Übergang" definiert. Im Szenario „Gleitender Übergang" wird von einer weitgehenden Kontinuität der bisherigen Entwicklungstendenzen ausgegangen. Das bedeutet allerdings kein reines Trendszenario, basierend etwa auf den Entwicklungen der vergangenen Jahre und Jahrzehnte. Der moderate Wandel geht vielmehr davon aus, dass absehbare Entwicklungen, etwa bei den Preisen für fossile Energien, auf jeden Fall eintreten, allerdings eher an den unteren Grenzen orientiert. Auch erfolgt keine derart durchgreifende Änderung sonstiger planerischer Rahmenbedingungen. Ebenso wird von geringen Verhaltensänderungen der Menschen bei der Wohnstandortwahl ausgegangen.

Grundannahme ist daher, dass die Entwicklung der drei Kernparameter zwar durch die absehbaren und diskutierten externen Entwicklungen (also Globalisierung, Entwicklung fossiler Energiequellen, Klimawandel usw.) beeinflusst wird, dass sich dies aber sehr moderat und in langen Zeiträumen vollzieht. Entsprechend sind die Reaktionen der Menschen teilweise gleichartig und teilweise gegenläufig zum Szenario „Dynamische Anpassung". Generell erfolgen sie aber in längeren Zeiträumen. Änderungen bei der Wahl von Mobilitätszielen und Wohnstandorten sind damit je nach Regionstyp unterschiedlich.

Die Preise des Verkehrs steigen um das 1,5-fache der jährlichen Inflationsrate aller Güter. Hinsichtlich der Seniorenmobilität werden – wie im Szenario „Dynamische Anpassung" – sowohl die Kohorteneffekte zum Führerscheinbesitz als auch das „gefühlte Alter" berücksichtigt.

4.6.2 Räumliche Entwicklung

Die Folgen moderat steigender Energiepreise und einer allmählichen Weiterentwicklung planerischer und ökonomischer Instrumente zur Reduzierung des Verkehrsaufwands schlagen sich im Vergleich mit dem Szenario „Dynamische Anpassung" in der Wohnstandortwahl nur begrenzt nieder. In den unterschiedlichen Raumtypen gibt es dennoch differenzierte Entwicklungen, die sich sowohl untereinander als auch gegenüber dem Szenario „Dynamische Anpassung" gut sichtbar voneinander abgrenzen. Ein Überblick über die angenommene Bevölkerungsverteilung über die sechs Raumklassen in den Regionstypen findet sich in Tabelle 22. Die Annahmen, die zu diesen Verteilungen geführt haben, und die jeweiligen Anteilswerte werden wiederum in den folgenden Kapiteln vertieft.

Tabelle 22: Bevölkerungsverteilung auf kleinräumige Klassen im Szenario „Gleitender Übergang" im Jahr 2050*

Regionstyp mit Eckwerten zur Einwohnerzahl		Ortsgröße	Urbanitätsklasse		
			Gering	Mittel	Hoch
Schrumpfend	8,0 Mio.	Kleine Orte	3,5 Mio.	0,6 Mio.	0,0 Mio.
		Große Orte	1,6 Mio.	1,8 Mio.	0,5 Mio.
Mittel	34,3 Mio.	Kleine Orte	10,3 Mio.	1,5 Mio.	0,1 Mio.
		Große Orte	9,5 Mio.	9,5 Mio.	3,4 Mio.
Wachsend	34,9 Mio.	Kleine Orte	14,6 Mio.	2,3 Mio.	0,1 Mio.
		Große Orte	8,4 Mio.	7,3 Mio.	2,3 Mio.

*Quelle: Projektgruppe Mobilität 2050.

4.6.3 Wachsende Regionen

In den wachsenden Regionen führen die weiterhin anhaltende hohe Nachfrage, die gute wirtschaftliche Entwicklung, die nur moderat steigenden Energiepreise und die nur gering angepassten planerischen und ökonomischen Instrumente zu keiner grundlegenden Umkehr der bisherigen Entwicklung. Die Flächeninanspruchnahme steigt weiterhin und sorgt vor allem in kleineren Kommunen für weiteren Zuwachs an gering urbaner Wohnstruktur. Große Kommunen erreichen dagegen erste Grenzen der Zuwachsraten, da Flächen nur mehr in begrenztem Maß verfügbar sind. Flächenrecycling findet daher statt, weniger aufgrund gestiegener Mobilitätspreise, sondern aufgrund fehlender sonstiger Flächen. Anteilig verlieren aber die großen Kommunen Einwohner. Der Zuwachs, den die Regionen insgesamt bekommen, verteilt sich vor allem auf die kleineren Gemeinden. Der Trend zur Reurbanisierung schlägt sich lediglich im konstanten prozentualen Anteil der Bevölkerung in hoch urbanen Gebieten der größeren Städte nieder – die zuvor über Jahre Anteile verloren hatte. Die angenommenen Grundtendenzen zeigt Abbildung 49.

Abbildung 49: Siedlungsentwicklung (Wachsende Regionen; Gleitender Übergang)*

Wachsende Regionen Veränderungen des Bevölkerungsanteils der Urbanitätstypen			
	Gering urban	Mittel urban	Hoch urban
Kleine Kommunen (< 20 000 EW)	+	+	+
Große Kommunen (> 20 000 EW)	−	−	o

*Quelle: *Projektgruppe Mobilität 2050.*

Für die sechs Siedlungstypen führt dies im Einzelnen zu folgenden Annahmen (Abbildung 50): Insgesamt ergibt sich für die kleineren Gemeinden ein deutlicher Zuwachs ihres prozentualen Anteils an der gesamten Wohnbevölkerung. Sie profitieren zudem vom Zuwachs der Regionen insgesamt, so dass die absoluten Bevölkerungszahlen ebenfalls deutlich zulegen. Ursächlich dafür ist vor allem die begrenzte Möglichkeit, in größeren Gemeinden Flächenreserven zu mobilisieren. Annahmen sind ebenso eine weiterhin ausreichende Infrastrukturversorgung sowie im Verhältnis zu den Verkehrspreisen weiterhin günstige Wohnpreise. Schließlich führt die Annahme weitgehend unveränderter planerischer Instrumente ebenfalls zur Fortsetzung des Zuwachses. Der Zuwachs wird sich wegen der geringen Veränderungen der Rahmenbedingungen vor allem in den gering und mittel urbanen Bereichen niederschlagen, aber auch die hoch urbanen Bereiche werden zunehmen.

Die großen Kommunen sind dagegen hinsichtlich ihres Anteils der Wohnbevölkerung an der Gesamtbevölkerung die Verlierer. Nur unwesentlich veränderte rechtliche und finanzielle Rahmenbedingungen beeinträchtigen die innerstädtische Mobilisierung von Bauland. Der Bevölkerungszuwachs der wachsenden Regionen geht daher zu einem guten Teil in die Fläche. Ebenso werden die im Vergleich mit dem Szenario „Dynamische Anpassung" geringer angestiegenen Verkehrspreise dazu führen, dass niedrigere Wohnkosten in kleineren Gemeinden vermehrt zur Wahl eines Wohnstandortes außerhalb der großen Kommunen führen. Lediglich hoch urbane Bereiche profitieren von dem absehbaren Trend „zurück in die Stadt". Die gering und mittel urbanen Bereiche der großen Städte verlieren dagegen, hier setzt sich die Entwicklung vergangener Jahrzehnte in abgeschwächter Form fort.

Abbildung 50

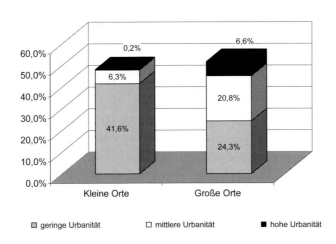

Quelle: Projektgruppe Mobilität 2050.

4.6.4   Mittlere Regionen

In den mittleren Regionen verändert sich die Bevölkerungsverteilung im Szenario „Gleitender Übergang" nur geringfügig. Der leichte Rückgang der Bevölkerungszahl entspannt den Wohnungsmarkt, allerdings führt der insgesamt moderate, aber dennoch spürbare Anstieg der Verkehrspreise gemeinsam mit den absehbaren Problemen der Infrastruktur zu einem geringen Rückgang des Bevölkerungsanteils in den kleinen Kommunen, vor allem in den gering und mittel urbanen Gebieten. Die großen Kommunen gewinnen prozentual dagegen Bevölkerungsanteile hinzu, wenngleich ebenfalls nur in relativ geringem Ausmaß. Grundlegend angenommene Tendenzen zeigt Abbildung 51.

Abbildung 51: Siedlungsentwicklung (Mittlere Regionen; Gleitender Übergang)*

Mittlere Regionen Veränderungen des Bevölkerungsanteils der Urbanitätstypen			
	Gering urban	Mittel urban	Hoch urban
Kleine Kommunen (< 20 000 EW)	▬	▬	✚
Große Kommunen (> 20 000 EW)	○	○	✚

*Quelle: *Projektgruppe Mobilität 2050.*

Dies führt im Detail zu folgenden Annahmen für die sechs Raumklassen (Abbildung 52): Im Einzelnen gewinnen in den kleinen Kommunen vor allem die Gebiete mit hoher Urbanität. Sie profitieren von der Bündelung von Infrastruktur und legen bei der Bevölkerungszahl – auf sehr niedriger Basis – leicht zu. Insgesamt ergibt sich also ein kleiner Konzentrationseffekt. Dem entspricht auch, dass zwar die Bevölkerungszahlen in den Bereichen geringer und mittlerer Urbanität abnehmen, in letzteren jedoch weniger stark. Der gesamthafte Rückgang der absoluten Einwohnerzahlen führt auch dazu, dass die Wohnkosten relativ geringe Auswirkungen auf die Standortwahl der Menschen haben. In Verbindung mit den moderat gestiegenen Verkehrspreisen führt dies dazu, dass Infrastrukturdefizite kleiner Gemeinden nur begrenzte Auswirkungen haben.

Die Bevölkerungszahlen der großen Kommunen nehmen nur gering zu. Die Bevölkerungsanteile der gering und mittel urbanen Bereiche stagnieren weitgehend. Ein leichter Zuwachs kann zwar erwartet werden, er wird jedoch durch die insgesamt sinkenden regionalen Bevölkerungszahlen zu einem leichten absoluten Rückgang führen. Die allmähliche Rückbesinnung auf die Stadt sorgt immerhin für einen leichten Anstieg vor allem in den hoch urbanen Bereichen. Ähnlich wie in den wachsenden Regionen ist der weitgehend den heutigen Verhältnissen entsprechende Rahmen zwar dafür verantwortlich, dass große Teile der Bevölkerung weiterhin in den gering und mittel urbanen Bereichen wohnen werden, der gleichzeitig anzunehmende Rückgang wichtiger Infrastruktur verstärkt aber auch in diesem Szenario in Maßen den Weg zurück in die hoch verdichteten Bereiche.

Abbildung 52

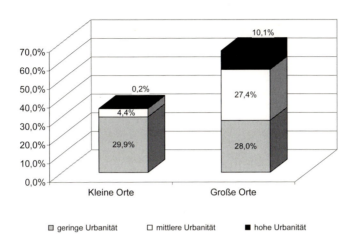

Lokale Bevölkerungsverteilung 2050
– Szenario Gleitender Übergang/Mittlere Regionen –

Quelle: *Projektgruppe Mobilität 2050.*

4.6.5   Schrumpfende Regionen

Die schrumpfenden Regionen weisen im Vergleich mit den mittleren Regionen im Szenario „Gleitender Übergang" größere Veränderungen der Siedlungsstruktur auf. Im Unterschied zum Szenario „Dynamische Anpassung" verteilt sich der Rückgang gleichmäßiger. Es verlieren vor allem die kleineren Gemeinden, dort gleichmäßig alle Urbanitätstypen, da es kaum Ansätze und Anreize zu einer Konzentration gibt. Aufgrund der Preisentwicklung ist auch in diesem Szenario ein relativer Anstieg des Bevölkerungsanteils in den größeren Gemeinden zu verzeichnen, der sich dort vor allem in den mittleren und höher urbanen Bereichen niederschlägt. Ursächlich dafür ist auch die absehbare starke Überalterung. Der in den nächsten Jahren noch zu erwartende Abschluss des Prozesses der nachholenden Suburbanisierung wird wegen eher geringen Änderungen der Rahmenbedingungen zwar zunächst noch zu einem Zuwachs gering urbaner Wohnbebauung führen, die Überalterung wird diesen Trend jedoch umkehren. Daher gehen wir von einem langfristig wieder zunehmenden Bevölkerungsanteil in urbaneren Wohnformen aus. Die Zunahme wird allerdings geringer als im Vergleichsfall des Szenarios „Dynamische Anpassung" ausfallen. Zentrale Ursache sind die nur geringfügig geänderten Rahmenbedingungen. Sie führen über Förderprogramme dazu, dass etwa Infrastruktur auch weiterhin zumindest in Maßen für kleinere Kommunen und gering urbane Bereiche sichergestellt wird. Die angenommenen Entwicklungen in ihrer Tendenz zeigt Abbildung 53.

Abbildung 53: Siedlungsentwicklung (Schrumpfende Regionen; Gleitender Übergang)*

Schrumpfende Regionen Veränderungen des Bevölkerungsanteils der Urbanitätstypen			
	Gering urban	Mittel urban	Hoch urban
Kleine Kommunen (< 20 000 EW)	▬	▬	▬
Große Kommunen (> 20 000 EW)	◯	✚	✚

*Quelle: *Projektgruppe Mobilität 2050.*

Für die sechs Klassen der Siedlungsstruktur bedeutet dies (Abbildung 54) im Einzelnen: Der prozentuale Anteil der Wohnbevölkerung in den kleinen Gemeinden wird deutlich zurückgehen. Dieser Rückgang wird gleichmäßig alle Urbanitätstypen treffen, da es für die verbliebene Bevölkerung nur wenige Anreize zu einer Konzentration geben wird. Relativ am höchsten wird der Rückgang in den mittel urbanen Bereiche ausfallen, da die Annahme einer weiterhin räumlich wenig differenzierten Restinfrastruktur diese Bereiche im Verhältnis zu gering und hoch urbanen Bereichen unattraktiver macht.

Abbildung 54

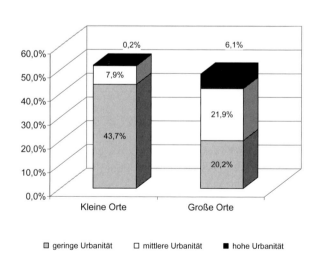

Quelle: *Projektgruppe Mobilität 2050.*

Die großen Kommunen profitieren durch ihre immer noch vergleichsweise gute Infrastruktur vom Verlust der kleinen Kommunen. Ihr prozentualer Bevölkerungsanteil nimmt zu – allerdings deutlich geringer als im Szenario „Dynamische Anpassung", das ja zusätzlich gezielte Anreize zur Konzentration und Infrastruktureffizienz als Voraussetzung beinhaltet. Bei den Bevölkerungsanteilen prozentual zulegen werden vor allem die Bereiche mittlerer und hoher Urbanität, da diese – bei kleinräumiger Betrachtung – innerhalb der großen Kommunen auch in diesem Szenario die bessere Infrastrukturausstattung haben werden.

4.7 Zusammenfassende Szenarienübersicht

Tabelle 23 enthält einen zusammenfassenden Überblick über die in Kapitel 4 getroffenen Annahmen zur Definition der drei Szenarien.

Tabelle 23: Überblick über die Annahmen zu den Szenarien*

	Status quo	Dynamische Anpassung	Gleitender Übergang
Bruttoinlandsprodukt	Stand 2002	Etwa 1,5 % jährlich	Etwa 1,5 % jährlich
Bevölkerung/Alter	BBR-Prognose	BBR-Prognose	BBR-Prognose
Bevölkerungsverteilung	BBR-Prognose	BBR-Prognose	BBR-Prognose
Erwerbstätige	35,5 Mio. Personen	35,5 Mio. Personen	35,5 Mio. Personen
Preise des Verkehrs	Stand 2002	2,0-fache Inflationsrate	1,5-fache Inflationsrate
Seniorenmobilität	Kohorteneffekte	■ Kohorteneffekte ■ Gefühltes Alter	■ Kohorteneffekte ■ Gefühltes Alter
Siedlungsstruktur	Stand 2002	■ Differenziert nach Regionstyp gemäß Kapitel 4.5 ■ Stärkere Reaktion	■ Differenziert nach Regionstyp gemäß Kapitel 4.6 ■ Schwächere Reaktion

*Quelle: Projektgruppe Mobilität 2050.

5. Quantitative Umsetzung der Szenarien

5.1 Überblick über den Modellansatz

Die entsprechend der Zielsetzung zu prognostizierenden Kenngrößen sind – regional nach drei Klassen von Raumordnungsregionen differenziert – das Verkehrsaufkommen, der Modal Split und die Verkehrsleistung im Personenverkehr der privaten Haushalte. Zum Aufbau eines geeigneten Modellansatzes wurden mit Hilfe einer multiplen Regressionsanalyse die signifikanten Variablen zur Bestimmung dieser Zielgrößen aus dem MID-Datensatz extrahiert. Einen Überblick über die Variablen mit hohen Abhängigkeiten enthält Abbildung 55. Die Eingangsparameter sind im MID-Datensatz (teilweise klassifiziert) direkt enthalten. Eine Ausnahme bildet die Klassifizierung der Wohnlage nach den drei von der Projektgruppe definierten Urbanitätsklassen.

Entsprechend dem Erklärungsgehalt der einzelnen Variablen wurden für die zu berechnenden Kenngrößen aus den MID-Daten jeweils spezifische Regressionsgleichungen und Regressionsparameter abgeleitet. Für den Szenarienfall wurden in die Modellgleichungen unter Beachtung der Szenariendefinition die veränderten Eingangsparameter übernommen, um so Kenngrößen bis zum Jahr 2050 schätzen zu können. Der grundlegende Zusammenhang (d.h. die spezifischen multiplen Regressionsgleichungen) ist zunächst linear und lässt sich wie folgt formulieren:

$$Y = a_0 + a_1 * X_1 + a_2 * X_2 + ... + a_n * X_n$$

Dabei ist Y die abhängige verkehrliche Kenngröße (Ergebniskenngröße). X_1 sind die unabhängigen Variablen und a_1 die Koeffizienten der Variablen, die mit den Regressionsanalysen zu bestimmen sind. Da der funktionale Zusammenhang nicht immer linear, sondern teilweise quadratisch ($f(X) = X_2$) oder logarithmisch ($f(X) = \ln(X)$) ist, gehen die Variablen teilweise transformiert in die Regressionsgleichungen ein:

$$Y = a_0 + a_1 * f(X_1) + a_2 * f(X_2) + ... + a_n * f(X_n)$$

Hinsichtlich der Abbildung des Analysezeitpunktes lagen, wie gezeigt, geeignete Einwohnerdaten vor, die im Abgleich mit Eckwerten des Statistischen Bundesamtes nach den weiteren Parametern (Haushaltseinkommen, Haushaltsgröße usw.) geschichtet wurden. Nach Aufbereitung dieser Daten wurde die Modellrechnung – die zunächst auf den MID-Daten beruhte – mit den realen Einwohnerdaten versorgt. Die Ergebnisse wurden mit den empirischen Eckwerten zum Verkehrsverhalten für Gesamtdeutschland abgeglichen, wobei eine hohe Übereinstimmung erreicht wurde.

Für die Modellierung der Verkehrskennziffern der Szenarien wurde auf der Basis der demografischen und makroökonomischen Rahmenbedingungen die Bevölkerungsverteilung für den Szenariohorizont 2050 (bzw. für die entsprechenden Zwischenschritte) in der gleichen Schichtung erzeugt (Kapitel 3) und in die Modellrechnung übernommen.

Abbildung 55 zeigt die Parameter des Regressionsansatzes, wobei die zur Berechnung der Ergebniskenngrößen signifikanten Eingangsparameter – die Eingang in die Regressionsgleichungen fanden – jeweils mit einem Kreuz gekennzeichnet sind (vgl. auch Abbildung 58). Der prinzipielle Ablauf der Modellrechnungen ist in Abbildung 56 dargestellt.

Abbildung 55: Modell – maßgebende Einflussgrößen*

			Ergebniskenngrößen								
			Spezifisches Verkehrsaufkommen	Spezifisches Verkehrsaufkommen – FUSS	Spezifisches Verkehrsaufkommen – RAD	Spezifisches Verkehrsaufkommen – ÖV	Spezifisches Verkehrsaufkommen – MIV	Spezifische Wegelänge im Fußgängerverkehr	Spezifische Wegelänge im Radverkehr	Spezifische Wegelänge im öffentlichen Verkehr	Spezifische Wegelänge im MIV	Motorisierungsgrad
Eingangsparameter	Externe Parameter (Demografie, Makroökonomie usw.)	Personengruppe	O	X	X	X	X	X	X	X	X	O
		Geschlecht	X	X	X	X	X	X	X	X	O	X
		Haushaltsgröße	X	X	X	X	X	O	X	O	X	X
	Preise des Verkehrs	Haushaltseinkommen	X	X	O	X	X	O	X	O	X	X
	Seniorenmobilität	Alter	X	O	O	X	X	O	O	O	X	X
		Führerscheinbesitz	X	X	X	X	X	X	X	X	O	X
		Motorisierungsgrad	O	X	X	X	X	X	X	X	O	O
	Siedlungsstruktur	Urbanität	X	X	O	O	X	X	O	X	O	X
		Ortsgrößenklassen	X	O	O	X	X	O	O	X	X	X

X = Signifikanter Einfluss, O = Nicht signifikanter Einfluss
*Quelle: *Projektgruppe Mobilität 2050.*

Abbildung 56: Prinzipieller Modellaufbau*

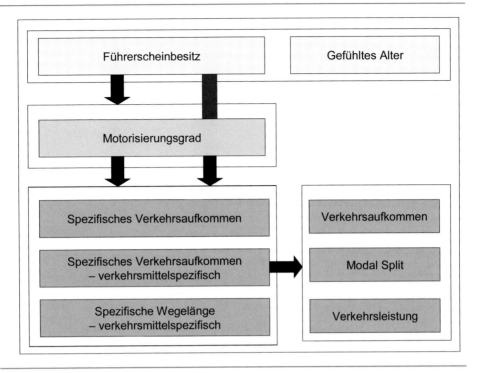

*Quelle: *Projektgruppe Mobilität 2050.*

Zunächst werden der Führerscheinbesitz und das gefühlte Alter für alle Personen und alle Berechnungsjahre bestimmt. Die Berechnung dieser Größen erfolgt nicht anhand eines Regressionsansatzes, sondern auf der Grundlage der in den nachfolgenden Kapiteln 6.2.1 und 6.2.3 beschriebenen Ansätze. Auf dieser Basis wird mit Hilfe der Regressionsgleichungen der Motorisierungsgrad bestimmt. Dieser fließt als unabhängige Variable zusammen mit anderen Kenngrößen in die Regressionsgleichungen zur Berechnung der Verkehrsaufkommen, des Modal Split und der Verkehrsleistungen ein. Dabei werden für jedes Verkehrsmittel getrennt die spezifischen Verkehrsaufkommen und die spezifischen mittleren Wegelängen über spezielle Regressionsgleichungen ermittelt und mit dem spezifischen Verkehrsaufkommen insgesamt abgeglichen. Durch die Multiplikation mit den Strukturdaten ergeben sich aus den spezifischen Werten die absoluten Verkehrskennziffern auf den jeweiligen Aggregationsebenen.

Die in Abbildung 58 zusammenfassend mit ihren Klassifizierungen dargestellten Variablen X_1 können in zwei Gruppen eingeteilt werden. Zum einen sind dies Variablen mit einer kardinalen und zum anderen mit einer nominalen Skaleneinteilung (Abbildung 57). Bei Variablen mit einer kardinalen Skaleneinteilung geht der Kennwert selbst in das Modell ein. Liegt für eine Variable eine Klasseneinteilung vor, so wird ein sinnvoller Wert für die Klassen bestimmt (z.B. der Klassenmittelwert).

Abbildung 57: Überblick über kardinale und nominale Variablen*

Variablen mit kardinaler Skaleneinteilung	Variablen mit nominaler Skaleneinteilung
Alter	Personengruppe
Haushaltseinkommen	Geschlecht
Haushaltsgröße	Pkw-Führerscheinbesitz
Motorisierungsgrad	Urbanität
Politische Ortsgrößenklasse	

*Quelle: Projektgruppe Mobilität 2050.

Um die Variablen mit nominaler Skaleneinteilung zur quantitativen Beschreibung der verkehrlichen Kenngrößen zu verwenden, muss die nominale Skaleneinteilung zunächst in eine kardinale Skaleneinteilung überführt werden. Dazu wird der Mittelwert der verkehrlichen Kenngröße aus den Analysedaten für die entsprechende Klasse verwendet. Als Beispiel sei an dieser Stelle das Vorgehen anhand der Variable Geschlecht erläutert: Die nominale Skaleneinteilung 1 oder 2 für männlich oder weiblich kann direkt nicht sinnvoll als Variable für das Modell verwendet werden. Zur Berechnung des spezifischen Verkehrsaufkommens wird das mittlere spezifische Verkehrsaufkommen aller Männer (3,25) und das mittlere spezifische Verkehrsaufkommen aller Frauen (3,25) als Variable eingesetzt.

Der Einfluss des Angebotes an konkurrierenden Verkehrsmitteln fließt in das Modell vereinfacht über die Parameter zur Raumstruktur (politische Ortsgrößenklasse und Urbanität) ein, da zwischen Räumen gleicher Raumstruktur von tendenziell ähnlichen Angebotsmerkmalen (so verfügen z.B. Räume mit hoher Urbanität in Ballungsgebieten in der Regel auch über eine gute ÖPNV-Erschließung) ausgegangen werden kann.

Unabhängig vom erläuterten Regressionsansatz wurden die makroökonomischen Annahmen zur Entwicklung des Bruttoinlandsproduktes und der Preise berücksichtigt. Gesonderte Ausführungen hierzu enthält das folgende Kapitel 5.2.

Abbildung 58: Variablen zur Modellierung verkehrlicher Kenngrößen von Personen*

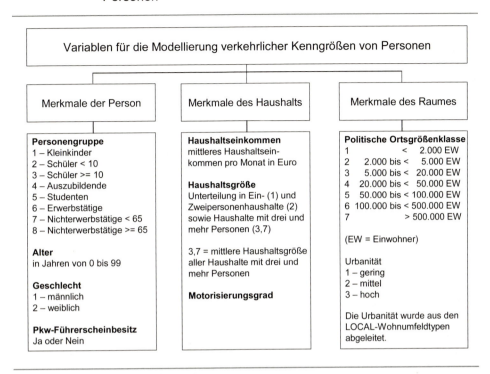

*Quelle: Projektgruppe Mobilität 2050.

5.2 Bruttoinlandsprodukt, Einkommen und Preise

5.2.1 Projektion von Produktion und Einkommen für Deutschland

Die Bestimmung der voraussichtlichen Verkehrsnachfrage setzt eine Einschätzung der Entwicklung des Bruttoinlandsproduktes (BIP) voraus. Die allgemeine wirtschaftliche Entwicklung bestimmt zum Beispiel die verfügbaren Einkommen der privaten Haushalte, die einen wichtigen Input für die Verkehrsprognose darstellen. Die Projektion der wirtschaftlichen Entwicklung erfolgt zunächst für die Gesamtwirtschaft. Im Anschluss daran wird eine Betrachtung nach Regionen vorgenommen, um das Verkehrsaufkommen regional disaggregiert ableiten zu können.

Abbildung 59: Approximation des Produktionsverlaufs durch einen linearen Trend – logarithmierte Größen in den Jahren 1960 bis 2003*

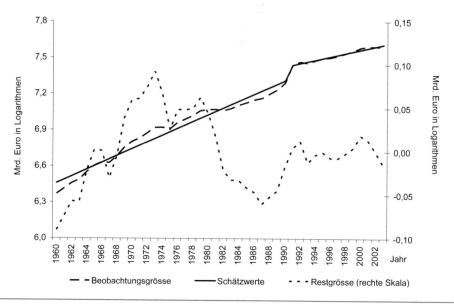

Quelle: Projektgruppe Mobilität 2050.

Die Vorhersage der langfristigen Entwicklung der Produktion kann mit alternativen Methoden erfolgen. So lässt sich die Produktionsentwicklung durch einen deterministischen Trend approximieren (Abbildung 59). Dabei wird die tatsächliche Produktion im Stützzeitraum von 1960 bis 2003 auf einen linearen Trend regressiert. Bis 1990 werden westdeutsche, danach gesamtdeutsche Daten verwendet. Der Strukturbruch aufgrund der deutschen Einheit wird mittels Dummyvariablen modelliert, die das Absolutglied und den Steigungsparameter des Trends berücksichtigen.

Während sich in der ersten Phase des Stützzeitraums bis zur deutschen Einheit deutliche Unterschiede zwischen tatsächlicher und trendmäßiger Produktion ergeben, stimmen die Größen in der letzten Dekade des Beobachtungszeitraums nahezu überein. Der Trendverlauf impliziert konstante Wachstumsraten der gesamtwirtschaftlichen Produktion. Konkret werden mit dem Modell bis zum Jahr 2050 Wachstumsraten des Bruttoinlandsprodukts von 1,4 Prozent per annum prognostiziert (vgl. Tabelle 23).

Abbildung 60: Approximation des Produktionsverlaufs durch eine Produktionsfunktion – logarithmierte Größen in den Jahren 1960 bis 2003*

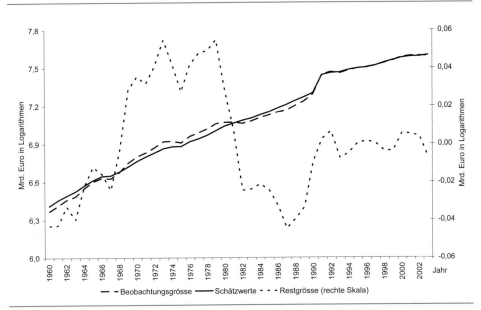

*Quelle: Projektgruppe Mobilität 2050.

Die Abhängigkeit der Produktionsentwicklung von ökonomischen Bestimmungsfaktoren wird im Rahmen von Strukturmodellen abgebildet. Ein gängiges Verfahren besteht in der Schätzung einer Produktionsfunktion, bei der die Produktion durch Inputs erklärt wird. Als Inputfaktoren werden in der Regel Arbeit, Kapital und technischer Fortschritt herangezogen. Diese sind ihrerseits von ökonomischen Bedingungen, wie etwa den relativen Faktorpreisen, abhängig. In Abbildung 60 wird die Anpassung einer Produktionsfunktion für Deutschland dokumentiert.

Die Produktionsfunktion ist speziell vom Cobb-Douglas-Typ und linear homogen. Damit sind die Produktionselastizitäten identisch mit den Einkommensanteilen der Faktoren. Letztere liegen entsprechend der Volkswirtschaftlichen Gesamtrechnung bei 0,6 für Arbeit und 0,4 für Kapital. Der arbeitssparende technische Fortschritt wird als exogen spezifiziert und ist über einen linearen Trend approximiert.

Um die trendmäßige Entwicklung der Produktion im Prognosezeitraum abzuleiten, ist eine Vorhersage über den Zeitpfad der Produktionsfaktoren erforderlich. Dabei wird angenommen, dass sich der Nettokapitalbestand um etwa zwei Prozent per annum erhöht, dies entspricht in etwa der jährlichen Steigerungsrate während der letzten Dekade. Die Dynamik des Arbeitsvolumens folgt der Entwicklung der erwerbsfähigen Bevölkerung im Alter zwischen 20 und 65 Jahren, so dass keine weiteren Änderungen der Jahresarbeitszeiten betrachtet werden.

Insgesamt ergibt sich für die Jahre nach 2020 eine durchschnittliche Wachstumsrate von 1,4 Prozent per annum, die auf den technischen Fortschritt zurückzuführen ist. Allerdings zeigen sich in der ersten Hälfte des Prognosezeitraums relativ höhere Wachstumsraten als im Trendmodell. Insbesondere zwischen den Jahren 2020 und 2030 ist dann ein Rückgang der Zuwachsraten zu erwarten, der durch die demografische Entwicklung hervorgerufen wird.

In der Tabelle 24 sind die Wachstumsraten der Entwicklung des Bruttoinlandsprodukts für die verschiedenen Verfahren zusammengestellt. Zum Vergleich wird die Wachstumsprognose der Rürup-Kommission ausgewiesen, die im Jahr 2040 endet.

Es zeigt sich, dass die Rürup-Prognose nahezu dem Verlauf entspricht, der sich mit der Produktionsfunktion ergibt. Größere Unterschiede bestehen zwischen den strukturellen Verfahren und dem Trendmodell. Bei einem linearen Trend zeigt sich in der ersten Hälfte des Prognosezeitraums ein deutlich flacheres Wachstum. Nach 2020 sind die durchschnittlichen Wachstumsraten praktisch identisch. In absoluten Zahlen übersteigt das Bruttoinlandsprodukt der Produktionsfunktion seinen Wert im Trendmodell um 150 Mrd. Euro am Ende des Prognosezeitraums (2050). Dies sind etwa acht Prozent der heutigen Wirtschaftsleistung.

Tabelle 24: Wachstumsraten des BIP unterschiedlicher Verfahren im Vergleich*

Zeitraum	Trend	Produktionsfunktion	Rürup-Kommision
2004 – 2010	1,4	1,8	1,9
2011 – 2020	1,4	1,7	1,8
2021 – 2030	1,4	1,4	1,4
2031 – 2040	1,4	1,4	1,3
2041 – 2050	1,4	1,4	

*Quelle: *Projektgruppe Mobilität 2050.*

Basierend auf der Entwicklung der Produktion lassen sich Aggregate der Volkswirtschaftlichen Gesamtrechnung prognostizieren, die für die Verkehrsnachfrage bedeutsam sind. Dies gilt auch für die verfügbaren Einkommen, deren Anteil am Bruttoinlandsprodukt stationär ist und seit 1970 um einen Mittelwert von etwa 63 Prozent schwankt (vgl. Abbildung 61). Bleibt die Relation im Prognosezeitraum in etwa erhalten, ergibt sich aus der Prognose des Bruttoinlandsprodukts unmittelbar der Zeitpfad für die verfügbaren Einkommen.

Abbildung 61: Relation zwischen realem verfügbaren Einkommen und Bruttoinlandsprodukt – Deflation der verfügbaren Einkommen (BIP) mit Konsumentenpreisen (BIP-Deflator) in den Jahren 1970 bis 2003*

*Quelle: *Projektgruppe Mobilität 2050.*

Zur Prognose der gesamtwirtschaftlichen Entwicklung bis zum Jahr 2050 wird im Folgenden der Ansatz der Produktionsfunktion herangezogen. Sie ermöglicht die Prognose der gesamtwirtschaftlichen Entwicklung für ganz Deutschland. Die nach den Raumordnungsregionen strukturierten Szenarien benötigen jedoch eine feinere, kleinräumiger gegliederte Datenbasis. Deshalb wurde ein Verfahren zur Disaggregation der gesamtwirtschaftlichen Entwicklung konzipiert. Die dabei gewählte Vorgehensweise wird im folgenden Kapitel dargestellt.

5.2.2 Projektion der Wertschöpfung nach Raumordnungsregionen

Die Prognose der Wertschöpfung in den Raumordnungsregionen setzt insbesondere eine Einschätzung der gesamtwirtschaftlichen Produktion und der regionalen Bevölkerungsentwicklung voraus. Während die erste Determinante aus dem Ansatz der Produktionsfunktion resultiert und für alle Regionen identisch ist, wird für die zweite Erklärungsgröße die regionalisierte Bevölkerungsprognose des BBR verwendet. Die Prognose setzt die Anpassung eines entsprechenden Regressionsmodells im Stützzeitraum voraus, der aufgrund der Datenverfügbarkeit nur den Zeitraum von 1995 bis 2002 umfasst. Diese Beobachtungsperiode ist zu kurz, um

Raumordnungsregionen einzeln zu untersuchen. Stattdessen lassen sich jedoch idealisierte Regionstypen betrachten. Konkret sind dies die drei Regionscluster nach Kapitel 3.2.

Mit der Konstruktion von Regionstypen wird die Querschnittsdimension berücksichtigt, so dass die Schätzung auf einer breiteren Datengrundlage erfolgt. Gleichwohl bleibt die Beobachtungsperiode hinsichtlich der Zeitachse unverändert, so dass die Prognose der regionalen wirtschaftlichen Entwicklung mit erheblicher Unsicherheit behaftet ist. Für jeden der Regionstypen wird eine Panelregression mit festen Effekten nach der folgenden Gleichung geschätzt:

$$y_{it} = \alpha_i + \beta_1 y_t^* + \beta_2 p_{it} + \beta_2 x_{it} + u_{it}$$

Darin wird die Wertschöpfung in der Region i zum Zeitpunkt t (y_{it}) durch die gesamtwirtschaftliche Produktion y^*_t und die regionale Bevölkerung p_{it} erklärt. Darüber hinaus werden je nach Signifikanz weitere regional verfügbare Variablen (x_{it}) einbezogen, die zum Beispiel Bevölkerungsanteile bestimmter Altersklassen abbilden. Die Störgröße u_{it} ist weder heteroskedastisch noch autokorreliert. Die Variablen sind in ihren Niveaus gemessen und logarithmiert, so dass regionstypspezifische Einkommens- und Bevölkerungselastizitäten abgeleitet werden können. Die Erklärungsgrößen sind allerdings nicht unabhängig, so dass Multikollinearität die Ergebnisse verzerrt. Beispielsweise hängt die regionale Bevölkerungsprognose von der dortigen wirtschaftlichen Entwicklung ab, die wiederum mit der gesamtwirtschaftlichen Entwicklung korreliert ist. Dies bedeutet, dass die Elastizitäten in Bezug auf Produktion, regionale Bevölkerung und andere Variablen eher im Zusammenhang interpretiert werden sollten. Im Übrigen sind die Panelmodelle mit festen Effekten α_i spezifiziert. Letztere stehen für die unbeobachtete Heterogenität zwischen den Raumordnungsregionen, die in der Zeit unverändert bleibt. Durch die festen Effekte werden konstante Charakteristika der Raumordnungsregionen innerhalb der drei Regionstypen approximiert.

Die Tabellen 25–27 enthalten die Ergebnisse der Panelschätzung für die drei Regionstypen. Die Variablen werden vor der Schätzung logarithmiert, so dass die ermittelten Parameter Elastizitäten darstellen. Für jeden Regionstyp wird der mittlere feste Effekt ausgewiesen. Die Einflussgrößen zeigen die theoretisch erwarteten Vorzeichen. Danach erhöhen ein Anstieg der gesamtwirtschaftlichen Produktion sowie eine Zunahme der regionalen Bevölkerung die regionale Wertschöpfung.

Tabelle 25: Regressionsergebnisse für schrumpfende Regionen*

	Parameter	Standardfehler
Konstante	-21,329	4,035
Regionale Bevölkerung	1,146	0,206
Anteil der über 65-Jährigen	0,343	0,124
Bruttoinlandsprodukt	1,107	0,174
	$R^2 = 0,999$	SE = 0,028

*Quelle: Projektgruppe Mobilität 2050.

Tabelle 26: Regressionsergebnisse für mittlere Regionen*

	Parameter	Standardfehler
Konstante	-11,373	1,704
Regionale Bevölkerung	0,579	0,131
Anteil der über 65-Jährigen	0,459	0,064
Bruttoinlandsprodukt	0,972	0,060
	$R^2 = 0,999$	SE = 0,021

*Quelle: Projektgruppe Mobilität 2050.

Tabelle 27: Regressionsergebnisse für wachsende Regionen*

	Parameter	Standardfehler
Konstante	-26,919	1,784
Regionale Bevölkerung	1,250	0,193
Bruttoinlandsprodukt	1,371	0,073
	$R^2 = 0,999$	SE = 0,022

*Quelle: Projektgruppe Mobilität 2050.

Bei einer zurückgehenden Bevölkerungszahl wird die Wirtschaftsleistung in den Regionen gehemmt. Der tendenziell steigende Anteil der älteren Personen an der Bevölkerung wirkt im Prognosezeitraum als Korrektiv und hat eine stützende Wirkung auf das Wachstum in den schrumpfenden und heterogenen Regionen. In den wachsenden Regionen ist diese Variable insignifikant. Der Einfluss der gesamtwirtschaftlichen Produktion ist in den wachsenden Regionen am stärksten ausgeprägt. Die Effekte werden durch die negativen Absolutglieder kompensiert, die feste Abschläge von der gesamtdeutschen Wachstumsrate bezeichnen.

Die Regressionen haben generell einen hohen Erklärungsgehalt, der vor allem bei den schrumpfenden Regionen wesentlich auf die Einbeziehung der festen Effekte zurückzuführen ist. Die im mittleren Cluster zusammengefassten Regionen sind deutlich heterogen.

Nach Vorgabe der gesamtwirtschaftlichen Produktions- und der regionalen Bevölkerungsentwicklung kann die Wertschöpfung für die Regionen im Prognosezeitraum von 2003 bis 2050 ermittelt werden. Aufgrund der festen Effekte ist eine Prognose dabei nicht nur für die einzelnen Regionstypen, sondern auch für die Raumordnungsregionen innerhalb der Typenklassifikation möglich. Die Prognose erfolgt für den Zeitraum von 2003 bis 2050 unter Beachtung der Restriktion, dass sich die Summe der Wertschöpfungen über alle Regionen zur gesamtdeutschen Produktion addieren muss. In Tabelle 28 sind die mittleren Wachstumsraten der Regionstypen für die einzelnen Zeiträume ausgewiesen. Die Wachstumsraten für einzelne Jahre sind in Anhang 3 zusammengestellt.

Im Einklang mit der Entwicklung der gesamtdeutschen Produktion ist ein Abflachen des regionalen Wachstums im Prognosezeitraum zu erwarten (vgl. Anlage 2 für die geographische Darstellung).

Tabelle 28: Mittlere Wachstumsraten für einzelne Zeiträume, in Prozent*

Zeitraum	Regionstyp		
	Schrumpfend	Mittel	Wachsend
2003 bis 2010	1,34	1,81	1,69
2011 bis 2030	0,93	1,41	1,77
2030 bis 2050	0,55	1,32	1,49
2003 bis 2050	0,73	1,36	1,63

*Quelle: Projektgruppe Mobilität 2050.

Die Wachstumsraten gehen in jedem der drei Regionstypen zurück. Allerdings sind die zu erwartenden Wachstumseinbußen in der Gruppe der schrumpfenden Regionen am stärksten ausgeprägt. So wird zwischen 2030 und 2050 nur noch ein mittleres Wachstum von etwa 0,6 Prozent per annum realisiert. Damit dürfte die zu erwartende Wachstumsrate in der ersten Phase des Prognosezeitraums (2003-2010) mehr als halbiert werden. Sofern die Relation zwischen Produktion und Einkommen bis 2050 im Wesentlichen erhalten bleibt, zeigt Tabelle 28 zugleich die mittleren Wachstumsraten der verfügbaren Einkommen, die für die Verkehrsprognose bedeutsam sind.

Die Preise des Verkehrs sind aufgrund der Datenstruktur – im Gegensatz zum Haushaltseinkommen – kein unmittelbarer Bestandteil des parametrisierten Verkehrsmodells. Auf der anderen Seite wird der Entwicklung von Preisen und Einkommen – und dies unterstreicht der durchgeführte Expertenworkshop – eine große Bedeutung für die zukünftige Entwicklung des Verkehrssektors beigemessen.

Da vieles für ein relativ stabiles Verkehrsbudget der privaten Haushalte spricht, wird im Modell umgesetzt, dass es einen unmittelbaren Zusammenhang zwischen den Einkommensklassen und dem für Verkehrszwecke verfügbaren Einkommen gibt.

Weicht die Entwicklung der Preise des Verkehrs – wie in den Szenarien in unterschiedlichem Maße zugrunde gelegt – von der allgemeinen Inflationsrate ab, so verändert sich bei konstantem Verkehrsbudget die von den Haushalten für Verkehrszwecke erwerbbare Gütermenge. In der Folge muss man davon ausgehen, dass sich auch das Verkehrsverhalten entsprechend anpasst, was im Modellansatz der Gesamtrechnung durch eine veränderte Skalierung der Einkommensklassen abgebildet werden wird. Es wird unterstellt, dass ein Haushalt, der beispielsweise (real) eine zehnprozentige Verteuerung der Verkehrspreise verkraften muss, sich wie ein vergleichbarer Haushalt mit einem um zehn Prozent niedrigeren Haushaltseinkommen verhalten wird.

5.3 Führerscheinbesitz

Die erläuterten verschiedenen Regressionsgleichungen für die Abbildung des Verkehrsverhaltens beinhalten bis auf eine Ausnahme (vgl. Abbildung 55) alle den Führerscheinbesitz als eine erklärende Variable. Der Pkw-Führerscheinbesitz wurde auf der Grundlage der vorangegangenen Auswertungen funktional nachgebildet. Diese funktionale Nachbildung erfolgte unterschieden nach männlichen und weiblichen Personen sowie nach Urbanitätsklassen in Abhängigkeit von der Wohnlage des Haushalts der betreffenden Personen.

Das Mindestalter für den Führerscheinbesitz liegt bei 18 Jahren. Weiterhin wird davon ausgegangen, dass eine Person, die einmal einen Führerschein erworben hat, diesen nicht mehr abgibt bzw. abgeben muss. Über die Modellierung von Kohorteneffekten lässt sich der Führerscheinbesitz für die Personen jeder Altersgruppe in zukünftige Jahre übertragen. Abbildung 62 zeigt (beispielhaft, ohne Unterscheidung nach Urbanität) den Führerscheinbesitz in Abhängigkeit vom Alter für das Jahr 2002, wie er in MID erhoben wurde, einen funktional nachgebildeten Führerscheinbesitz für das Jahr 2002 (F_FSB) und in 10-Jahres-Schritten bis 2050.

Abbildung 62

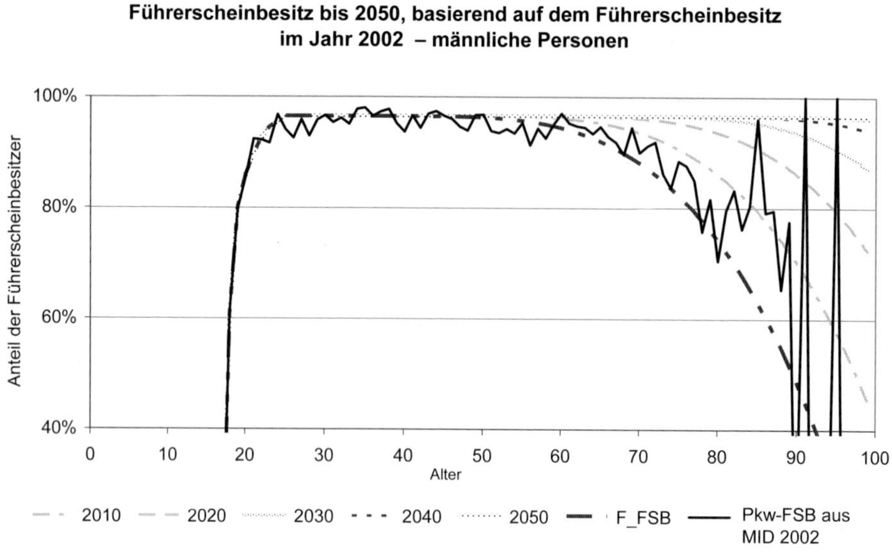

Führerscheinbesitz bis 2050, basierend auf dem Führerscheinbesitz im Jahr 2002 – männliche Personen

Anteil der Führerscheinbesitzer

Alter

2010 — 2020 — 2030 — 2040 — 2050 — F_FSB — Pkw-FSB aus MID 2002

Quelle: Projektgruppe Mobilität 2050.

5.4 Gefühltes Alter

Wie vorangegangene Auswertungen zeigen, wird das Verkehrsverhalten unter anderem vom Alter maßgebend determiniert. Ergeben sich Verschiebungen in der Altersstruktur der Bevölkerung, so werden die resultierenden Veränderungen im Verkehrsverhalten durch die Modellstruktur (Regressionsgleichungen) bereits abgebildet. Darüber hinaus wird jedoch zunehmend argumentiert, dass zukünftig bei älteren Menschen unter sonst gleichen Rahmenbedingungen (Alter, Einkommen, Führerscheinbesitz usw.) auch Verhaltensänderungen in Folge einer Veränderung des Lebensstils wahrscheinlich sind. Dies könnte der Fall sein, wenn ältere Menschen rüstiger und gesünder sind und sich deshalb anders verhalten.

Um diese unterstellte Zunahme der Altersmobilität im Modell qualifiziert schätzen zu können, wird folgender Modellansatz verwendet: Es wird angenommen, dass das mittlere Verkehrsverhalten älterer Personen stark von der Lebenserwartung und im Kontext mit dem aktuellen Lebensalter von der wahrscheinlichen Restlebenserwartung geprägt wird. Wie bereits erläutert, wird die fernere Lebenserwartung der 60-Jährigen (StBA 2003) bis zum Jahr 2050 um etwa 4,5 Jahre wachsen (Abbildung 63). Die fernere Lebenserwartung bezieht sich dabei auf ein aktuelles Alter von 60 Jahren und gibt die wahrscheinlich im Mittel noch zu lebenden Jahre an.

Abbildung 63: Fernere Lebenserwartung im Alter von 60 Jahren bis 2050*

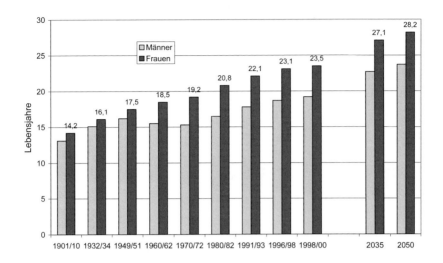

Bis 1932/34: Deutsches Reich, 1949/51: alte Bundesländer; ab 1991/93: Deutschland 2035 und 2050: Annahmen der 10. koordinierten Bevölkerungsvorausschätzung (mittlere Annahme)

*Quelle: www.Sozialpolitik-aktuell.de.

Die Abbildung 64 zeigt die Lebenserwartung für unterschiedliche Altersgruppen im Jahr 2000. Der Verlauf der Lebenserwartung verschiedener Altersgruppen für zukünftige Jahre wurde getrennt für männliche und weibliche Personen aus der Bevölkerungsvorausschätzung (Sterbetafeln zur mittleren Variante 5) des Statistischen Bundesamtes übernommen (StBA 2003). Damit lässt sich für den im Projekt betrachteten Zeitraum die Lebenserwartung für jede Altersgruppe bestimmen. So betrug im Jahr 2000 die Lebenserwartung einer 70-jährigen Frau z.B. 85,5 Jahre. Im Jahr 2050 wird die Lebenserwartung einer 70-jährigen Frau voraussichtlich auf 89,3 Jahre gestiegen sein. Allerdings schwächt sich dieser Effekt in den höheren Altersklassen in den Sterbetafeln deutlich ab. So steigt die Lebenserwartung einer 95-jährigen Frau bis zum Jahr 2050 nur noch um 1,2 Jahre auf 99,0 Jahre gegenüber einem Vergleichswert von 97,8 Jahren im Jahr 2000.

Wird nun angenommen, dass das Verkehrsverhalten der älteren Personen in Zusammenhang mit der Lebenserwartung in einem bestimmten Lebensalter steht, so kann als beschreibende Größe ein „gefühltes Alter" definiert werden. Die 70-jährige Frau würde sich danach im Jahr 2050 z.B. wie eine heute etwa 66-jährige Frau verhalten. Setzt man in den Modellrechnungen bei den älteren Personen als Altersvariable nicht mehr das reale Alter, sondern das gefühlte Alter ein, können auf diesem Weg die entsprechenden Verhaltensänderungen quantifiziert werden.

Abbildung 64

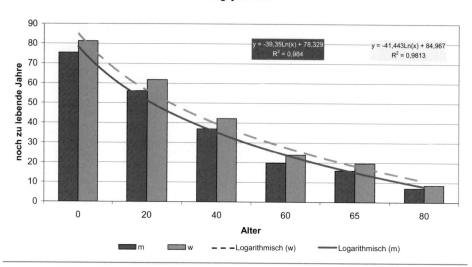

Quelle: StBA 2003.

6. Quantitative Ergebnisse

6.1 Eckwerte für Deutschland

6.1.1 Entwicklung der Pkw-Motorisierung

Als einer der wesentlichsten Eingangsparameter für die Berechnung aller übrigen Mobilitätskennziffern im Rahmen des hier verwendeten Modellansatzes soll zunächst die Pkw-Motorisierung betrachtet werden. Wie bereits erwähnt, erfolgte die Darstellung der Pkw-Motorisierung im Rahmen der vorliegenden Studie immer im Haushaltskontext und (in Anlehnung an die MID-Daten) mit dem Fokus auf die den privaten Haushalten zur Verfügung stehenden Pkw. Der erste Aspekt hat zur Folge, dass altersspezifische Motorisierungskennziffern geringer als bei einer ausschließlich auf Erwachsene bezogenen Betrachtung ausfallen, da den in motorisierten Haushalten lebenden Kindern und Jugendlichen der auf sie entfallende Anteil zugerechnet wird und damit die Pro-Kopf-Motorisierung der in diesen Haushalten lebenden Erwachsenen sinkt. Der zweite Aspekt verursacht eine Unschärfe hinsichtlich der sachlichen Abgrenzung zwischen privaten und gewerblichen Pkw. Da die Pkw-Motorisierung eines Haushalts im hier verwendeten Modellansatz primär als Variable zur Beschreibung des Verkehrsverhaltens einer Person im jeweiligen Haushaltskontext dienen sollte, erfolgte im Modell keine Unterscheidung der den Haushalten zur Verfügung stehenden Pkw nach gewerblichen und privaten Haltern. Stattdessen wurden die Modellparameter direkt auf der Basis aller in MID erfassten Pkw ermittelt und kalibriert, wodurch in den Ergebnissen folglich zum einen die privaten Pkw, zum anderen aber auch ein Teil der gewerblichen Pkw enthalten ist. Zum Vergleich: Aus der Modellrechnung ergab sich für das Analysejahr 2002 bei 621 Pkw je 1 000 Erwachsenen und 67,3 Mio. Erwachsenen ein Pkw-Bestand von rund 41,8 Mio. Pkw. Im Statistischen Jahrbuch werden für Ende des Jahres 2002 insgesamt 44,7 Mio. Pkw und davon 39,9 Mio. Pkw mit privaten Haltern ausgewiesen (StJB 2004b: 464).

In Abbildung 65 ist die Entwicklung der Motorisierungskennziffer in Pkw je Erwachsenem für die verschiedenen Szenarien und Zeithorizonte bis 2050 dargestellt. Hierbei zeigt sich für das Status-quo-Szenario, dass die Motorisierungskennziffer über den gesamten Betrachtungszeitraum im Mittel aller Altersklassen relativ konstant bleibt, wobei sich gegenüber dem Ausgangsjahr sogar ein leichter Rückgang um rund ein Prozent auf 0,614 Pkw je Erwachsenem einstellt. Dies resultiert aus zwei gegenläufigen Tendenzen: Die Motorisierungskennziffer der Senioren ab 65 Jahre steigt aufgrund des unterstellten Kohorteneffektes beim Führerscheinbesitz von 0,403 Pkw je Einwohner im Jahr 2002 auf 0,481 Pkw je Einwohner – und damit um etwa 19 Prozent – im Jahr 2050. Verbunden mit der quantitativen Zunahme der Bevölkerungsgruppe selber führt dies zu einer Zunahme des Pkw-Bestandes in dieser Altersgruppe um rund 4,9 Mio. bzw. 84 Prozent. Allerdings lässt sich zeigen, dass die Motorisierung der Senioren auch bei vorhandenem Führerschein geringer als in den mittleren Jahrgängen ist. Für die Altersklasse von 26 bis unter 65 Jahren wird im Status-quo-Szenario eine Motorisierungskennziffer von 0,574 für das Jahr 2002 und von 0,590 für das Jahr 2050 ausgewiesen. Da diese Altersklasse im Betrachtungszeitraum quantitativ stark abnimmt, reduziert sich auch der Pkw-Bestand der Gruppe. Die absolute Reduktion aller Altersklassen unter 65 Jahren ist mit einem Minus von rund 6,0 Mio. Pkw größer als die Zunahme bei den Senioren. Gleichzeitig reduziert sich die Gruppe der Erwachsenen insgesamt nur von 67,3 Mio. auf 66,3 Mio. Personen, was zu einem leichten Rückgang der Motorisierungskennziffer entsprechend Abbildung 65 führt.

Mit anderen Worten: Die große Gruppe der im Betrachtungszeitraum ins Rentenalter wechselnden Personen hat zwar in den späteren Lebensjahren eine höhere Motorisierung als frühere Jahrgänge, aber dennoch eine geringere Motorisierung als im Erwerbstätigenalter. Der Koborteneffekt aus der Fortschreibung des Führerscheinbesitzes führt im Status-quo-Szenario allein nicht zu einer Zunahme der Pkw-Motorisierung bezogen auf alle Erwachsenen, sondern lediglich zu einer mehr oder weniger deutlichen Stabilisierung des Pkw-Bestandes insgesamt.

Abbildung 65: Motorisierung in Deutschland bis 2050*

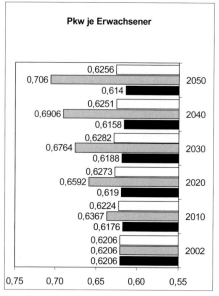
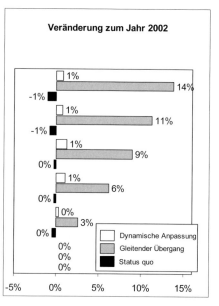

*Quelle: Projektgruppe Mobilität 2050.

Im Vergleich dazu führen im Szenario „Dynamische Anpassung" leichte Zugewinne des Verkehrs im Zuge des allgemeinen Anstiegs des Wohlstandes, die durch die unterstellte stärkere Konzentration der Bevölkerung auf urbanere Wohngebiete nicht vollständig kompensiert werden, bis zum Jahr 2050 zu einer geringen Zunahme um rund ein Prozent auf 0,626 Pkw je Einwohner. Erst im Szenario „Gleitender Übergang" führt der im Vergleich zum Szenario „Dynamische Anpassung" geringere Preisanstieg im Verkehrssektor zusammen mit der Steigerung des Bruttoinlandsproduktes und der gegenüber dem Szenario „Dynamische Anpassung" geringeren Konzentration auf urbanere Wohnstandorte zu einem Anstieg der Motorisierungskennziffer um 14 Prozent auf 0,706 Pkw je Einwohner bis zum Jahr 2050.

Die Entwicklung des Pkw-Bestandes bis zum Jahr 2050 verläuft daran gekoppelt in ähnlichen Größenordnungen, wie Abbildung 66 zeigt. Auch hier sind zwischen dem Status-quo-Szenario und dem Szenario „Dynamische Anpassung" nur geringe Differenzen vorhanden. Verbunden mit der bis 2020 noch steigenden Zahl der Erwachsenen führt die relativ konstante Motorisierungskennziffer zu einem steigenden Pkw-Bestand bis 2020 und anschließend – in der Kopplung von Bevölkerungsrückgang und Motorisierungskennziffer – zu einem Rückgang des Pkw-Bestandes um ein bzw. drei Prozent bis zum Jahr 2050 gegenüber dem Basisjahr 2002.

Abbildung 66

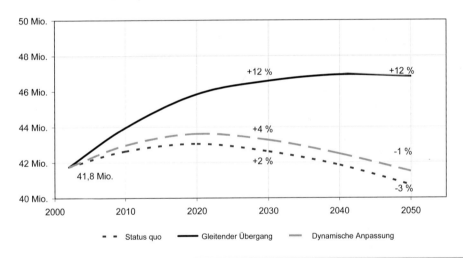

Quelle: *Projektgruppe Mobilität 2050.*

Im Szenario „Gleitender Übergang" nimmt der Pkw-Bestand in der Kopplung von wachsender Bevölkerungszahl (ab 18 Jahre) und höherer Motorisierungskennziffer etwa bis zum Jahr 2030 noch einmal deutlich um etwa zwölf Prozent zu. Anschließend führt die rückläufige Bevölkerungszahl trotz steigender Motorisierungsquote zu einem Abflachen und – in der letzten Dekade – zu einem leichten Rückgang des Pkw-Bestandes in absoluten Zahlen. Damit weist der Pkw-Bestand auch im Jahr 2050 gegenüber dem Jahr 2002 eine Steigerung von rund zwölf Prozent auf.

6.1.2 Spezifisches Verkehrsaufkommen und Wegelänge

Weitere zentrale Eckwerte für die Beschreibung des Verkehrsverhaltens sind das mittlere spezifische Verkehrsaufkommen (Wege pro Person und Tag) sowie die mittlere Reiseweite pro Weg über alle Verkehrsmittel und alle Personengruppen. Tendenziell wirken auf der aggregierten Ebene die gleichen Mechanismen wie bei der Motorisierungskennziffer, wenngleich das spezifische Verkehrsaufkommen erwartungsgemäß quantitativ sehr viel weniger reagiert.

Gekoppelt an den Kohorteneffekt aus dem Führerscheinbesitz steigt das spezifische Verkehrsaufkommen im Status-quo-Szenario in der Gruppe der Senioren (ab 65 Jahre) bis zum Jahr 2050 um etwa 0,1 Wege pro Tag bzw. rund vier Prozent gegenüber dem Basisjahr 2002. Allerdings gilt auch in diesem Kontext: Die große Gruppe der im Betrachtungszeitraum ins Rentenalter wechselnden Personen hat in späteren Lebensjahren eine etwas höhere Mobilität (Wegeanzahl pro Person und Tag) als frühere Jahrgänge, allerdings auch eine deutlich geringere Mobilität als die gleiche Gruppe im Erwerbstätigenalter. Die Erhöhung des Altenanteils führt deshalb im Status-quo-Szenario insgesamt zu einer geringen Abnahme des spezifischen Verkehrsaufkommens über alle Personen von 3,32 auf 3,28 Wege pro Person und Tag bzw. um rund ein Prozent bis zum Jahr 2050. Im Szenario „Dynamische Anpassung" führen wiederum leichte Wohlstandsgewinne zu einem Ausgleich, so dass sich das spezifische Verkehrsaufkommen über alle Personen gegenüber dem Basisjahr 2002 praktisch nicht verändert (Abbildung 67).

Im Szenario „Gleitender Übergang" wirkt vorrangig wiederum der Wohlstandseffekt (Realeinkommen und Preise) in der Verbindung mit der steigenden Motorisierung. Das bei Personen mit höherer Pkw-Verfügbarkeit und höherem Einkommen tendenziell steigende spezifische Verkehrsaufkommen führt in allen Altersschichten – bei den Senioren verstärkt durch Kohorteneffekte – zu einem leichten Anstieg der Mobilität auf 3,42 Wege pro Person und Tag und damit um rund drei Prozent gegenüber dem Analysejahr 2002.

Die Abbildung 68 zeigt die Entwicklung der mittleren Reiseweite eines Weges über alle Verkehrsmittel. Während die gleichen Zusammenhänge (steigender altersspezifischer Wert in der Gruppe der Senioren bei gleichzeitig sinkendem Anteil der mittleren Jahrgänge mit noch höheren mittleren Reiseweiten) im Status-quo-Szenario und im Szenario „Dynamische Anpassung" wiederum zu einer weitgehenden Stabilität führen, lässt im Szenario „Gleitender Übergang" die steigende Pkw-Verfügbarkeit aller Altersklassen die mittlere Reiseweite bis 2050 kräftig um rund 13 Prozent gegenüber dem Basisjahr ansteigen.

Abbildung 67

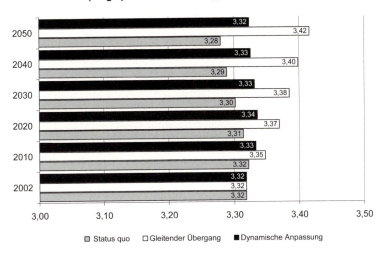

Quelle: *Projektgruppe Mobilität 2050.*

Abbildung 68

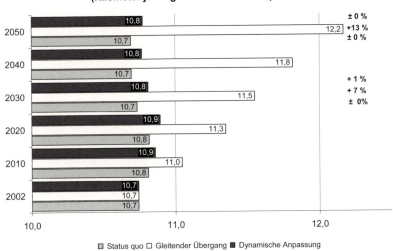

Quelle: *Projektgruppe Mobilität 2050.*

Das leichte Schwingen der Kennziffern zum spezifischen Verkehrsaufkommen und zur mittleren Reiseweite in Abbildung 67 und Abbildung 68 im Status-quo-Szenario und im Szenario „Dynamische Anpassung" resultiert daraus, dass bis 2020 der Anteil der mittleren Jahrgänge an der Gesamtbevölkerung (mit einer überdurchschnittlichen Mobilität) relativ konstant bleibt, während die unteren Jahrgänge mit geringerem spezifischem Verkehrsaufkommen anteilig absinken. Dieses Absinken wird jedoch durch Zuwächse in der Gruppe der Senioren mit ebenfalls geringerem spezifischem Verkehrsaufkommen aufgrund der Kohorteneffekte des Führerscheinbesitzes überkompensiert. Erst ab der Mitte des Betrachtungszeitraumes sinken der Anteil der mittleren Jahrgänge und damit auch das spezifische Verkehrsaufkommen über die Gesamtbevölkerung ab. Im Szenario „Gleitender Übergang" wird dieser Effekt durch den deutlich stärkeren Einfluss des wachsenden Bruttoinlandsproduktes bei schwächerer Preissteigerung für Verkehrsgüter als im Szenario „Dynamische Anpassung" überdeckt.

6.1.3 Modal Split

Wird wie im Status-quo-Szenario eine weitgehende Konstanz der Bevölkerungsverteilung über die Ortsgrößen- und Urbanitätsklassen und auch ein stabiles Verhältnis von Preisen und Einkommen unterstellt, so resultieren eintretende Veränderungen des Modal Splits ausschließlich aus den zwischen den Altersklassen differierenden Verhaltensunterschieden und den Kohorteneffekten aus dem Führerscheinbesitz. Steigender Führerscheinbesitz und wachsende Pkw-Verfügbarkeit führen im Status-quo-Szenario zu einem Anstieg des MIV-Anteils an allen Wegen bis 2050 um rund zwei Prozent gegenüber dem Basisjahr 2002 (Abbildung 69). Während alle übrigen Altersklassen weitgehend stabil bleiben, steigt der MIV-Anteil in der Modellrechnung bei den Senioren bereits im Status-quo-Szenario kräftig um annähernd zehn Prozent bis zum Jahr 2050. Er liegt jedoch mit rund 52 Prozent auch im Jahr 2050 deutlich unter dem altersspezifischen MIV-Anteil von rund 66 Prozent in der mittleren Altersklasse (25 bis unter 65 Jahre).

Der Anteil des Fußgängerverkehrs bleibt dabei weitgehend konstant, da die Bevölkerungsrückgänge in der Gruppe der Kinder und Jugendlichen (mit einem hohen Fußwegeanteil) durch die überproportionale Bevölkerungszunahme in der Gruppe der Senioren (mit einem auch unter Beachtung der steigenden Pkw-Verfügbarkeit ebenfalls hohen Fußwegeanteil) ausgeglichen werden. Dies gilt in abgeschwächter Form auch für den Radverkehr, dessen Anteil im Status-quo-Szenario um 0,5 Prozent sinkt. Verlierer ist dabei der öffentliche Verkehr: In den unteren Altersklassen sinken die Aufkommen weitgehend proportional zum Bevölkerungsrückgang. In der Gruppe der Senioren reduziert sich in absoluten Werten auch bei steigenden Bevölkerungszahlen das Aufkommen des öffentlichen Verkehrs. Der Rückgang beläuft sich in der Modellrechnung bis 2050 auf über zehn Prozent gegenüber dem Basisjahr 2002. In der Folge sinkt der Anteil des öffentlichen Verkehrs insgesamt um rund 1,2 Prozent. Im Szenario „Gleitender

Übergang" führt die steigende Pkw-Motorisierung gegenüber dem Analysefall in allen Altersklassen zu einem höheren MIV-Anteil und damit zu Rückgängen in den übrigen Verkehrsarten.

Abbildung 69

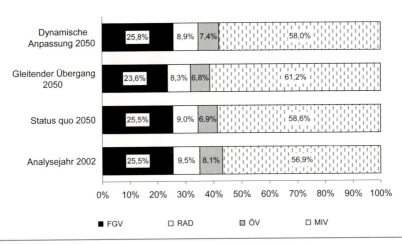

Quelle: *Projektgruppe Mobilität 2050.*

Das Szenario „Dynamische Anpassung" führt zu einer ähnlichen Entwicklung der Pkw-Motorisierung wie das Status-quo-Szenario. Daraus resultiert in Hinsicht auf den Modal Split eine schwächere Zunahme des Pkw-Anteils gegenüber dem Szenario „Gleitender Übergang". Durch die Verschiebung von Bevölkerungsanteilen in Richtung der höher urbanen Wohngebiete kann der Fußgängerverkehr (im Kontext der Altersentwicklung) gegenüber dem Analysejahr geringe Prozentanteile gewinnen. Der Radverkehr liegt mit 8,9 Prozent etwa auf dem Niveau des Status-quo-Szenarios. Zugewinne aus der Siedlungsentwicklung verzeichnet mit einem Plus von 0,5 Prozent gegenüber dem Status-quo-Szenario der öffentliche Verkehr. Unter anderem die starke Altersklasse der Senioren (ab 65 Jahre) kann hier zusätzliche ÖV-Anteile gewinnen. Der Anteil des Pkw-Verkehrs ist gegenüber den anderen Szenarien bis zum Jahr 2050 etwas schwächer und sinkt auf rund 58 Prozent.

6.1.4 Entwicklung des Verkehrsaufkommens

Ausgehend von den bisherigen Ergebnissen ergeben sich die Entwicklungen der Verkehrsaufkommen und der Verkehrsleistungen für die einzelnen Verkehrsarten. Abbildung 70 zeigt das Aufkommen der privaten Haushalte im MIV (ohne Wirtschaftsverkehr) in Wegen pro Tag für Gesamtdeutschland bis zum Jahr 2050. Ein im Betrachtungszeitraum annähernd stabiles spezifisches Verkehrsaufkommen pro Person führt in den Szenarien „Status quo" und „Dynamische Anpassung" zusammen mit dem höheren MIV-Anteil an allen Wegen und den nur leicht sinkenden Bevölkerungsmengen bis zum Jahr 2020 zunächst zu einer Zunahme der MIV-Wege um etwa zwei Prozent. Ab 2030 ergibt sich aus dem Übergang größerer Bevölkerungsanteile in die Gruppe der Senioren zusammen mit den insgesamt stärker zurückgehenden Bevölkerungszahlen ein Sinken der Personenverkehrsaufkommen im MIV. Beim Zeithorizont bis 2050 geht das Aufkommen in diesen beiden Szenarien damit gegenüber dem im Analysejahr 2002 um rund vier bzw. fünf Prozent zurück.

Diese Entwicklung tritt tendenziell auch im Szenario „Gleitender Übergang" ein. Sie wird hier jedoch gebremst durch den stärker wachsenden Anteil der MIV-Wege am Gesamtverkehrsaufkommen und das im Kontext der steigenden Pkw-Verfügbarkeit insgesamt wachsende spezifische Verkehrsaufkommen (Wege pro Person und Tag). Wenngleich damit ab 2020 zunächst eine Stabilisierung und ab 2030 auch ein Rückgang zu verzeichnen sind, liegt das Verkehrsaufkommen des MIV im Jahr 2050 mit rund 162 Mio. Wegen etwa vier Prozent über dem im Basisjahr 2002.

Abbildung 70: MIV-Wege pro Tag in Deutschland bis 2050*

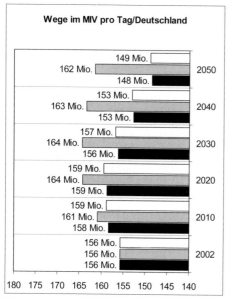
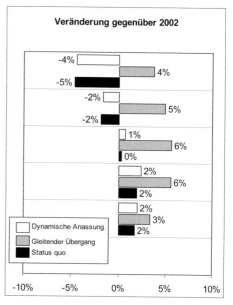

*Quelle: Projektgruppe Mobilität 2050.

Eine weitgehend gleichmäßige Entwicklung zeigt sich auf der makroskopischen Betrachtungsebene für die Verkehrsaufkommen im öffentlichen und im nicht motorisierten Verkehr. Während die prognostizierten Bevölkerungsrückgänge im MIV durch gegenläufige Entwicklungen bei der Pkw-Motorisierung teilweise kompensiert werden, gibt es für den ÖV und den NMV kein gleichwertiges Korrektiv. Stattdessen sinken die Verkehrsaufkommen in allen Szenarien deutlich gegenüber dem Analysefall 2002.

Für den öffentlichen Verkehr bedeutet dies im Status-quo-Szenario bis zum Jahr 2050 einen Rückgang um rund 22 Prozent (Abbildung 71). Im Szenario „Gleitender Übergang" wirkt das steigende spezifische Verkehrsaufkommen (Wohlstandseffekt) bei annähernd konstantem Anteil am Modal Split dämpfend. Bis 2050 ergibt sich daraus ein Rückgang des Aufkommens um etwa 19 Prozent. Deutlichere Effekte treten im Szenario „Dynamische Anpassung" auf: Bei geringerem spezifischem Verkehrsaufkommen gewinnt der öffentliche Verkehr in absoluten Zahlen dennoch Wege hinzu. Ursachen sind die Konzentration der Bevölkerung auf urbanere Wohnstandorte sowie die geringere Pkw-Verfügbarkeit, die in allen Altersklassen zu einer Zunahme der ÖV-Wege gegenüber dem Szenario „Gleitender Übergang" führt. Die verbleibenden Kohorteneffekte aus der Fortschreibung des Führerscheinbesitzes führen in Verbindung mit der sinkenden Zahl der Kinder und Jugendlichen dennoch zu einem im Verhältnis zum Bevölkerungsrückgang (sieben Prozent) überproportionalen Rückgang der ÖV-Wege um 15 Prozent gegenüber dem Jahr 2002.

Abbildung 71: ÖV-Wege pro Tag in Deutschland bis 2050*

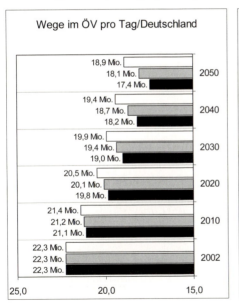
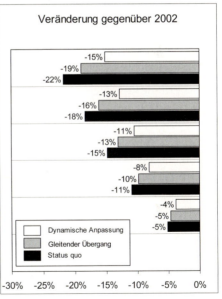

*Quelle: Projektgruppe Mobilität 2050.

Die Entwicklung des Aufkommens im NMV folgt in den Szenarien „Status quo" und „Dynamische Anpassung" aus den in Kapitel 6.1.3 genannten Gründen weitgehend der Bevölkerungsentwicklung. Im Szenario „Gleitender Übergang" werden Anteile an den MIV abgegeben, was einen Rückgang der Wegezahl um rund zwölf Prozent gegenüber dem Basisjahr zur Folge hat (Abbildung 72).

Abbildung 72: Wege pro Tag im NMV in Deutschland*

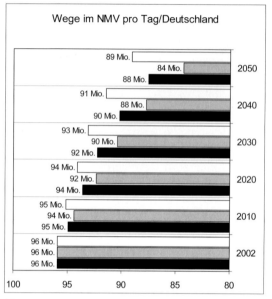
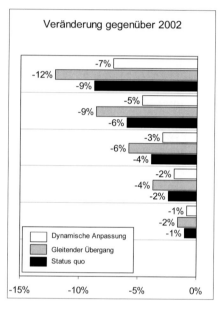

*Quelle: Projektgruppe Mobilität 2050.

6.1.5 Entwicklung der Verkehrsleistung

Für die Szenarien „Status quo" und „Dynamische Anpassung" spiegelt sich der Verlauf des Verkehrsaufkommens nach Abbildung 73 direkt in der Entwicklung der Verkehrsleistungen im MIV wider. Bei weitgehend stabilen mittleren Reiseweiten (bzw. leichten Rückgängen) im MIV sinken die Verkehrsleistungen um etwa einen Prozentpunkt stärker als die Aufkommen und somit nach einer „demografischen Stagnation" in den ersten beiden Dekaden bis zum Jahr 2050 um sechs bzw. fünf Prozent gegenüber dem Basisjahr 2002.

Im Szenario „Gleitender Übergang" ergaben die Modellrechnungen dagegen bis 2050 einen Anstieg der mittleren Reiseweite im MIV um rund 1,5 km pro Weg bzw. um zehn Prozent gegenüber dem Basisjahr 2002, was sich vor allem aus Wohlstandseffekten (Realeinkommenszuwachs in Verbindung mit Annahmen zur Preisentwicklung führt – z.B. im Freizeitverkehr – zu einem größeren Anteil längerer Wege) erklärt. Bis zum Jahr 2030 resultiert daraus zunächst ein relativ deutlicher Anstieg der Verkehrsleistung um elf Prozent (bei sechs Prozent mehr Aufkommen). In den letzten beiden Dekaden flacht die Entwicklung wegen des insgesamt rückläufigen Wegeaufkommens mit einer nochmaligen Zunahme von drei auf insgesamt 14 Prozent (bei vier Prozent mehr Aufkommen) gegenüber dem Basisjahr 2002 jedoch deutlich ab.

Abbildung 73

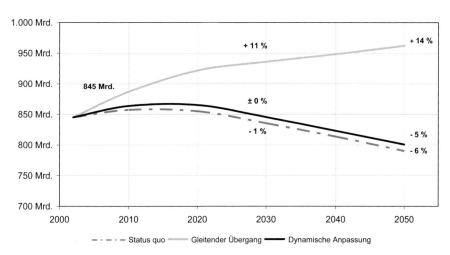

Quelle: *Projektgruppe Mobilität 2050.*

Für den Fußgänger- und Radverkehr (Abbildung 74) sinken die Verkehrsleistungen in allen drei Szenarien bis 2050 um rund sieben bis acht Prozent. Im Status-quo-Szenario und im Szenario „Dynamische Anpassung" folgt dies wiederum bei unveränderten mittleren Weglängen dem Aufkommen bzw. der Bevölkerungsentwicklung. Der etwas stärkere Rückgang des Aufkommens im Szenario „Gleitender Übergang" wird (wie beim MIV) durch eine Zunahme der mittleren Reiseweiten des Radverkehrs (Zunahme um 0,4 km pro Weg bzw. um rund elf Prozent) aufgewogen.

Für den öffentlichen Verkehr ergeben sich im Vergleich der Szenarien verschiedene Wechselwirkungen hinsichtlich der mittleren Reiseweiten, der Altersstruktur der Bevölkerung und den Szenarioannahmen. Eine Darstellung der Ergebnisse aus den Modellrechnungen zeigt Abbildung 75.

Abbildung 74

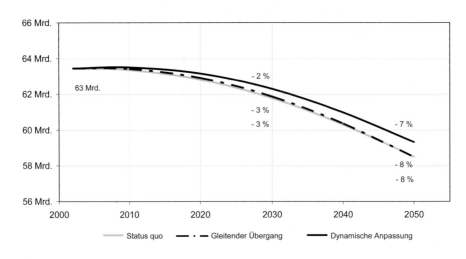

Quelle: Projektgruppe Mobilität 2050.

Abbildung 75

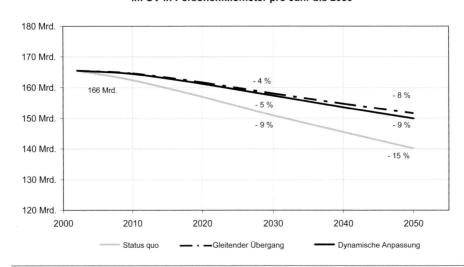

Quelle: Projektgruppe Mobilität 2050.

Für das Status-quo-Szenario fällt zunächst auf, dass die Verkehrsleistung bis 2050 gegenüber dem in Abbildung 71 gezeigten Rückgang des Wegeaufkommens von 22 Prozent nur um 15 Prozent abfällt. Dieser Effekt resultiert aus dem prozentualen Rückgang der Kinder und Jugendlichen mit kürzeren ÖV-Wegen gegenüber dem steigenden Anteil an Erwachsenen mit längeren ÖV-Wegen. Aus dieser Verschiebung folgt ein Anstieg der mittleren Reiseweite im ÖV um rund acht Prozent gegenüber dem Ausgangsjahr 2002.

Im Szenario „Gleitender Übergang" wird diese altersbedingte Steigerung der mittleren Reiseweite im ÖV durch wohlstandsabhängige Effekte weiter verstärkt. In der Summe aller Einflüsse ergibt sich eine Zunahme der mittleren Weglänge im ÖV um insgesamt rund 13 Prozent bis zum Jahr 2050. Aus einer Reduktion der Aufkommen um 19 Prozent nach Abbildung 71 resultiert für das Szenario des „Gleitenden Übergangs" ein Rückgang der Verkehrsleistung um rund acht Prozent.

Die Abbildung 76 zeigt für das Jahr 2050 die wesentlichen Kennziffern des Szenarios „Gleitender Übergang" im Überblick und im Vergleich mit denen des Szenarios „Dynamische Anpassung". Das Szenario „Dynamische Anpassung" führt einerseits aufgrund des stärkeren Preisanstiegs im Verkehrssektor und andererseits wegen der Verschiebung von Bevölkerungsanteilen in urbanere Wohngebiete zu einer gegenüber dem Szenario „Gleitender Übergang" um sechs Prozent geringeren mittleren Weglänge im ÖV. Parallel erfolgt aus den gleichen Gründen eine Zunahme des Wegeaufkommens um etwa fünf Prozent. In der Summe aller Faktoren ergibt sich mit rund 150 Mrd. Pkm pro Jahr und einem Rückgang um neun Prozent gegenüber dem Basisjahr für die Verkehrsleistung annähernd der gleiche Wert wie im Szenario „Gleitender Übergang".

Abbildung 76: Eckwerte zum ÖV im Szenarienvergleich*

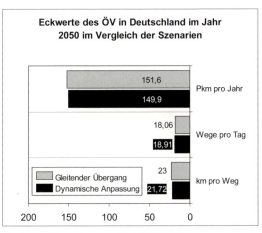
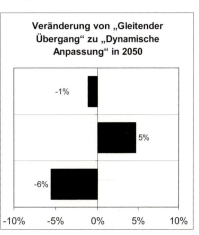

Quelle: *Projektgruppe Mobilität 2050.*

Wird die Entwicklung der Verkehrsleistung getrennt nach den Haushalten in großen und kleinen Orten (unter und ab 20 000 Einwohner) betrachtet, zeigt sich beim Übergang zwischen den Szenarien für die zwei Ortsgrößenklassen eine gegenläufige Entwicklung (Abbildungen 77 und 78). Während die Verkehrsleistung des ÖV im Jahr 2050 bei den Haushalten in den kleinen Orten von rund 39 Mrd. Pkm im Szenario „Gleitender Übergang" auf rund 33 Mrd. Pkm im Szenario „Dynamische Anpassung" und damit um rund 17 Prozent zurückgeht, steigt die Verkehrsleistung der Haushalte in den großen Orten von 112 Mrd. Pkm auf rund 117 Mrd. Pkm und damit um etwa vier Prozent an. Dabei geht die Zahl der ÖV-Wege in den kleinen Orten um rund 14 Prozent zurück und steigt in den großen Orten um rund neun Prozent an. Die Veränderung der Aufkommen entspricht weitgehend der Veränderung der Bevölkerungszahlen durch die Szenarien zur Siedlungsstruktur.

Abbildung 77

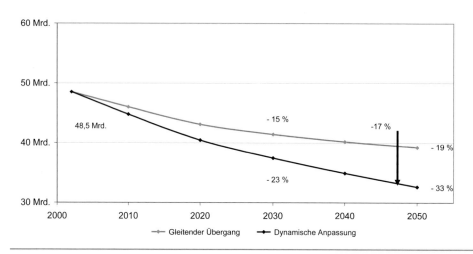

Quelle: *Projektgruppe Mobilität 2050.*

Abbildung 78

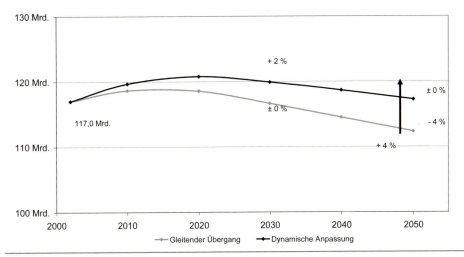

Quelle: Projektgruppe Mobilität 2050.

Mit anderen Worten: Im Szenario „Dynamische Anpassung" führen die Annahmen zu einem deutlichen Rückgang des Aufkommens und der Verkehrsleistung des ÖV in der Region. Gleichzeitig steigen die Verkehrsleistungen in den größeren Orten an, so dass sich in der Summe eine ähnliche Verkehrsleistung beider Szenarien (in Pkm pro Jahr) ergibt, im Szenario „Dynamische Anpassung" jedoch innerhalb kompakterer Raumstrukturen mit kürzeren Reiseweiten und höheren Aufkommen.

6.1.6 Altersstruktur und Verkehrsleistung

Wie gezeigt wurde, führen die Verschiebungen der Altersstruktur nicht nur zu einem höheren Anteil von Führerscheinbesitzern im Seniorenalter, sondern zu zahlreichen weiteren – teilweise gegenläufigen – Veränderungen im Verkehrsgeschehen. Beispielhaft sei hier noch einmal der steigernde Einfluss auf die mittleren Reiseweiten im ÖV durch eine Verschiebung von Anteilswerten der Altersklasse der Kinder und Jugendlichen in die Altersklasse der Senioren genannt. Wegen der relativ großen quantitativen Bedeutung der Verschiebungen in der Alterspyramide zeigen die drei Abbildungen 79–81 zusammenfassend die Verschiebungen zwischen den Altersklassen in Hinsicht auf die Verkehrsleistung der verschiedenen Verkehrsmittel.

Abbildung 79 zeigt die Entwicklung zwischen dem Analysejahr 2002 im Zeithorizont bis 2050 für die drei Szenarien. Hieraus wird deutlich, dass die veränderte Altersstruktur insbesondere im MIV zu deutlichen Verschiebungen bei den Anteilswerten der Verkehrsleistung führt.

Abbildung 79

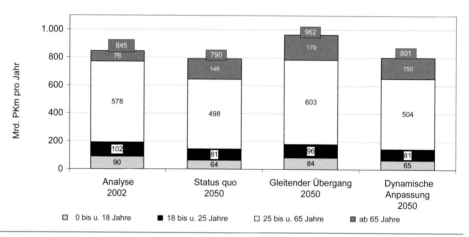

Entwicklung der Verkehrsleistung im MIV der privaten Haushalte bis 2050 nach Altersklassen und Szenarien

Quelle: *Projektgruppe Mobilität 2050.*

So steigt der Seniorenanteil (ab 65 Jahre) von etwa neun Prozent im Analysejahr 2002 auf rund 19 Prozent im Jahr 2050, während die Anteile aller anderen Altersklassen mehr oder weniger deutlich abfallen. Zwischen den verschiedenen Szenarien unterscheiden sich die Anteilswerte nur gering. Deutliche Unterschiede treten jedoch in absoluten Zahlen auf. Im Szenario „Gleitender Übergang" steigt die Verkehrsleistung der Gruppe der unter 65-Jährigen in der Summe um rund 13 Mrd. Pkm und damit um rund zwei Prozent an. In der Gruppe der Senioren steigt die Verkehrsleistung kräftig von 76 Mrd. Pkm auf rund 179 Mrd. Pkm und damit auf etwa 237 Prozent des Ausgangswertes. Für das Szenario „Dynamische Anpassung" fällt dieser Anstieg auf 150 Mrd. Pkm und damit auf rund 199 Prozent des Ausgangswertes geringer aus, während die Verkehrsaufkommen in allen anderen Altersklassen auch in absoluten Zahlen zurückgehen.

Für den öffentlichen Verkehr zeigt sich ebenfalls ein Anstieg der Seniorenanteile, der jedoch mit 15 Prozent im Jahr 2050 gegenüber neun Prozent im Jahr 2002 deutlich geringer ausfällt als beim MIV. Die Anteile aller übrigen Altersklassen gehen mehr oder weniger stark zurück, wobei die Unterschiede zwischen den

Szenarien auch beim ÖV relativ gering sind. In absoluten Zahlen geht die Verkehrsleistung in allen Altersschichten und in allen Szenarien zurück. Der absolute Wert in der Seniorengruppe steigt hingegen im Status-quo-Szenario um rund 22 Prozent (von 15 Mrd. auf 18 Mrd. Pkm) und in den beiden anderen Szenarien um 46 bis 48 Prozent (von 15 Mrd. Pkm auf 22 Mrd. Pkm bzw. 23 Mrd. Pkm).

Abbildung 80

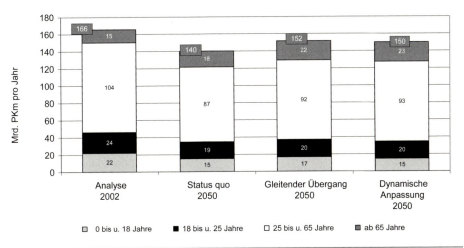

Quelle: *Projektgruppe Mobilität 2050.*

Interessant ist die gegenläufige Entwicklung zwischen den Altersklassen beim Übergang vom Szenario „Gleitender Übergang" zum Szenario „Dynamische Anpassung", der bei den Erwachsenen zu einer leichten Zunahme, aber bei den Kindern und Jugendlichen zu einer Abnahme von 17 Mrd. Pkm auf 15 Mrd. Pkm führt. Sowohl die höheren Preise als auch die Reurbanisierung führen zu sinkenden mittleren Weglängen und höheren ÖV-Anteilen. Der durch die Reurbanisierung verursachte Rückgang bei den mittleren Weglängen des ÖV fällt jedoch in der Gruppe der Erwachsenen prozentual deutlich geringer aus als in der Gruppe der Kinder und Jugendlichen (Schülerverkehr in der Region mit hohen Reiseweiten wird zu Stadtverkehr). Die Zahl der ÖV-Wege nimmt hingegen in allen Klassen zu.

Für den nicht motorisierten Verkehr ergeben sich sowohl in absoluten Zahlen als auch hinsichtlich der Anteilswerte der einzelnen Altersklassen keine wesentlichen Unterschiede zwischen den Szenarien. Während die Verkehrsleistungen der Personengruppen unter 65 Jahre um etwa 20 bis 30 Prozent gegenüber dem Basisjahr

2002 zurückgehen, steigt die Verkehrsleistung der Senioren bis 2050 von elf Mrd. Pkm auf 16 bis 17 Mrd. Pkm und damit um mehr als 50 Prozent. Der Anteil der Senioren an der Verkehrsleistung steigt von 17 Prozent im Jahr 2002 auf 28 Prozent im Jahr 2050.

Abbildung 81

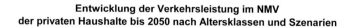

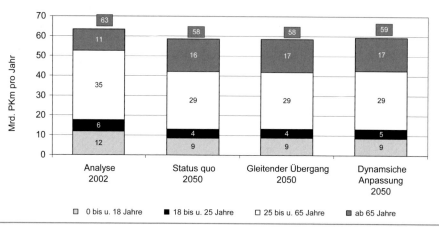

Quelle: *Projektgruppe Mobilität 2050.*

6.2 Quantifizierung einiger Modellannahmen

6.2.1 Vergleichsfall „Allgemeine Inflation"

Zur Validierung des Modells im Kontext anderer Untersuchungen sowie zur Sensitivitätsanalyse der verschiedenen Modellparameter wurden neben den Szenarien auch einige zusätzliche Vergleichsfälle gerechnet. Dokumentiert werden soll an dieser Stelle ein Rechendurchlauf, der sich gegenüber dem Status-quo-Szenario vor allem durch die Annahme eines steigenden Bruttoinlandsproduktes (entsprechend den Ausführungen in Kapitel 4.3.1) bei gleichzeitig durchschnittlicher Preisinflation im Verkehr (Verkehrspreise steigen mit der durchschnittlichen Inflationsrate aller Güter) unterscheidet. Kohorteneffekte aus dem Führerscheinbesitz und der Ansatz des gefühlten Alters wurden berücksichtigt. Zur Raumstruktur wurden keine über die BBR-Prognose hinausgehenden Annahmen unterstellt.

Die Motorisierungskennziffer steigt in diesem Vergleichsfall von 0,621 Pkw je Erwachsenem auf 0,719 Pkw je Erwachsenem (plus 16 Prozent) im Jahr 2030 und auf 0,771 Pkw je Erwachsenem (plus 24 Prozent) im Jahr 2050. Der Pkw-Bestand steigt bis 2030 um 18 Prozent und bis zum Jahr 2050 um 22 Prozent gegenüber dem Analysejahr 2002. Die Verkehrsleistung im MIV verzeichnet gegenüber dem Jahr 2002 einen Zuwachs um 23 Prozent bis zum Jahr 2030 und um 39 Prozent bis zum Jahr 2050. Im Vergleich dieser Ergebnisse ist wiederum die Unschärfe hinsichtlich der Abgrenzung zwischen privaten und gewerblichen Pkw sowie die Begrenzung des Modells auf den Verkehr der privaten Haushalte (ohne Wirtschaftsverkehr) zu beachten.

6.2.2 Demografie und Seniorenmobilität

Zur Auswertung des Einflusses der Annahmen zur Seniorenmobilität wurden aus dem Status-quo-Szenario heraus zwei weitere Vergleichsfälle (nachfolgend als Vergleichsfall 1 und Vergleichsfall 2 bezeichnet) entwickelt. Im Vergleichsfall 1 wurden gegenüber dem Status-quo-Szenario auch keine Kohorteneffekte aus dem Führerscheinbesitz unterstellt. Das Szenario bildet also im Wesentlichen die Effekte aus der Bevölkerungsprognose des BBR (einschließlich Erwerbstätigkeit) ab. Im Vergleichsfall 2 wurden hingegen zusätzlich die Annahmen zum gefühlten Alter berücksichtigt. Abbildung 82 zeigt die Berechnungsergebnisse hinsichtlich der Verkehrsleistung im MIV: Der quantitativ weitaus größere Einfluss ergibt sich aus der Berücksichtigung des Kohorteneffektes aus dem Führerscheinbesitz. Hieraus resultiert zum Zeitpunkt 2050 ein Anstieg der Verkehrsleistung um etwa 5,7 Prozent zwischen dem Vergleichsfall 1 und dem Status-quo-Szenario. In der Altersgruppe der Senioren (ab 65 Jahre) liegt die Zunahme zwischen den beiden Szenarien mit 30 Prozent erwartungsgemäß deutlich höher.

Die Annahmen zum gefühlten Alter (Übergang vom Status-quo-Szenario zum Vergleichsfall 2) wirken demgegenüber mit einer Zunahme der Verkehrsleistung um 0,6 Prozent (bzw. von zwei Prozent in der Gruppe der Senioren) nur noch relativ schwach. Etwas stärker wirkt sich die Annahme des gefühlten Alters hinsichtlich der Verkehrsleistung im ÖV aus. Hierfür ergaben die Vergleichsrechnungen eine Differenz von rund drei Prozent zum Zeitpunkt 2050.

Abbildung 82

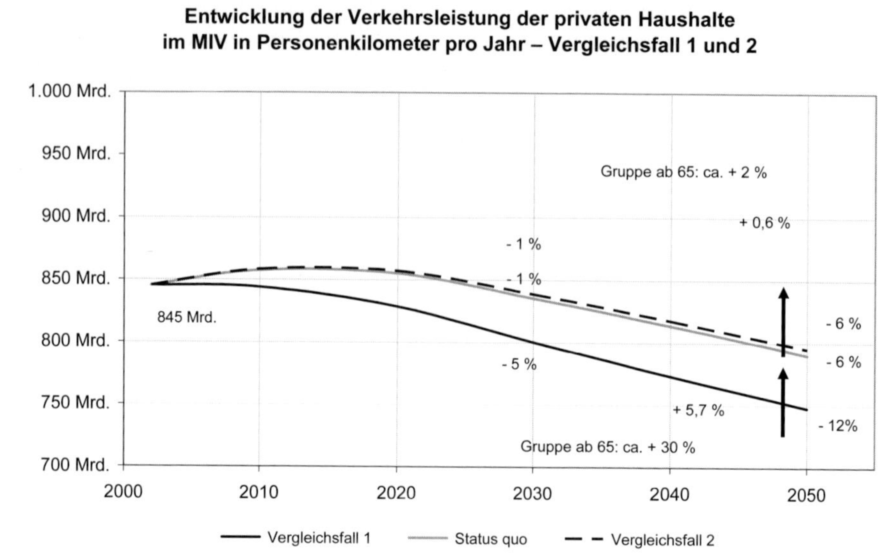

Entwicklung der Verkehrsleistung der privaten Haushalte im MIV in Personenkilometer pro Jahr – Vergleichsfall 1 und 2

[Diagramm: Verlauf von 2000 bis 2050 mit den Kurven Vergleichsfall 1, Status quo und Vergleichsfall 2; Ausgangswert 845 Mrd.; Angaben u.a. Gruppe ab 65: ca. +2 %, +0,6 %, -1 %, -1 %, -5 %, -6 %, -6 %, +5,7 %, -12 %, Gruppe ab 65: ca. +30 %]

Quelle: *Projektgruppe Mobilität 2050.*

6.2.3 Einfluss der Annahmen zur Siedlungsstruktur

Eine ähnliche Betrachtung wurde zur Einschätzung des Einflusses der Annahmen zur Siedlungsstruktur erarbeitet. Dieser Vergleichsfall 3 wurde aus dem Szenario „Dynamische Anpassung" entwickelt, indem die unterstellten Annahmen zur Reurbanisierung (vgl. Kapitel 4.5.3 bis 4.5.5) unberücksichtigt blieben. Alle übrigen Annahmen (also Preise, BIP, BBR-Prognose usw.) wurden konstant gelassen.

In Abbildung 83 finden sich zunächst die Ergebnisse für den MIV. Erwartungsgemäß führt die Reurbanisierung unter ansonsten gleichen Bedingungen zu einem Rückgang der Gesamtverkehrsleistung im MIV. Dieser beläuft sich zum Zeitpunkt des Jahres 2050 auf eine Differenz von nur etwa 1,7 Prozent zwischen Vergleichsfall 3 und dem Szenario „Dynamische Anpassung". Natürlich sind hierbei – ebenso wie dies bereits für den öffentlichen Verkehr im Detail herausgearbeitet wurde – aufgrund der Verschiebung von Bevölkerungsmengen auch gegenläufige Entwicklungen in den beiden Ortsgrößenklassen (kleine bzw. große Orte) zu beachten, die sich teilweise kompensieren.

Für den öffentlichen Verkehr zeigt Abbildung 84 mit einer Zunahme der Verkehrsleistung um 3,4 Prozent bis zum Zeitpunkt des Jahres 2050 eine etwas deutlichere Reaktion mit – erwartungsgemäß – umgekehrtem Vorzeichen. Auf die vor allem im ÖV erforderliche Betrachtung der gegenläufigen Entwicklung des Verkehrsaufkommens der Haushalte in den kleinen und in den großen Orten (mit den daraus

Abbildung 83

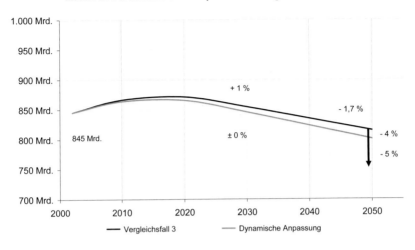

Quelle: Projektgruppe Mobilität 2050.

Abbildung 84

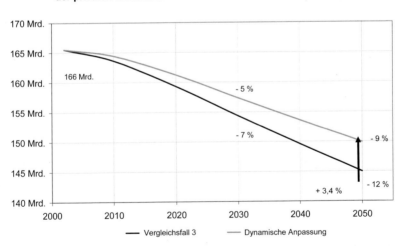

Quelle: Projektgruppe Mobilität 2050.

ggf. erforderlichen Konsequenzen für die Angebotsstrukturen im öffentlichen Verkehr) sei an dieser Stelle nicht noch einmal eingegangen. Hierzu wird auf Kapitel 6.1.5 bzw. die noch folgenden regionsspezifischen Auswertungen in Kapitel 6.3 verwiesen.

6.3 Spezifische Eckwerte der Regionstypen

6.3.1 Schrumpfende Regionen

Nachdem in den bisherigen Kapiteln die zwischen den unterschiedlichen Szenarioannahmen, den Verschiebungen der Altersstruktur aus der BBR-Prognose und den Verkehrskennziffern bestehenden Abhängigkeiten auf der Ebene von Gesamtdeutschland diskutiert wurden, sollen in den folgenden Kapiteln vor allem die unterschiedlichen quantitativen Entwicklungen in den drei Regionstypen (schrumpfend, mittel, wachsend) betrachtet werden.

Die drei Regionstypen weisen im Zeitverlauf ähnliche Tendenzen hinsichtlich der Verschiebungen des Altersbaumes auf (vgl. Kapitel 3.2.4). In allen Regionen sinken bis 2050 die Bevölkerungszahlen in den unteren Altersklassen gegenüber dem Basisjahr, während die Gruppe der Senioren deutlich Anteile hinzugewinnt. Daraus ergibt sich bis zum Jahr 2050 auch in allen Regionstypen eine ähnliche Verteilung der Bevölkerung auf die den Auswertungen zugrunde liegenden Altersklassen. Allerdings wirken bestimmte Strukturen verstärkend auf bereits bestehende Unterschiede. Während im Jahr 2002 zwischen dem Seniorenanteil in den schrumpfenden Regionen (19 Prozent) und dem Seniorenanteil in den wachsenden Regionen (17 Prozent) nur eine Differenz von zwei Prozent lag, liegt der Seniorenanteil im Jahr 2050 in den schrumpfenden Regionen mit 34 Prozent deutlich über dem Seniorenanteil von 27 Prozent in den wachsenden Regionen (sieben Prozent Unterschied). Die mittleren Regionen liegen zwischen diesen Werten.

Hinsichtlich der Entwicklung der Verkehrskennziffern in den einzelnen Regionstypen führt dies dazu, dass die Entwicklungen zum einen deutlich von den absoluten Veränderungen der Bevölkerungszahlen dominiert werden. Andererseits werden altersstrukturbedingte Effekte in den schrumpfenden Regionen durch den anteilig stärker wachsenden Seniorenanteil unter Umständen verstärkt.

Die Abbildungen 85–87 zeigen zunächst die Entwicklung der Verkehrsaufkommen der verschiedenen Verkehrsarten in den schrumpfenden Regionen. Deutlich zu erkennen sind die bereits in Kapitel 6.1.4 diskutierten Einflüsse aus den unterschiedlichen Szenarioannahmen. Diese Einflüsse werden in den schrumpfenden Regionen jedoch massiv von den aus der Bevölkerungsprognose des BBR resultierenden Einwohnerverlusten von etwa 30 Prozent über alle Altersklassen überlagert.

Das Verkehrsaufkommen des MIV geht im Status-quo-Szenario und im Szenario „Dynamische Anpassung" gegenüber dem Basisjahr 2002 um rund 29 Prozent zurück. Auch im Szenario „Gleitender Übergang" können die auf den MIV steigernd wirkenden Faktoren diese Entwicklung nicht annähernd kompensieren, so dass sich hier bis zum Jahr 2050 ein Rückgang um rund 23 Prozent gegenüber 2002 ergibt.

Abbildung 85: MIV-Wege pro Tag bis 2050 (schrumpfend)*

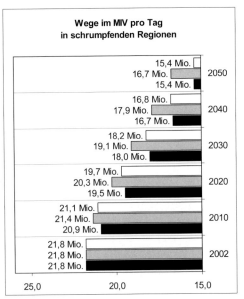
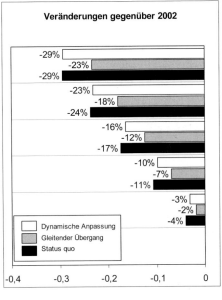

*Quelle: Projektgruppe Mobilität 2050.

Wegen der in allen Szenarien wirkenden Kohorteneffekte sinken die Verkehrsaufkommen im ÖV in allen Szenarien gegenüber dem Bevölkerungsrückgang überproportional um 39 Prozent (Dynamische Anpassung) bis 47 Prozent (Status quo), wie die Abbildung 86 verdeutlicht.

Das Wegeaufkommen im NMV geht gegenüber dem Analysejahr 2002 ebenfalls um 29 Prozent (Dynamische Anpassung) bis 33 Prozent (Gleitender Übergang) zurück. Es folgt damit – wie auch auf der gesamtdeutschen Ebene – prozentual am ähnlichsten dem regionalen Bevölkerungsrückgang (Abbildung 87).

Abbildung 86: ÖV-Wege pro Tag bis 2050 (schrumpfend)*

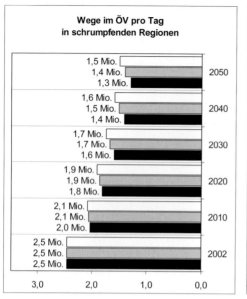
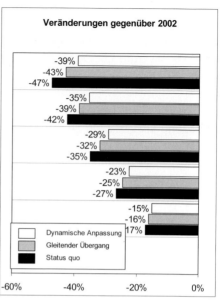

*Quelle: Projektgruppe Mobilität 2050.

Abbildung 87: NMV-Wege pro Tag bis 2050 (schrumpfend)*

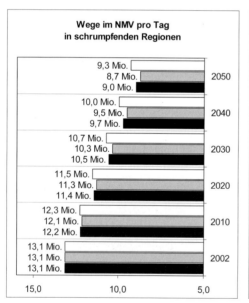
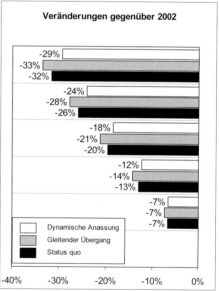

*Quelle: Projektgruppe Mobilität 2050.

Diese Entwicklung wirkt sich mit deutlichen Unterschieden zur deutschlandweiten Entwicklung auch auf die Verkehrsleistungen im MIV aus (Abbildung 88). Während die für den MIV fördernd wirkenden Szenarioannahmen im Szenario „Gleitender Übergang" in Gesamtdeutschland zu einem weiteren Anstieg der Verkehrsleistungen führen, können diese Annahmen den Rückgang der Verkehrsleistungen im MIV in den schrumpfenden Regionen nur dämpfen. So ergibt sich im Szenario „Gleitender Übergang" ein Rückgang um rund 17 Prozent gegenüber dem Basisjahr. In den beiden anderen Szenarien ergibt sich ähnlich wie beim Bevölkerungsrückgang eine Reduktion der Verkehrsleistungen um etwa 31 Prozent zwischen dem Basisjahr 2002 und dem Jahr 2050.

Abbildung 88

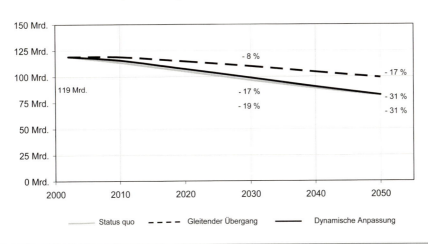

Entwicklung der Verkehrsleistung der privaten Haushalte im MIV in schrumpfenden Regionen in Personenkilometer pro Jahr

Quelle: Projektgruppe Mobilität 2050.

Für den öffentlichen Verkehr sei an dieser Stelle auf eine Darstellung der Gesamtentwicklung verzichtet. Stattdessen werden für den ÖV in Abbildung 89 und in Abbildung 90 die Verkehrsleistungen der Haushalte in den kleinen Orten (unter 20 000 Einwohner) und in den großen Orten (ab 20 000 Einwohner) getrennt dargestellt. Aus Gründen der Übersichtlichkeit erfolgt dies nur für das Szenario „Gleitender Übergang" und das Szenario „Dynamische Anpassung".

Während das Aufkommen in der Gesamtregion in beiden Szenarien mit rund 36 Prozent wiederum etwas stärker zurückgeht als die Bevölkerungszahl, zeigen sich bei dieser Betrachtung erhebliche Unterschiede zwischen den Szenarien und zwischen den beiden Ortsgrößenklassen. So bewirkt der bereits im Szenario „Gleitender Übergang" angenommene überproportionale Bevölkerungsverlust der kleinen Orte einen gegenüber dem Mittelwert der Gesamtregion deutlich stärkeren Rückgang der Verkehrsleistungen in der Region um rund 46 Prozent im Verhältnis zum Basisjahr 2002. In den großen Orten bewirken die Zuzüge demgegenüber einen deutlich schwächeren Rückgang um rund 27 Prozent. Diese Entwicklung wird im Szenario „Dynamische Anpassung" weiter verstärkt, so dass der ÖV in der Region mit einem Rückgang von rund 57 Prozent noch deutlicher einbricht. Im Zeithorizont 2050 bewirkt die stärkere Reurbanisierung im Szenario „Dynamische Anpassung" somit gegenüber dem Szenario „Gleitender Übergang" einen Rückgang der Verkehrsleistung um 22 Prozent (Verhältnis beider Werte im Jahr 2050). Allerdings kommt es hierdurch in den großen Orten zu einer leichten Erholung der Situation. Gegenüber dem Basisjahr gehen die Verkehrsleistungen im Szenario „Dynamische Anpassung" bis 2030 nur noch um elf Prozent und bis zum Jahr 2050 nur um 18 Prozent zurück – und dies bei einem Bevölkerungsrückgang von insgesamt 30 Prozent und sinkenden ÖV-Anteilen.

Abbildung 89

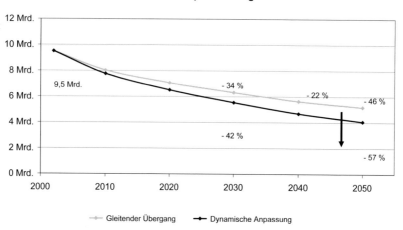

Quelle: *Projektgruppe Mobilität 2050.*

Abbildung 90

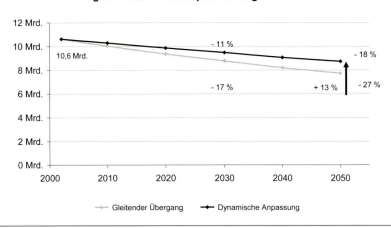

Quelle: *Projektgruppe Mobilität 2050.*

Abbildung 91 zeigt am Beispiel des MIV die Verschiebungen zwischen den Altersklassen hinsichtlich der Verkehrsleistungen in den schrumpfenden Regionen. In absoluten Zahlen ist für den MIV in den unteren Altersklassen bei allen Szenarien fast eine Halbierung der Verkehrsleistungen zu verzeichnen. In der Altersklasse von 25 bis unter 65 Jahre geht das Aufkommen je nach Szenario um 26 Prozent bis 38 Prozent zurück, während es in der Gruppe der Senioren um 50 Prozent bis 83 Prozent zunimmt. In allen Szenarien steigt der Anteil der von den Senioren im MIV erbrachten Verkehrsleistung damit auf etwa 22 Prozent bis 23 Prozent gegenüber einem Anteil von etwa zehn Prozent im Basisjahr 2002. Deutschlandweit liegt der Seniorenanteil im MIV bei rund 19 Prozent im Zeithorizont 2050.

Die Verschiebungen zwischen den Altersklassen im ÖV und im NMV verhalten sich mit einem jeweils etwas höheren Seniorenanteil prozentual ähnlich wie auf der Ebene von Deutschland (vgl. Kapitel 6.1.6). So steigt der Seniorenanteil im Szenario „Dynamische Anpassung" im ÖV auf rund 17 Prozent gegenüber einem Anteil von rund zehn Prozent im Basisjahr 2002. Im NMV steigt der Seniorenanteil im gleichen Szenario auf rund 33 Prozent gegenüber 18 Prozent im Analysejahr.

Abbildung 91

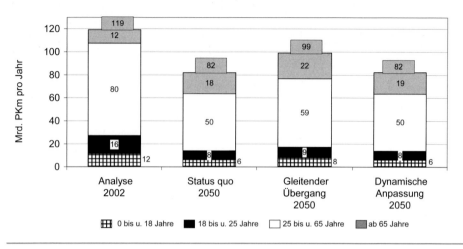

Quelle: Projektgruppe Mobilität 2050.

Neben den Auswirkungen auf die Aufkommen und die Verkehrsleistungen der verschiedenen Verkehrsarten resultieren aus den Veränderungen vor allem in den schrumpfenden Regionen auch starke Veränderungen beim Pkw-Bestand. Tabelle 29 zeigt die Entwicklung differenziert nach kleinen und großen Orten für die Zeithorizonte 2030 und 2050 mit den entsprechenden Veränderungsraten gegenüber dem Basisjahr 2002.

Die Abnahme des Pkw-Bestandes in den großen Orten fällt dabei wegen der sowohl im Szenario „Gleitender Übergang" als auch im Szenario „Dynamische Anpassung" unterstellten Reurbanisierung und im Kontext der generell steigenden Pkw-Motorisierung mit einem Rückgang um maximal neun Prozent bis zum Jahr 2050 relativ moderat aus. In den kleineren Orten in der Region ist hingegen bis zum Jahr 2050 je nach Szenario ein Rückgang des Pkw-Bestandes um etwa 23 bis 43 Prozent gegenüber dem Basisjahr 2002 zu erwarten.

Tabelle 29: Entwicklung des Pkw-Bestandes in schrumpfenden Regionen*

Szenario	Jahr	Kleine Orte		Große Orte	
		Pkw-Bestand	Änderung zum Jahr 2002	Pkw-Bestand	Änderung zum Jahr 2002
Analyse	2002	3,4 Mio.	Entfällt	2,5 Mio.	Entfällt
Status quo	2030	2,9 Mio.	Minus 16 %	2,1 Mio.	Minus 14 %
	2050	2,5 Mio.	Minus 28 %	1,8 Mio.	Minus 26 %
Gleitender Übergang	2030	3,1 Mio.	Minus 10 %	2,5 Mio.	Minus 1 %
	2050	2,7 Mio.	Minus 23 %	2,3 Mio.	Minus 9 %
Dynamische Anpassung	2030	2,6 Mio.	Minus 24 %	2,6 Mio.	Plus 3 %
	2050	2,0 Mio.	Minus 43 %	2,4 Mio.	Minus 4 %

*Quelle: Projektgruppe Mobilität 2050.

6.3.2 Mittlere Regionen

Die mittleren Regionen liegen mit einem nur noch leicht überdurchschnittlichen Bevölkerungsrückgang hinsichtlich der prozentualen Veränderungen bei allen Kennziffern sehr nahe an den deutschlandweiten Werten. Die Abbildungen 92 bis 94 zeigen zunächst die Entwicklung der Verkehrsleistungen.

Abbildung 92: MIV-Wege pro Tag bis 2050 (mittel)*

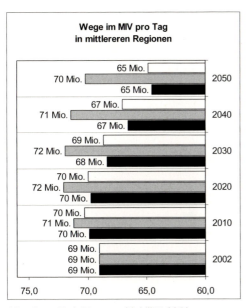
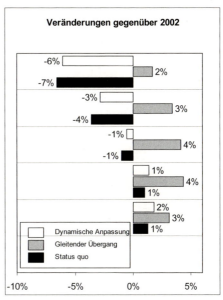

*Quelle: Projektgruppe Mobilität 2050.

Abbildung 93: ÖV-Wege pro Tag bis 2050 (mittel)*

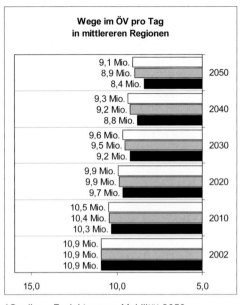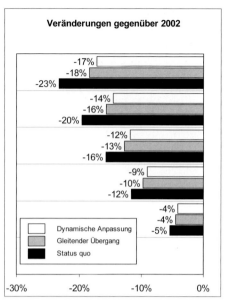

*Quelle: Projektgruppe Mobilität 2050.

Abbildung 94: NMV-Wege pro Tag bis 2050 (mittel)*

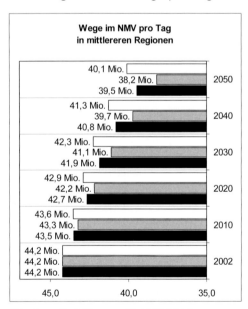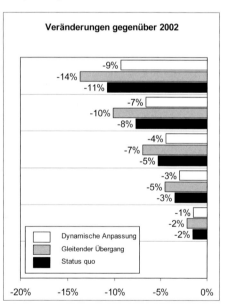

*Quelle: Projektgruppe Mobilität 2050.

Aus dem Zusammenspiel der Bevölkerungsentwicklung und der zunehmenden Motorisierung ergibt sich beim Verkehrsaufkommen im MIV in den ersten beiden Dekaden je nach Szenario zunächst eine leichte Zunahme oder bereits eine Stagnation der Aufkommen. Ab dem Jahr 2020 kehrt sich dieser Prozess wegen der stärker rückläufigen Bevölkerungsentwicklung um. Im Zeithorizont 2050 liegen die Verkehrsaufkommen des MIV im Szenario „Gleitender Übergang" dann etwa zwei Prozent über und im Szenario „Dynamische Anpassung" etwa sechs Prozent unter dem Verkehrsaufkommen im Basisjahr 2002. Die Aufkommen der anderen Verkehrsarten gehen in allen Szenarien weitgehend entsprechend den Veränderungsraten in Gesamtdeutschland zurück. Daran gekoppelt folgt auch die in Abbildung 95 dargestellte Entwicklung der Verkehrsleistungen im MIV den Gesamttrends.

Abbildung 95

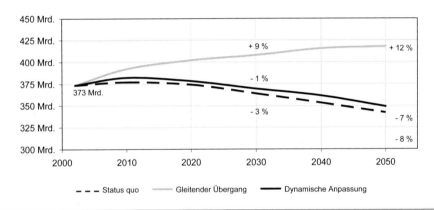

Quelle: *Projektgruppe Mobilität 2050.*

Entgegen dem deutschlandweiten Trend verhalten sich – wiederum bei einer Betrachtung auf der Ebene der beiden Ortsgrößenklassen – die Verkehrsleistungen im ÖV. Die Bevölkerungsverschiebungen zwischen den beiden Größenklassen sind in den mittleren Regionen beim Übergang vom Szenario „Gleitender Übergang" zum Szenario „Dynamische Anpassung" eher gering. Die nur leichten siedlungsstrukturbedingten Zugewinne bei den Verkehrsaufkommen können die preisabhängigen Verluste bei den Aufkommen und den mittleren Wegelängen auch in den großen Orten nicht kompensieren. So führt der Übergang vom Szenario „Gleitender Übergang" zum Szenario „Dynamische Anpassung" zwar in den großen Orten zu leichten Zugewinnen bei den Aufkommen, die Verkehrsleistungen sinken jedoch in beiden Ortsgrößenklassen. Die Verschiebungen in den großen Orten sind hier mit einer Differenz von zwei Prozent zwischen den beiden Szenarien eher gering. Gegenüber dem Basisjahr beläuft sich der Rückgang je nach Szenario auf zwei bis drei Prozent.

Abbildung 96

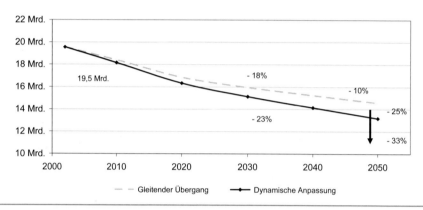

Quelle: *Projektgruppe Mobilität 2050.*

Abbildung 97

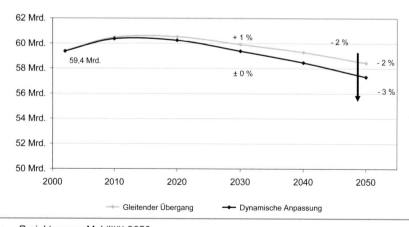

Quelle: *Projektgruppe Mobilität 2050.*

Die ÖV-Verkehrsleistung der Haushalte in den kleinen Orten geht dagegen beim Übergang zum Szenario „Dynamische Anpassung" bezogen auf das Jahr 2050 um rund zehn Prozent gegenüber dem Szenario „Gleitender Übergang" zurück. Die Verkehrsleistung im ÖV sinkt je nach Szenario um etwa 25 bis 33 Prozent gegenüber dem Analysejahr 2002.

Die Tabelle 30 zeigt die Entwicklung des Pkw-Bestandes in den mittleren Regionen für die Zeithorizonte 2030 und 2050 sowie für die beiden Ortsklassen. Die großen Orte verzeichnen bei nur leicht sinkenden bzw. stagnierenden Einwohnerzahlen und steigender Pkw-Motorisierung je nach Szenario einen Zuwachs um sechs Prozent (Dynamische Anpassung) bzw. 16 Prozent (Gleitender Übergang) bis zum Jahr 2050. In der Gruppe der kleinen Orte stagniert der Pkw-Bestand im Szenario „Gleitender Übergang" bis zum Jahr 2050 mit einem leichten Plus von einem Prozent und sinkt um 13 Prozent im Szenario „Dynamische Anpassung".

Tabelle 30: Entwicklung des Pkw-Bestandes in mittleren Regionen*

Szenario	Jahr	Kleine Orte		Große Orte	
		Pkw-Bestand	Änderung zum Jahr 2002	Pkw-Bestand	Änderung zum Jahr 2002
Analyse	2002	7,6 Mio.	Entfällt	11,1 Mio.	Entfällt
Status quo	2030	7,5 Mio.	0 %	11,2 Mio.	Plus 1 %
	2050	7,1 Mio.	Minus 6 %	10,7 Mio.	Minus 4 %
Gleitender Übergang	2030	7,9 Mio.	Plus 5 %	12,6 Mio.	Plus 14 %
	2050	7,6 Mio.	Plus 1 %	12,9 Mio.	Plus 16 %
Dynamische Anpassung	2030	7,2 Mio.	Minus 5 %	11,9 Mio.	Plus 7 %
	2050	6,5 Mio.	Minus 13 %	11,7 Mio.	Plus 6 %

*Quelle: Projektgruppe Mobilität 2050.

6.3.3 Wachsende Regionen

In den wachsenden Regionen wirkt der Einfluss der Bevölkerungsentwicklung zumindest auf das Aufkommen im MIV entgegengesetzt zu den schrumpfenden Regionen (Abbildung 98). Während im zeitlichen Verlauf und im Vergleich zwischen den Szenarien wiederum die in Kapitel 6.1.4 diskutierten Zusammenhänge zu erkennen sind, bewirkt die absolute Bevölkerungszunahme, dass die Verkehrsaufkommen bis 2050 in allen Szenarien gegenüber dem Basisjahr 2002 ansteigen.

Abbildung 98: MIV-Wege pro Tag bis 2050 (wachsend)*

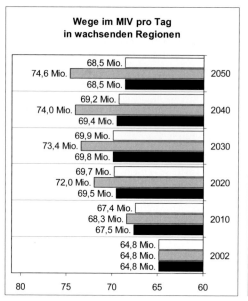
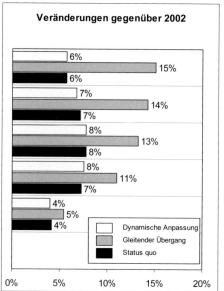

*Quelle: Projektgruppe Mobilität 2050.

Wie in Abbildung 99 gezeigt wird, resultieren daraus bei der Verkehrsleistung des MIV zwar ähnliche Tendenzen über der Zeit wie in Gesamtdeutschland, allerdings sind in allen Szenarien bis zum Jahr 2050 Steigerungen der absoluten Werte zu erwarten. Im Status-quo-Szenario und im Szenario „Dynamische Anpassung" steigen die Verkehrsleistungen bis zum Jahr 2020 zunächst an und sind dann bis 2050 auch in den wachsenden Regionen rückläufig. Im Jahr 2050 liegen die Verkehrsleistungen rund vier Prozent bzw. fünf Prozent über denen des Basisjahres 2002. Im Szenario „Gleitender Übergang" wachsen die Verkehrsleistungen bis zum Jahr 2030 kräftig um rund 19 Prozent und in den letzten beiden Dekaden noch einmal um sieben Prozent auf rund 26 Prozent gegenüber dem Basisjahr.

Abbildung 99

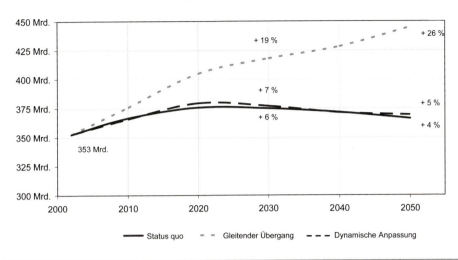

Quelle: Projektgruppe Mobilität 2050.

Abbildung 100 zeigt die Entwicklung des Verkehrsaufkommens im Fußgänger- und Radverkehr. Die Ergebnisse liegen hier tendenziell ebenfalls im deutschlandweiten Trend. Die um vier Prozent wachsende Gesamtbevölkerungszahl führt im Status-quo-Szenario und im Szenario „Dynamische Anpassung" bis 2050 zu einem leicht um ein bzw. um drei Prozent steigenden Verkehrsaufkommen. Lediglich im Szenario „Gleitender Übergang" geht das Aufkommen bis 2050 mit einem Minus von drei Prozent gegenüber dem Analysejahr leicht zurück.

Für den ÖV weichen die Entwicklungen in den wachsenden Regionen leicht von den deutschlandweiten Trends ab (Abbildung 101). Die im Szenario „Gleitender Übergang" unterstellte Annahme der weiteren Suburbanisierung (überdurchschnittliche Zunahme der Bevölkerungszahl in den kleinen Orten) bewirkt einen gegenüber dem Status-quo-Szenario etwas stärkeren Rückgang der Verkehrsaufkommen. Gegenüber dem Analysejahr beläuft sich der Rückgang bis zum Jahr 2050 im Szenario „Dynamische Anpassung" auf rund sechs Prozent und in den beiden anderen Szenarien ergibt sich ein Rückgang der Verkehrsaufkommen um etwa 13 Prozent.

Abbildung 100: NMV-Wege pro Tag bis 2050 (wachsend)*

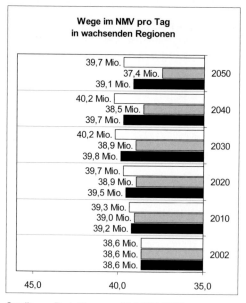 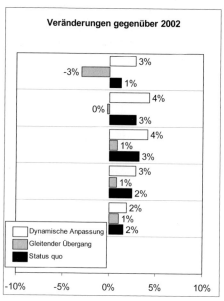

Quelle: Projektgruppe Mobilität 2050.

Abbildung 101: ÖV-Wege pro Tag bis 2050 (wachsend)*

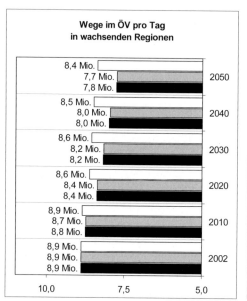 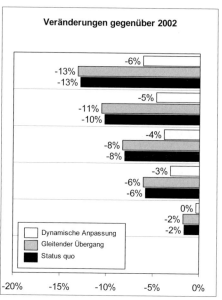

*Quelle: Projektgruppe Mobilität 2050.

Die im Szenario „Dynamische Anpassung" in den wachsenden Regionen unterstellten Annahmen einer gegenüber dem Szenario „Gleitender Übergang" stärkeren Reurbanisierung führen bei den Verkehrsleistungen im ÖV zu den bereits diskutierten gegenläufigen Entwicklungen in den kleinen und den großen Orten (Abbildungen 102 und 103).

Abbildung 102

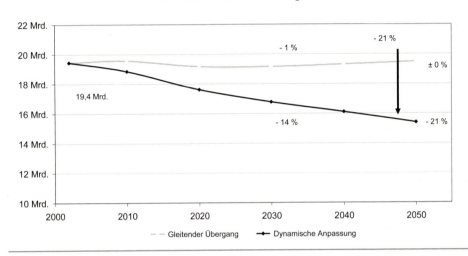

Quelle: *Projektgruppe Mobilität 2050*

In der Summe über die gesamte Region stagniert die Verkehrsleistung im ÖV sowohl im Szenario „Dynamische Anpassung" als auch im Szenario „Gleitender Übergang" (minus ein Prozent) bis zum Jahr 2050 gegenüber dem Basisjahr 2002. Im Szenario „Gleitender Übergang" trifft dies aufgrund der Annahmen zur Siedlungsstruktur mit leichten Differenzen im zeitlichen Verlauf sowohl für die kleinen als auch für die großen Orte zu. Im Szenario „Dynamische Anpassung" führt die Reurbanisierung bei den Haushalten in den kleinen Orten hingegen bis 2050 zu einem deutlichen Rückgang der Verkehrsleistungen im ÖV um rund 21 Prozent gegenüber dem Szenario „Gleitender Übergang" und gegenüber dem Analysejahr. In den großen Orten steigen die Verkehrsleistungen im Szenario „Dynamische Anpassung" bis etwa 2030 um neun Prozent an und stagnieren dann auf diesem Niveau. Gegenüber dem Szenario „Gleitender Übergang" beläuft sich der Unterschied auf ein Plus von rund elf Prozent im Jahr 2050.

Abbildung 103

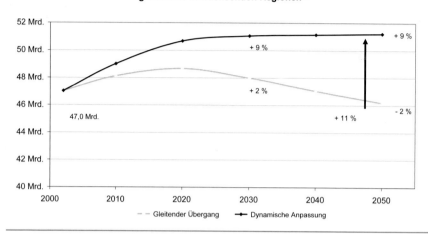

Quelle: *Projektgruppe Mobilität 2050.*

Abschließend zeigt Tabelle 31 die Entwicklung des Pkw-Bestandes in den wachsenden Regionen für die Jahre 2030 und 2050. In der Kopplung aus steigender Motorisierung und Bevölkerungszuwachs ist für die Gesamtregion in jedem Fall von einem steigenden Pkw-Bestand auszugehen. In den großen Orten beläuft sich der Zuwachs bis 2050 je nach Szenario auf 15 Prozent bzw. 18 Prozent. In den kleinen Orten ist im Szenario „Gleitender Übergang" ein deutlicher Zuwachs von etwa 34 Prozent zu verzeichnen. Eine allgemein geringere Motorisierung führt zusammen mit einer deutlich geringeren Bevölkerungszahl im Szenario „Dynamische Anpassung" dagegen zunächst zu einem leicht steigenden Bestand und anschließend zu einem Rückgang auf das Niveau des Jahres 2002.

Tabelle 31: Entwicklung des Pkw-Bestandes in wachsenden Regionen*

Szenario	Jahr	Kleine Orte		Große Orte	
		Pkw-Bestand	Änderung zum Jahr 2002	Pkw-Bestand	Änderung zum Jahr 2002
Analyse	2002	8,1 Mio.	Entfällt	9,1 Mio.	Entfällt
Status quo	2030	8,8 Mio.	Plus 9 %	10,1 Mio.	Plus 10 %
	2050	8,6 Mio.	Plus 7 %	9,9 Mio.	Plus 9%
Gleitender Übergang	2030	10,0 Mio.	Plus 24 %	10,4 Mio.	Plus 14 %
	2050	10,8 Mio.	Plus 34 %	10,5 Mio.	Plus 15 %
Dynamische Anpassung	2030	8,4 Mio.	Plus 5 %	10,6 Mio.	Plus 15 %
	2050	8,0 Mio.	0 %	10,8 Mio.	Plus 18 %

*Quelle: *Projektgruppe Mobilität 2050.*

7. Risikoansprache

7.1 Plausibilität der Szenarien

Wie lassen sich nun die zuvor dargestellten Szenarien „Gleitender Übergang" und „Dynamische Anpassung" einordnen? Wie plausibel sind die auf ihnen beruhenden Ergebnisse der Modellrechnungen?

Optimisten mögen die Annahmen in den Szenarien für viel zu skeptisch halten, für Skeptiker sind die Annahmen überzogen optimistisch. Niemand kann die langfristige Entwicklung zuverlässig vorhersagen. Werden sich die Verhaltensmuster, die technischen und praktischen Möglichkeiten und Bedürfnisse künftiger Generationen nicht so stark von denjenigen der heutigen Generation unterscheiden, dass Zukunftsrechnungen reine Spekulation sind? Trotz – oder vielleicht wegen – der vielen Unsicherheiten und offenen Fragen sind Szenarien sinnvoll. Sie sind als Entscheidungshilfe konzipiert und zeigen, in welche Richtung sich bestimmte Parameter – hier sind es Siedlungsstruktur und Mobilität – unter bestimmten Annahmen entwickeln. Szenarien, die Zukunftsrisiken berücksichtigen, erhöhen die in der Zukunft liegenden Chancen.

Im Detail sind viele Fragen gerechtfertigt.

Ist der bis zum Jahr 2050 reichende Horizont nicht viel zu lang angelegt, weil niemand die Entwicklung insgesamt überschauen kann und für derart lange Zeiträume plant? Ein großer Teil der im Jahr 2050 in Deutschland lebenden Menschen ist jedoch schon geboren. Viele der vorhandenen und demnächst neu errichteten Infrastrukturen und Gebäude werden im Jahr 2050 noch in Betrieb und nicht abgeschrieben sein.

Sind die Zukunftsrisiken nicht weitaus größer als in den Szenarien abgebildet? So benennt die im Rahmen der Szenarien des ifmo-Instituts veröffentlichte Betrachtung von Trendbruchereignissen für mögliche Umbrüche z.B. die „drastische Zunahme klimatischer Extremsituationen" und die „Eskalation des internationalen Terrorismus". In der Folge werden „verkehrsdämpfende Wirkungen" und eine „mittel- und langfristige Verbesserung der Verkehrseffizienz" erwartet (ifmo 2005). Da die bisherigen Erfahrungen kaum genügend Grundlagen liefern dürften, um sinnvoll das aus solchen Ereignissen unmittelbar resultierende Verkehrsverhalten zu ermitteln, erschienen solche Szenarien nicht zielführend. Mit der Abbildung stark steigender Preise wird ein wohl wesentlicher Indikator solcher Unwägbarkeiten jedoch erfasst. Soweit Strukturbrüche zu höheren Verkehrspreisen führen, können mit dem in den Haushalten für Verkehr verfügbaren Budget dann weniger Verkehrsgüter gekauft werden. Haushalte können dies durch die Reduzierung ihrer Verkehrsleistung und die Nutzung preiswerterer Verkehrsmittel (z.B. zu Fuß oder per Fahrrad) oder durch die erhöhte Auslastung von Fahrzeugen oder Fahrausweisen (z.B. weniger Alleinfahrten im MIV) kompensieren.

Auch die Frage, welches Wirtschaftswachstum bis zum Jahr 2050 realistischerweise unterstellt werden kann, könnte in weiteren Szenarien beleuchtet werden. Die Annahme eines Wirtschaftswachstums in der von der Rürup-Kommission für ihre Zwecke prognostizierten Größenordnung bedeutet bis zum Jahr 2050 nochmals eine Verdoppelung des Bruttoinlandsprodukts in Deutschland. In den vergangenen 50 Jahren war dieser Anstieg stärker. Gegenwärtig gehört Deutschland jedoch zu den Ländern mit einer unterdurchschnittlichen Wachstumsrate.

Im globalen Kontext stellt sich dabei auch die Frage der künftigen Verwendung des BIP. Werden wir unseren Wohlstand mit verdoppeltem BIP im gleichen Maße steigern und für Verkehrsausgaben nutzen können? Oder sind die Mittel für andere Ausgaben gebunden, beispielsweise für Sicherheit und Gesundheit oder um Konflikten, Umweltbelastungen, dem Klimawandel, Epidemien und anderen gesellschaftlichen Zukunftsaufgaben zu begegnen? Die Möglichkeit, solche Fragen erschöpfend aufzugreifen, geht weit über das vorliegende Projekt hinaus. Viele Themen lassen sich nur im internationalen und globalen Kontext sinnvoll diskutieren, weil es vielfältige Beziehungen zur und Abhängigkeiten von der Entwicklung in anderen Ländern gibt. Dazu gehört auch die Frage, welche Preisszenarien für den Verkehr überhaupt sinnvoll sind.

Wird nicht das Grundgesetz mit seinem Postulat der „gleichwertigen Lebensbedingungen" verhindern, dass wir – wie in den Szenarien unterstellt – eine ungleiche räumliche Entwicklung in Deutschland haben werden, die eine Unterteilung in schrumpfende und wachsende Regionen erlaubt? Die Erfahrungen der Vergangenheit sprechen dafür, dass der ländliche Raum und die räumliche Mobilität auch künftig stark subventioniert werden. Das in den Szenarien unterstellte Wirtschaftswachstum mag eine solche anhaltende und verstärkte Solidarität mit schrumpfenden Regionen auch ermöglichen. Die Diskussion über die Interpretation des raumordnungspolitischen Leitbilds der Bundesrepublik Deutschland hat jedoch längst begonnen (Kocks 2004). Es ist kaum vorstellbar, dass eine zunehmend an Effizienzkriterien orientierte Politik eine ausreichende und anhaltende Umverteilung von prosperierenden zu wirtschaftsschwachen Regionen betreiben und noch über viele Jahre hinweg die Ressourcen auf eine derartige Umverteilung konzentrieren kann.

7.2 Bevölkerung und regionale Zukunftsperspektiven

Die Bevölkerungsprognosen des Statistischen Bundesamtes beruhen im Wesentlichen auf Annahmen zur Fertilität (mittlere Geburtenrate pro Frau), zur Zu- und Abwanderung bezogen auf Deutschland und zur Lebenserwartung. Einerseits kann belegt werden, dass die in der Vergangenheit gestellten Bevölkerungsprognosen stets mehr oder weniger falsch waren, andererseits sind viele der in den Prognosen berücksichtigten Menschen – insbesondere die Frauen, die in den kommenden Jahrzehnten im gebärfähigen Alter sein werden – heute bereits geboren. Viele der für die Bevölkerungsvorhersagen berücksichtigten Daten sind daher relativ sicher bekannt.

Hinterfragt werden kann die Annahme, ob die niedrige Fertilität in den kommenden Jahrzehnten bei 1,4 Kindern je Frau verharren wird oder ob sie weiter fällt oder eher steigt, weil vielleicht die in den vergangenen Monaten begonnenen politischen Diskussionen und Maßnahmen bereits greifen. Auch die Frage, ob die geschätzte Zunahme der Lebenserwartung in einer realistischen Größenordnung liegt, ermöglicht unterschiedliche Szenarien. Die Variation dieser Parameter in plausiblen Größenordnungen würde die hier erarbeiteten Ergebnisse qualitativ jedoch vermutlich nicht umstoßen.

Trefflicher streiten lässt sich über die Fragen der Zuwanderung nach Deutschland und – vor allem – über die in der regionalisierten Bevölkerungsprognose des BBR zusätzlich unterstellten Binnenwanderungen in Deutschland. Welche Attraktivität und Aufnahmekapazität wird Deutschland für Zuwanderer in den nächsten Jahrzehnten haben? Wie werden sich heute vorhandene Wanderungsbewegungen zwischen den verschiedenen Regionen Deutschlands in Zukunft entwickeln? Welchen Einfluss haben aufgrund staatlicher Steuerung möglicherweise einsetzende überdurchschnittliche Wirtschaftsentwicklungen in heute strukturschwachen Regionen auf die Wanderungsbewegungen? Können wirtschaftliche Entwicklungen und sinkende Bodenpreise langfristig vielleicht zu einer Wanderung gerade junger Familien in heute schrumpfende Regionen führen? All diese Fragen – die mehr oder weniger auch die Typisierung in schrumpfende, mittlere und wachsende Regionen im Zusammenhang mit den Studien der Prognos AG und des Berlin-Instituts betreffen – werden über einen Zeithorizont von über 45 Jahren durchaus zu regional abweichenden Entwicklungen führen.

Im Rahmen des Projektes wurden mit den Prognosen des BBR jedoch die plausibelsten Daten unterstellt, die für überregionale Bevölkerungsverschiebungen im Zeithorizont bis 2050 vorlagen. Vertreter aus Regionen, die „günstig" abschneiden, werden solche Prognosen eher für richtig halten. Vertreter aus Regionen, deren eigene Hoffnungen, Erwartungen oder Planungen „optimistischer" sind, werden heftige Zweifel anmelden. Die hier durchgeführten Berechnungen sind jedoch keine Prognosen, sondern – wie mehrfach ausgeführt – Szenarien, welche denkbare (nicht „wahrscheinliche") Zukunftsbilder unter insgesamt schlüssigen Annahmen quantifizieren sollen. Insbesondere hinsichtlich zukünftiger Binnenwanderungen sind auch andere Entwicklungen denkbar und in Grenzen sicher auch politisch beeinflussbar. Abweichende Entwicklungen werden für die verschiedenen Regionstypen und vor allem für konkrete Räume quantitativ sicher zu (ggf. deutlich) unterschiedlichen Ergebnissen führen, bei mehr oder weniger starker Stabilität der deutschlandweiten Tendenzen. Aber genau dies – das Herbeiführen gewollter Entwicklungen in der Zukunft durch die Kenntnis der Zusammenhänge und der unter bestimmten Randbedingungen einsetzenden Entwicklungen – ist das definierte Ziel der Szenariobetrachtung.

7.3 Stabilität von Verhaltenskennziffern

Da sich Verhaltensweisen im Verkehr mit Kennziffern wie der täglichen Reisezeit, der Wegehäufigkeit und dem Anteil der Verkehrsausgaben an den Gesamtausgaben eines Haushalts für bestimmte Personengruppen bei gleichen Rahmenbedingungen über Jahrzehnte hinweg als überraschend stabil und konstant erwiesen haben, bilden die für 2002 ermittelten Mobilitätskennziffern die Grundlage für Zukunftsrechnungen. Vieles spricht dafür, dass sich personenbezogene Verkehrskennziffern unter sonst gleichen äußeren Rahmenbedingungen auch zukünftig nur in geringen Maßen verändern werden und dass heute auf der aggregierten Ebene zu beobachtende Veränderungen meist durch strukturelle Veränderungen der Rahmenbedingungen (Einkommen, Wohnstandort) oder durch Veränderungen in der Bevölkerungszusammensetzung erklären lassen. Natürlich kann nicht ausgeschlossen werden, dass auch reale – z.B. durch Trendbrüche hervorgerufene – Verhaltensänderungen eintreten. Allerdings lassen sich deren Entwicklungen im Zeithorizont bis zum Jahr 2050 kaum quantitativ sicher einschätzen, wie die Diskussionen auf den Expertenworkshops gezeigt haben.

An ausreichenden Daten fehlt es allerdings über das Verhalten der Hochbetagten, denn diese Altersgruppe ist heute kaum besetzt. Wie viele werden als Pflegefall selbst nicht mehr oft unterwegs sein und versorgt werden? Wie viele werden noch außer Haus aktiv und mobil sein, und wo werden diese Menschen wohnen? Mit dem Modell des „gefühlten Alters" wurde versucht, von heutigen auf künftige Verhaltensweisen zu schließen. Man kann natürlich die Frage stellen (ohne dass die Projektgruppe darauf schon Antworten kennen würde), ob sich die zunehmende Zahl von Senioren nicht nur quantitativ auf Verkehr und Wohnstandorte auswirken wird, sondern auch zu qualitativen Veränderungen der Lebensweisen führt.

Weder die technischen noch die übrigen verfügbaren Signale lassen jedoch eine eindeutige Entwicklung erkennen, wohin uns der technische Fortschritt bringen wird, ob die Qualitätsentwicklung die einzelnen Verkehrsträger gleichermaßen oder unterschiedlich treffen wird und ob es in Zukunft neue oder andere relevante Verkehrsmittelalternativen geben wird. Aufgrund der Vielzahl unterschiedlich gerichteter Überlegungen wird davon ausgegangen, dass das Spektrum der derzeitigen Verkehrsmittel auch die künftige Situation besser abbildet als andere Überlegungen. Die Modellrechnungen bauen daher weiterhin auf den vier Verkehrsträgern Fuß, Rad, ÖV und MIV (motorisierter Individualverkehr) auf. Dabei wird erwartet, dass sich die Qualität der Verkehrsmittel im Verhältnis zueinander bei allem technischen und ökonomischen Fortschritt nicht verändern werden. Sicher kann je nach Standpunkt darüber spekuliert werden, ob und wie neue Fahrerassistenzsysteme, intelligente Lichtsignalsteuerungen oder die (nach dem Sozialgesetzbuch heute schon mögliche) Verschreibung des Radfahrens oder des Zu-Fuß-Gehens aus bewegungstherapeutischen Gründen das Verhältnis zwischen den Verkehrsträger künftig verändern wird.

Beispielsweise könnte eine Bindung der Fahrerlaubnis an die Reaktionsfähigkeit (Führerschein auf Zeit) bewirken, dass die Quote der Menschen, die im Alter über eine Fahrerlaubnis verfügen, deutlich sinkt, während andererseits die Herabsetzung des Fahrerlaubnisalters (Führerschein ab 16) die Fahrerlaubnisquote der Jugendlichen steigern kann.

Im Modell werden alle Effekte abgebildet, die durch die als signifikant erkannten Eingangsparameter zu einer veränderten Verkehrsmittelnutzung beitragen. Damit verändert sich bei einer aggregierten Betrachtung auch das Verkehrsverhalten innerhalb der verschiedenen sozioökonomischen Personengruppen. Neben den Verkehrspreisen, der Bevölkerungszusammensetzung und der Bevölkerungsverteilung innerhalb der Raumklassen wird in den Modellrechnungen als weiterer Strukturparameter die Motorisierung verändert. Die Abbildung von Verschiebungen der technischen Angebotsparameter der Verkehrsmittel (Geschwindigkeit, Widerstand) unter Berücksichtigung unterschiedlicher Entwicklungen für Stadt und Land wäre ohne Modellierung von Netzen nur über recht unsichere Annahmen zu konkreten und regional differenzierten Veränderungen von Angebotsparametern und technischen Entwicklungen möglich, wobei deren Entwicklungsrichtungen keineswegs einheitlich vorstellbar sind bzw. diskutiert werden. Auf eine Quantifizierung wird deshalb im Rahmen des Projektes verzichtet.

7.4 Unklare Entwicklungen

Im Rahmen der Expertenworkshops wurden zahlreiche weitere Aspekte der zukünftigen Mobilität angesprochen und diskutiert, die jedoch aufgrund einer uneinheitlichen Einschätzung, einer ungenügenden Datensituation oder einfach wegen einer kaum abschätzbaren quantitativen Entwicklung in den Szenarien unberücksichtigt blieben. Einige ausgewählte Aspekte seien nachfolgend genannt.

Die vorhandene Daten- und Diskussionslage erlaubt keine spezifischen Annahmen darüber, ob die in der Zukunft erwarteten Zuwanderer (bzw. die Abwanderer) andere Verhaltensweisen haben als die übrigen Personen der jeweiligen soziodemografischen Gruppe. Implizit wird unterstellt, dass Zuwanderer vergleichbare Präferenzen wie die übrige Bevölkerung in denselben Einkommensklassen haben. Da die Konturen der künftigen Migration/Migrationspolitik nicht klar erkennbar sind, werden keine spezifischen Änderungen angenommen. Heute bereits erkennbare Abweichungen des Verkehrsverhaltens sind zu wenig quantitativ hinterfragt und mengenmäßig eher nachrangig, um sie als gesicherte Größen in die Szenariobetrachtung einzubeziehen.

Aufgrund der demografischen Entwicklung spricht vieles dafür, dass der Stellenwert der Familienpolitik steigen wird. Allerdings ist völlig unklar, wie sich dies auf den Verkehr auswirken wird und ob sich Familienpolitik auch verkehrspolitisch auswirken wird. Denkbar sind z.B. Veränderungen von Preisen bzw. Tarifen, Betreuungs- und Transportangeboten, Bildungs- und Freizeitstrukturen. Themenkomplexe sind die Notwendigkeit einer steigenden Beschäftigungsquote von Frauen, die Entwicklung der ökonomischen Situation von Familien mit Kindern, veränderte Bildungs- und Betreuungsangebote für Kinder, neue spezifische Verkehrsangebote oder auch die Entwicklung der Begleitmobilität. Auch die durch PISA deutlich gewordenen Bildungsdefizite und die Verschlechterung der Gesundheit von Kindern dürften relevante politische Wirkung entfalten.

Was dies quantitativ bedeutet, ist jedoch unklar: Um potenziell berufstätige Frauen zu entlasten, könnte individuelle Kinderbetreuung durch öffentliche Dienstleistungen (Ganztagsschule, Sportbus) ersetzt werden. Um die Entwicklung von Kindern zu fördern, könnten Verkehrsinfrastruktur und ÖPNV-Angebote kindergerecht gestaltet werden und das „Mamataxi" ersetzen. Wegen hoher Arbeitslosigkeit und sozialer Unsicherheit könnte sich andererseits aber auch der Trend fortsetzen, dass sich Kinder in noch stärkerem Maße als bisher nur noch in Begleitung der Eltern fortbewegen können. Da die Konturen der künftigen Familien- und Beschäftigungspolitik nicht klar erkennbar sind, werden keine spezifischen Änderungen unterstellt.

7.5 Kleinteilige Raumentwicklung

Die räumliche Verteilung in Deutschland wird sich mit den veränderten Bevölkerungs- und Wirtschaftsstrukturen ändern. Dies wird Auswirkungen auf die standortbezogene Nachfrage nach Wohnen und nach Immobilien haben und Veränderungen im Wohnungs- und Grundstücksmarkt nach sich ziehen.

Für die Beantwortung der Frage, wie die Bevölkerung und die Politik z.B. in den schrumpfenden Regionen darüber hinaus auf vernetzte Phänomene (mehr alte Menschen, geringere Haushaltsgrößen, Minimalstandard der Daseinsvorsorge durch medizinische und öffentliche Dienstleistungen und ÖPNV, stärkere Berücksichtigung von Effizienzkriterien im raumordnerischen Leitbild, stark steigende Preise für Verkehrsgüter) reagieren wird, kann nicht auf bewährte Modelle zurückgegriffen werden.

Die Annahmen über die Richtung und die Geschwindigkeit der Wanderungen sowie über die insbesondere bei schrumpfender Bevölkerungszahl deutlich stärkere Entleerungsdynamik im ländlichen Raum gegenüber den größeren Gemeinden ab 20 000 Einwohner greifen Signale auf: Einerseits sind dies die wieder steigende Attraktivität urbaner Lebensformen und andererseits die hohen individuellen Aufwendungen der versorgungsangebotsfernen Standorte. Dies ist verbunden mit der Frage der künftigen Infrastrukturentwicklung und damit, ob und wie schnell die Verbraucher mit Standortentscheidungen auf die Stilllegung und den Ausbau von Verkehrsangeboten reagieren werden.

8. Zusammenfassende Ergebnisinterpretation

8.1 Kernergebnisse

Unter den getroffenen Annahmen der beiden zentralen Szenarien werden die Veränderungen des Verkehrsgeschehens auf nationaler Ebene bei insgesamt steigendem Wohlstand und unterschiedlich steigenden Verkehrspreisen sowohl im MIV und im ÖV als auch im Fußgänger- und Radverkehr überschaubar sein. Das Verkehrsaufkommen (Zahl der Wege über alle Verkehrsarten) sinkt vor allem in Folge der rückläufigen Bevölkerungszahlen je nach Szenario um vier bis sieben Prozent bis zum Jahr 2050. Allerdings sind deutliche Verschiebungen der Altersstruktur der Verkehrsteilnehmer und deutliche Differenzen zwischen den Regionstypen sowie zwischen den ländlichen und den eher städtisch geprägten Räumen zu erwarten.

Die in der Vergangenheit pro Kopf stets gestiegene Verkehrsleistung in Personenkilometer pro Tag[1] wird im Szenario „Gleitender Übergang" von heute 36 Kilometer je Einwohner und Tag bis zum Jahr 2050 auf 42 Kilometer je Person und Tag weiter anwachsen. Im Szenario „Dynamische Anpassung" wird sie zunächst ebenfalls steigen, ab der Mitte des Betrachtungszeitraumes aber wieder leicht sinken, um im Jahr 2050 etwa beim heutigen Niveau zu liegen.

Der motorisierte Individualverkehr bleibt der dominierende Verkehrsträger. Seine künftige Entwicklung wird vor allem vom Führerscheinbesitz (bzw. den verursachenden geschlechterspezifischen Kohorteneffekten) sowie von der Entwicklung des für Verkehrszwecke verfügbaren Einkommens und der Entwicklung der Preise für Verkehrsgüter bestimmt. Sein Anteil am Verkehr wird je nach Szenario weiter steigen. Die mittleren Reiseweiten im MIV werden im Szenario „Dynamische Anpassung" jedoch stagnieren.

Der Fußgängerverkehr profitiert vom Zuwachs dieser Bevölkerungsgruppe, weil ältere Menschen relativ gesehen häufiger zu Fuß unterwegs sind als andere Personen. Die mittleren Entfernungen ändern sich nicht. Der Fußweganteil am Modal Split wird im Szenario „Dynamische Anpassung" etwas steigen und im Szenario „Gleitender Übergang" leicht zurückgehen. Die aufgrund sinkender Jugendlichenzahlen zu erwartenden Rückgänge im Radverkehr werden durch Zuwächse bei den Senioren ebenfalls etwas kompensiert.

Die Szenarien versuchen, Spekulatives zu vermeiden und auf Bekanntem aufzubauen. Würde man Paradigmenwechsel, Wertewandel und Strukturbrüche in der Politik und bei den Nutzern unterstellen, wäre dies weder besser modellierbar noch besser zu interpretieren. Mit dem gewählten Ansatz werden die Ergebnisse

---

[1] Die hier genannten Werte ergeben sich aus der Multiplikation des spezifischen Verkehrsaufkommens (Wege pro Tag) nach Abbildung 67 mit den mittleren Reiseweiten (Kilometer pro Weg) nach Abbildung 67 und Abbildung 68.

nachvollziehbar, und die Diskussion der Ergebnisse wird nicht von der Diskussion über die spekulativen Elemente abgelenkt.

Da die Motorisierung und die Verkehrsleistung (Personenkilometer) eng vom Wohlstand, von den Verkehrspreisen und vom Führerscheinbesitz abhängen, kann davon ausgegangen werden, dass sich die Entwicklung bis zum Jahr 2050 außerhalb des hier in den Szenarien umrissenen Korridors bewegen wird, wenn sich das Bruttoinlandsprodukt oder die Verkehrspreise deutlich anders entwickeln als angenommen.

8.2 Pkw-Bestand und Verkehrsleistungen

Deutlicher als das Wegeaufkommen über alle Verkehrsarten werden sich die Motorisierung und die Verkehrsleistung vom heutigen Niveau unterscheiden. Steigende Verkehrspreise werden die vom steigenden Bruttoinlandsprodukt ausgehenden Wachstumsimpulse je nach Szenario mehr oder weniger kompensieren. Der Pkw-Bestand wird wegen des nachholenden Führerscheinbesitzes – vor allem in der Gruppe der Senioren – zunächst weiter steigen. Bei stärkeren Preissignalen würde er ab der Mitte des Betrachtungszeitraumes zurückgehen. Im Szenario „Gleitender Übergang" stagniert er ab etwa 2030 auf einem gegenüber dem Basisjahr um rund zwölf Prozent höheren Niveau.

Die Verkehrsleistungen im MIV verhalten sich ähnlich. Sie steigen im Szenario „Dynamische Anpassung" bis zum Jahr 2020 leicht an, um anschließend im Kontext der Bevölkerungsveränderungen auf 95 Prozent des Basiswertes im Jahr 2002 zurückzugehen. Im Szenario „Gleitender Übergang" steigen die Verkehrsleistungen im MIV zunächst noch einmal relativ stark an, um ab dem Jahr 2020 mit geringeren Veränderungsraten bis zum Jahr 2050 insgesamt auf 114 Prozent des Basisjahres zu steigen.

Aufgrund der steigenden Pkw-Motorisierung geht die Verkehrsleistung bis zum Jahr 2050 bei den anderen Verkehrsarten in allen Szenarien mehr oder weniger stark zurück. Beim Fußgänger- und Radverkehr beläuft sich der Rückgang in allen Szenarien annähernd proportional zum Bevölkerungsrückgang auf etwa sieben bis acht Prozent. Überproportionale Verluste bei den Kindern und Jugendlichen werden durch Zugewinne bei den Senioren kompensiert.

Die Verkehrsleistungen im ÖV sinken gegenüber dem Ausgangsjahr in den beiden zentralen Szenarien um etwa acht bis neun Prozent. Den wegen der steigenden Pkw-Motorisierung zu erwartenden höheren Verlusten wirken alters- und siedlungsstrukturbedingte Effekte entgegen. Allerdings sind hier große regionsspezifische Unterschiede zu beachten, die hinsichtlich der Verkehrsleistungen der Haushalte aus ländlichen Räumen in Kopplung mit der Bevölkerungsentwicklung je nach Szenario zu einem Rückgang um bis zu 57 Prozent gegenüber dem Ausgangsniveau im Jahr 2002 führen.

Die unterstellte Annahme einer je nach Szenario mehr oder weniger starken Reurbanisierung wirkt auf die Verkehrsleistungen im MIV leicht dämpfend und auf die Verkehrsleistungen im ÖV leicht steigernd. Für das Szenario „Dynamische Anpassung" beläuft sich dies auf ein Minus von zwei Prozent (MIV) und auf ein Plus von drei Prozent (ÖV) im Zeithorizont 2050 gegenüber einem ansonsten gleichwertigen Vergleichsfall. Allerdings ergeben sich aus den Annahmen zur Siedlungsstruktur auch in diesem Kontext deutliche und teilweise gegenläufige Entwicklungen innerhalb der Regionen.

Die Verkehrsleistung der Kinder- und Jugendlichen (0 bis unter 18 Jahre) wird im öffentlichen Verkehr bis 2050 um etwa ein Drittel abnehmen (häufiger Fahrtzweck: Ausbildungsverkehr). Im MIV werden die Verkehrsleistungen je nach Szenario um ein Zehntel bzw. ein Drittel abnehmen. Der öffentliche Verkehr der Personen in der Altersgruppe von 25 bis unter 65 Jahre (Personen im Berufstätigenalter) wird ebenfalls etwa um ein Achtel abnehmen. Im MIV werden die Verkehrsleistungen dieser Altersgruppe bis 2050 je nach Szenario um etwa vier Prozent steigen oder um 13 Prozent sinken.

Der Verkehr der Personen in der Altersgruppe ab 65 wird stark zunehmen. Während der Anteil dieser Altersgruppe an der Bevölkerung von 14 Mio. auf 22 Mio. Einwohner und damit auf etwa 154 Prozent des Ausgangswertes zunimmt, steigt die Verkehrsleistung dieser Gruppe im MIV – je nach Szenario – auf 199 bzw. auf 237 Prozent des Ausgangswertes. Im ÖV steigt das Aufkommen dieser Gruppe bis zum Jahr 2050 je nach Szenario auf 146 bis 148 Prozent des Ausgangswertes im Jahr 2002.

Die Verkehrsleistung (Personenkilometer) und das Verkehrsaufkommen im motorisierten Verkehr werden stark durch die Alterszusammensetzung der Bevölkerung beeinflusst. Sie gehen – je nach Szenario und Region – im Wesentlichen auch deshalb zurück, weil die älteren Menschen nicht mehr so häufig und so weit unterwegs sind wie die Jüngeren.

8.3 Unterschiede zwischen den Regionen

In den wachsenden Regionen werden die Wachstumsimpulse auch die Verkehrsleistungen betreffen. Bei wachsender Bevölkerungszahl und steigender Motorisierung werden insbesondere die Verkehrsleistungen im MIV weiterhin wachsen: im Szenario „Dynamische Anpassung" bis 2050 nur moderat um etwa fünf Prozent und im Szenario „Gleitender Übergang" kräftig um 26 Prozent gegenüber dem Analysejahr.

Seitens des Verkehrsangebots werden hier keine Restriktionen – beispielsweise hinsichtlich der Infrastruktur – erwartet, da die täglichen Verkehrsspitzen während der Zeiten des Berufs- und Ausbildungsverkehrs durch die Flexibilisierung und den Rückgang des Berufsverkehrsanteils an Bedeutung verlieren werden. Dagegen werden gerade die Älteren zeitlich flexibler sein und die weniger frequentierten Zeiten nutzen.

Die Verkehrsleistungen im öffentlichen Verkehr werden weitgehend stabil bleiben. Im Szenario „Dynamische Anpassung" kommt es jedoch zu einem siedlungsstrukturell bedingten Rückgang der Verkehrsleistungen in der Region um etwa ein Fünftel, während die Verkehrsleistungen in den großen Orten um rund neun Prozent gegenüber dem Ausgangsjahr ansteigen.

In den schrumpfenden Regionen wird der deutliche Bevölkerungsrückgang um 30 Prozent zu erkennbar rückläufigen Verkehrsmengen führen. Vor allem gebremst durch die zunehmende Pkw-Motorisierung sinken die Verkehrsleistungen des MIV im Szenario „Gleitender Übergang" jedoch nur um 17 Prozent. Im Szenario „Dynamische Anpassung" sinken die Verkehrsleistungen durch die stärkere Reurbanisierung und stärkere Preissignale dagegen um rund 31 Prozent gegenüber dem Jahr 2002.

Die Entleerung der Fläche in den schrumpfenden Regionen lässt die Verkehrsleistungen des ÖV dort je nach Szenario um 46 bis 57 Prozent einbrechen. In den großen Orten sind die Einbrüche in den beiden zentralen Szenarien mit einem Rückgang um 18 bis 27 Prozent deutlich geringer. Die Verkehrsleistungen in der Gesamtregion sinken mit einem Minus von 36 Prozent etwas stärker als die Bevölkerungszahl. Der ÖPNV wandelt sich vom Schüler- und Berufsverkehrsmittel zum Verkehrsträger der Senioren. Durch den Abbau der Verkehrsspitzen wird die Auslastung gleichmäßiger. Dies lässt erwarten, dass sich die Kostenstruktur durch den Spitzenabbau verbessert. Außerhalb der Kernstädte in weiten Teilen der schrumpfenden Regionen dürfte der Anspruch der „Daseinsvorsorge" mit herkömmlichen Linienverkehrsangeboten nicht mehr erfüllbar sein.

Der Pkw-Bestand in den schrumpfenden Regionen wird zwischen 2002 und 2050 in allen Szenarien vor allem in den kleinen Orten deutlich abnehmen. Im Szenario „Dynamische Anpassung" beläuft sich dies in den Gemeinden mit mehr als 20 000 Einwohnern auf ein Minus von rund vier Prozent. In den kleineren Orten unter 20 000 Einwohnern geht der Pkw-Bestand in diesem Szenario bis zum Jahr 2050 dagegen um 43 Prozent zurück! Im Szenario „Gleitender Übergang" wird der Rückgang in den großen Orten bei neun und in den kleinen Orten bei 23 Prozent liegen.

Die mittleren Regionen liegen mit einem nur leicht überdurchschnittlichen Bevölkerungsrückgang hinsichtlich der prozentualen Veränderungen sehr nahe an den deutschlandweiten Mittelwerten und damit zwischen den beiden anderen Regionstypen.

Im Szenario „Dynamische Anpassung" sinkt die MIV-Verkehrsleistung bis 2050 um rund sieben Prozent. Im Szenario „Gleitender Übergang" steigt die Verkehrsleistung des MIV – wiederum mit einem flacheren Anstieg in den letzen Dekaden – um rund zwölf Prozent gegenüber dem Jahr 2002. Bei der Verkehrsleistung des

ÖV wird es in der Fläche ebenfalls zu Verlusten in der Größenordnung von 25 bis 33 Prozent kommen, während die Verkehrsleistungen in den großen Orten mit einem Rückgang von zwei bis drei Prozent relativ stabil bleiben. In der Gesamtregion resultiert daraus je nach Szenario ein Rückgang der Verkehrsleistungen des ÖV um sieben bis elf Prozent gegenüber den Ausgangswerten im Analysejahr.

9. Schlussfolgerungen

9.1 Demografischer Faktor

9.1.1 Erkenntnisse

Da die Bevölkerungszahl bis 2050 insgesamt zurückgehen wird, wird sich auch das Verkehrsaufkommen insgesamt verringern, denn die Unterschiede des spezifischen Verkehrsaufkommens der unterschiedlichen Altersgruppen sind nur gering. Weitaus größer sind die Effekte auf die Verkehrsleistung. Dabei beeinflussen die veränderte Alterszusammensetzung der Bevölkerung und die Kohorteneffekte bezüglich des Führerscheinbesitzes die Verkehrsnachfrage in unterschiedlicher Richtung. Da die spezifische Verkehrsleistung von Kindern und Senioren deutlich geringer ist als die Verkehrsleistung von Personen im erwerbstätigen Alter, wirkt der demografische Faktor tendenziell reduzierend. Die steigende Ausstattung mit Führerscheinen bewirkt dagegen eine tendenzielle Zunahme der Pkw-Verfügbarkeit, der Motorisierung und der Verkehrsleistungen im motorisierten Individualverkehr – vor allem zu Lasten des öffentlichen Verkehrs.

Daneben wird sich auch der Verkehrsablauf verändern: Die Zahl der Senioren ab 65 Jahre wird bis 2050 um mehr als 50 Prozent wachsen, und diese Senioren werden auch im Verkehrsgeschehen eine stärkere Rolle spielen. Der steigende Anteil älterer Menschen wird mehr mobile und immobile, rüstige und hoch Betagte umfassen. Ältere sind viel zu Fuß unterwegs und weniger beweglich und reaktionsschnell als Jüngere. Damit dürften für Senioren typische Anforderungen wie Barrierefreiheit, öffentliche Sicherheit, Fahrerassistenzsysteme, Bedienerfreundlichkeit, die Berücksichtigung niedriger Geh- und Fahrgeschwindigkeiten in Folge eingeschränkter Beweglichkeit und längerer Reaktionszeiten wichtiger werden. Die Bedeutung von Pflege-, Hol- und Bringediensten dürfte wachsen, und die Frage der Bindung der Fahrerlaubnis an eine regelmäßige Gesundheitsprüfung (Führerschein auf Zeit) wird sich neu stellen.

Die Anteile der als zeitlich relativ invariant eingeschätzten Verkehrszwecke Berufsverkehr, Dienstreiseverkehr und Schülerverkehr werden relativ abnehmen. Der demografische Faktor wird wegen der geringeren Zahl von Personen im berufstätigen Alter und der geringeren Beschäftigtenzahlen auch dazu führen, dass der Berufs- und Geschäftsreiseverkehr rückläufig sein wird, und der Ausbildungsverkehr wird relativ stark sinken.

Da die Entwicklung von Motorisierung und Verkehrsnachfrage im Personenverkehr bislang insgesamt relativ eng an den volkswirtschaftlichen Wohlstand (Bruttoinlandsprodukt) gekoppelt ist, wird die Entwicklung in allen Alters- und Einkommensgruppen auch deutlich davon abhängen, in welchem Umfang sich das Bruttoinlandsprodukt und das Preisniveau für Verkehrsgüter entwickeln.

9.1.2 Folgerungen

Der Abbau der schul- und berufsbedingten Verkehrsspitzen wird in Ballungsräumen zur Entspannung beitragen, und das Schreckgespenst des Verkehrskollapses wird sich verflüchtigen.

Die Raum- und Verkehrsplanung sollte mit der neuen Bevölkerungszusammensetzung rechnen und ihre Präferenzen einkalkulieren! Aspekte wie Barrierefreiheit, Geschwindigkeit, Komfort, Sicherheit, Bedienerfreundlichkeit, Behindertenfreundlichkeit, niedrigere Geh- und Fahrgeschwindigkeiten, die Sicherheit im öffentlichen Raum oder eine steigende Nachfrage nach Ein- und Aussteigerplätzen (Kurzparkplätze) werden künftig wichtiger sein. Ebenso an Bedeutung gewinnen werden Pflege-, Hol- und Bringdienste. Andererseits gilt es auch, erwartete Aufgaben zu erkennen und zu diskutieren (barrierefreie Planung, öffentliche Sicherheit, angepasste Geschwindigkeit, Verkehrssicherheit, fähigkeitsbezogener Führerschein).

Im Bereich des öffentlichen Verkehrs bedeuten die abnehmenden Schülerzahlen rückläufige Ausgleichszahlungen für die Schülerbeförderung nach § 45a PBefG. Dies dürfte zur Konsequenz haben, dass die ÖPNV-Unternehmen seltener „eigenwirtschaftliche" Verkehre anbieten können und die kommunalen Aufgabenträger stattdessen gezwungen sind, „gemeinwirtschaftliche" Verkehre zu veranlassen und zu finanzieren.

Die öffentliche Diskussion zeigt, dass es politisch künftig wohl auch stärker darum gehen wird, auf die demografischen Veränderungsprozesse angemessen zu reagieren und unerwünschte Entwicklungen abzumildern oder umzukehren. Auch fehlende Mobilitätschancen bilden einen Engpassfaktor für die Kinder- und Familienorganisation. Wenn die Politik versuchen wird, die Ursachen der geringen Fertilität zu beseitigen, wird es auch um die organisatorische und ökonomische Entlastung von Eltern und Kindern in Bezug auf Mobilität gehen („Mama-Taxi"). Es kann dabei um die Sicherheit im öffentlichen Raum gehen, um die Verbesserung der Möglichkeiten zur selbständigen Mobilität von Kindern durch sichere Rad- und Fußwegenetze, Angebote und Tarifregelungen im ÖV, aber auch um Verkehrsdienstleistungen für Kinder (z.B. Bring-, Abhol-, Betreuungs- und Begleitdienste) oder Betriebskindergärten und „Spielen auf der Straße".

9.2 Schrumpfende Regionen

Da sich in schrumpfenden Regionen besondere Herausforderungen stellen und der Handlungsbedarf dort stärker ist als in den durch fast kontinuierliches Wachstum geprägten Regionen, ist ihnen hier ein eigenes Unterkapitel gewidmet. Die darin dargestellten Erkenntnisse über schrumpfende Regionen (und sich daraus ableitende Handlungsbedarfe) treffen im Übrigen auch auf Teilgebiete der „mittleren Regionen" zu.

9.2.1 Erkenntnisse

In den schrumpfenden Regionen gehen Pkw-Bestand und Verkehrsleistungen des ÖV und des MIV sowohl im Szenario „Gleitender Übergang" als auch im Szenario „Dynamische Anpassung" deutlich zurück. Weder die zunehmende Motorisierung der Älteren und der Frauen noch die Annahmen einer höheren Mobilität im Alter und die unterstellten Wohlstandseffekte werden den Rückgang durch die Bevölkerungsverluste vollständig kompensieren.

Der abnehmende Pkw-Bestand benötigt weniger Flächen, geringere Verkehrsmengen benötigen weniger Kapazität. Vielerorts werden die vor Jahren erwarteten Auslastungen nicht mehr erreicht.

Die abnehmende Frequentierung der schrumpfenden Regionen wird die Flächennachfrage entlasten. In schrumpfenden und stagnierenden Räumen, wo gleichzeitig heterogene Prozesse stattfinden, entstehen einerseits Handlungsspielräume durch verfügbare Flächen, andererseits stellt sich jedoch auch die Aufgaben der Sanierung, des Recyclings und des Rückbaus. Damit einhergehen dürften Wertverluste von Immobilien und anderen Anlagen. De Erschließungskosten dürften steigen. Andererseits gibt es auch Chancen auf mehr Grün- und Freiflächen.

Wenn der Trend zur Zersiedelung gestoppt wird, wird dies für die Kernorte (über 20 000 Einwohner) die Übernahme von Wohn- und Dienstleistungsfunktionen (Ärzte, Schulen) sowie von Versorgungsfunktionen (Nahmobilität, Fußläufigkeit) bedeuten. Dies spiegelt sich auch in der Verkehrsnachfrage wider.

Mit sinkender Bevölkerungszahl werden – weil die Kosten regionaler Infrastruktur teilweise fix sind – die Infrastrukturkosten pro Kopf steigen. Die Finanzzuweisungen nach dem derzeitigen Verteilungsmechanismus aber werden absolut fallen. Der finanzielle Handlungsspielraum der Kommunen hängt nach den gegenwärtigen Regeln auf der Einnahmenseite einerseits von der Einwohnerzahl und andererseits vom Gewerbesteueraufkommen ab. In schrumpfenden und stagnierenden Regionen droht sich die Situation eher zu verschlechtern. Besonderes Augenmerk wäre deshalb auf eine nachhaltige Haushaltspolitik zu richten, wobei das Niveau der laufenden Ausgabenbelastungen auch Investitionsspielräume beläßt. In wachsenden Räumen ist die Situation günstiger, weil Wachstumsprozesse Handlungsspielräume schaffen.

9.2.2 Folgerungen

Die Infrastruktur- und Verkehrsplanung (BVWP) von Bund, Ländern und Gemeinden steht vor einer erweiterten Aufgabenstellung. Die schul- und berufsbedingten Verkehrsspitzen werden auch in Wachstumsregionen abflachen. Zur Bewältigung großer Verkehrsmengen in wachsenden Regionen kommt die Aufgabe des Umgangs mit starken Nachfragerückgängen in schrumpfenden Regionen. Dies erfordert bezüglich der Infrastruktur ein Finanzierungs- und Förderinstrumentarium, das die Netzoptimierung (einschließlich Rückbaumaßnahmen) ebenso ermöglicht wie Erweiterungs- und Ausbaumaßnahmen unter Berücksichtigung einer nachhaltigen Finanzierbarkeit von Betrieb und Unterhalt.

Die notwendigen strukturellen Anpassungen in Schrumpfungsprozessen erfordern neue Leitbilder. Beispiele für die kommunale Ebene bilden die „Sparsame Stadt", die „Stadt der kurzen Wege", die „Fußgängerfreundliche Stadt" und die „Renaissance der Innenstadt". Der abnehmende Pkw-Bestand und in schrumpfenden Regionen deutlich abnehmende Verkehrsmengen benötigen weniger Flächen, und auch die Nachfrage nach Wohn- und Gewerbeflächen wird sinken. Neue Spielräume entstehen für Stadtteilentwicklung, Straßenstellplatzpolitik und Freiflächenplanung, gleichzeitig mit Sanierung, Recycling und Rückbau. Eine revidierte Flächenbedarfsplanung ermöglicht eine Neuorientierung der Bauleitplanung. Es gilt, Straßen und Gewerbeflächen umzunutzen oder aufzugeben, Standorte zu schließen, das ÖPNV-Angebot umzugestalten, einen Rückbau auf „nachhaltiges Niveau" und Fußläufigkeit zu sichern. Dies bedeutet Investitionsbedarf für Anpassungsinvestitionen, für Wohnumfeldverbesserungen und für öffentliche Räume.

In besonderem Maße verändern sich die Rahmenbedingungen der Flächennutzungsplanung. Dies erfordert neue städtebauliche Leitbilder, die Gestaltung von Nachhaltigkeit und Entlastung. Die neuen Spielräume betreffen Stadtteilentwicklung, Straßenstellplatzpolitik und Freiflächenplanung.

Wegen der abnehmenden Schülerzahlen wird der ÖPNV – insbesondere im ländlichen Raum – seine Aufgabe der Daseinsvorsorge in vielen Regionen noch schwerer erfüllen können als bisher. Die seit Jahrzehnten diskutierten Anforderungen, einen aus Benutzersicht verbesserten Rechtsrahmen des ÖPNV im ländlichen Raum zu schaffen, erhalten so neue Aktualität.

9.3 Weiterer Forschungsbedarf

9.3.1 Erkenntnisse

Die Bewertung der Ergebnisse der vorliegenden Szenarien und darauf aufbauende Wirkungsanalysen dürften zeigen, dass die aus der demografischen Entwicklung resultierenden Veränderungen – auch wenn die Preise für Verkehrsgüter stark steigen werden – bei Fortschreibung der heutigen Verhaltensmuster zu gering sind, um das aus übergeordneten Gründen verfolgte Nachhaltigkeitsziel der Bundesregierung (z.B. CO_2-Ziel) zu erreichen, und auch das Ziel des Nationalen Radverkehrsplans der Bundesregierung, den Radverkehr in Deutschland aus stadt-, umwelt-, finanz- und gesundheitspolitischen Gründen bis zum Jahr 2012 auf niederländisches Niveau zu bringen (zu verdreifachen), wird unter den dargestellten Annahmen nicht erreicht.

Trotz – oder vielleicht wegen – der vielen Unsicherheiten und offenen Fragen sind die beiden Szenarien „Gleitender Übergang" und „Dynamische Anpassung" sinnvoll. Sie dienen als Entscheidungshilfe und zeigen, wie sich Siedlungsstruktur und Mobilität unter bestimmten Annahmen entwickeln. Die Beschränkung auf zwei Szenarien lässt aber manche politisch diskutierte Frage unbeantwortet. Beispielsweise kann die Frage, ob und wie sich vorgegebene Nachhaltigkeits- oder Modal-Split-Ziele erreichen lassen, nur durch „backcasting"-Szenarien beantworten werden.

Inwieweit die Ergebnisse der Szenarien mittel- und langfristig stabil sein werden, lässt sich aus heutiger Sicht noch nicht beantworten. Im Laufe der Zeit werden neue Erkenntnisse zu den demografischen und wirtschaftlichen Ausgangsdaten hinzutreten, und die Politik wird auch in den kommenden Jahrzehnten verkehrspolitische Akzente setzen und die eine oder andere Annahme revidieren.

Offenbleiben musste im Rahmen des Projektes die Abrundung des Gesamtbildes zum Personenverkehr durch eine integrale Betrachtung von Wirtschaftsverkehren.

Das Kennziffernmodell baut zu großen Teilen auf der in ihrer Tiefe, in ihrem Umfang und in ihrer methodischen Komplexität in Deutschland wohl derzeit einmaligen Erhebung „Mobilität in Deutschland 2002" und dem „System repräsentativer Verkehrsbefragungen 2003" auf. Vieles spricht für die zeitliche Stabilität der verwendeten Verkehrskennziffern. Zudem liegen mit dem deutschen Mobilitätspanel auch Längsschnittdaten zum Verkehrsgeschehen vor, um bestimmte Entwicklungen im zeitlichen Verlauf beobachten zu können. Dennoch bleibt die Datenlage im Verkehrssektor zur Evaluierung von Veränderungen im zeitlichen Verlauf, zur regionalen Differenzierung und zur verkehrsmittelabhängigen Erreichbarkeit der wesentlichen Ziele in Abhängigkeit der Haushaltsstandorte sowie bezüglich spezieller methodischer Fragestellungen für globale und regionale Analysen und Prognosen relativ schwach.

Sowohl für die vorliegende – hinsichtlich des Raumbezuges relativ abstrakte – Studie als auch für viele andere Verkehrsuntersuchungen (BVWP usw.) sind in regelmäßigen Abständen zu erfassende und bereitzustellende Informationen bzw. Datensätze zu regionsbezogenen und differenzierten Bevölkerungsdaten einschließlich der zugehörigen Verkehrsverhaltenskenngrößen und zu den maßgebenden Raumstrukturdaten mit ihren verkehrsanziehenden Merkmalen (zur Modellierung der sogenannten „Produktionsseite" und „Attraktionsseite" des privaten Verkehrs) erforderlich. Bei der Übernahme und Aufbereitung solcher Daten aus zahlreichen verschiedenen Quellen kommt es bisher immer wieder zu Brüchen in der Datenstruktur und zu Unlänglichkeiten für eine nachfolgende Verwendung in globalen und regionalen Prognosemodellen, die zukünftig vermieden werden sollten.

9.3.2 Folgerungen

Viele der denkbaren, erwarteten oder befürchteten Entwicklungen verdienen die Modellierung in eigenen Szenarien, sei es im globalen Kontext oder – beschränkt auf die nationalen Handlungsoptionen – auf der europäischen oder deutschen Ebene.

Zur Beantwortung der Frage, mit welchen Instrumenten und Entscheidungen vorgegebene politische Ziele erreicht werden können, müsste ein umgekehrter methodischer Ansatz – der bereits diskutierte Ansatz des backcasting – verfolgt werden. Während das Mengengerüst einer solchen Studie auf dem vorliegenden Datengerüst aufsetzen kann, sind die zur Zielerreichung geeigneten Instrumente anhand der jeweiligen Wirksamkeit zu berücksichtigen.

Eine methodische Kontinuität der Verkehrserhebungen sowie eine regelmäßige Wiederholung bzw. kontinuierliche Durchführung von Verkehrserhebungen und ihre systematische Angleichung an die Weiterentwicklung der Verkehrsmodelle und der Rechentechnik könnten die Datenlage zur Modellbildung und deren Aussagekraft weiter entscheidend verbessern.

Eine weitergehende programmtechnische Umsetzung des hier verwendeten Ansatzes sowie eine verbesserte Gestaltung der Schnittstellen zwischen Verkehrsmodell und Bevölkerungsprognose – ggf. sogar eine direkt auf den Annahmen des Statistischen Bundesamtes bzw. des BBR beruhende integrale Berechnung von geeigneten regionalen Strukturdaten für die Verkehrsplanung – erscheinen möglich und sinnvoll. Mit einer solchen weiterentwickelten Methodik könnten für spezifische (auch netzbezogene) Prognoserechnungen differenzierte und im Gesamtkontext abgestimmte Eckwerte – z.B. auf der Ebene der Bundesländer – erarbeitet werden. Sinnvoll wäre ggf. eine Kopplung an die regelmäßigen Aktualisierungen der Bevölkerungsprognosen.

9.4 Verkehrspolitische Herausforderungen

9.4.1 Planungs- und Bewertungsverfahren

Aufgrund der differenzierten langfristigen Untersuchungsergebnisse der beiden Szenarien drängen sich veränderte Prioritäten für die Infrastruktur- und Verkehrsplanung auf. Klärungsbedarf besteht hinsichtlich der Auswirkungen der für den Personenverkehr ermittelten Ergebnisse der Szenarien auf die Bundesverkehrsplanung (insbesondere BVWP). Ein Paradigmenwechsel von der Bundesverkehrswegeplanung zur übergeordneten Bundesverkehrsplanung, vom Aus- und Neubau zur Netzoptimierung, wie ihn der Bereich Schiene längst kennt, scheint für alle Verkehrsträger erforderlich zu sein. Die Instandhaltung und die Unterhaltung von Infrastrukturen werden im Vergleich zu Neu- und Ausbauprojekten immer wichtiger. Das bisherige Förderinstrumentarium greift nicht. Vor allem in schrumpfenden Regionen sind auch Anpassungsinvestitionen ein Zukunftsproblem der Verkehrsfinanzierung.

Der ÖPNV im ländlichen Raum wird seine Aufgabe der Daseinsvorsorge in vielen Regionen noch schwerer erfüllen können als bisher. Die seit Jahrzehnten diskutierten Anforderungen an einen aus Benutzersicht verbesserten Rechtsrahmen des ÖPNV im ländlichen Raum sind hoch aktuell.

Es gilt, in den Verfahren der Verkehrsplanung die veränderte Verkehrszusammensetzung adäquat zu berücksichtigen und die bisherigen Verfahren kapazitätsbezogener Betrachtungen zu überarbeiten. Dies dürfte dazu führen, dass vielerorts eher Entspannung erwartet werden kann als der „Verkehrskollaps". Weitere Themen sind die Klärung des Verhältnisses zwischen Infrastruktur und Auslastung im Tagesgang (bezüglich des DTV und der Spitzenstunde, Entspannung durch Flexibilisierung trotz Verkehrszuwachs usw.) und die Anpassung der Bewertungsverfahren, um den höheren Anteil an Nichtbeschäftigten, längere Planungshorizonte, erforderliche Reinvestitionen und vorhandene Finanzierungsmöglichkeiten bei zukünftigen Planungen besser zu berücksichtigen.

9.4.2 Neuordnung der Verkehrsfinanzierung

In der Folge des demografischen Wandels ist in den Kommunen mit sinkenden Einnahmen zu rechnen. Die kommunalen Einnahmen aus dem Finanzausgleich gehen bei abnehmenden Bevölkerungszahlen zurück. Die Finanzlage der Kommunen ist angespannt, und im Verkehrssektor fehlt es an Mitteln für die Unterhaltung und den Betrieb, während Erweiterungsinvestitionen aufgrund von Förderprogrammen vielerorts noch möglich sind.

Da zu erwarten ist, dass die bisherige „Misch- und Schattenfinanzierung" des öffentlichen Verkehrs (Länderfinanzierung durch § 45a PBefG, Bundesfinanzierung durch Regionalisierungsmittel und GVFG, Querverbund, Mehrwertsteuervergünstigungen) aus politischen, demografischen, rechtlichen und fiskalischen Gründen grundsätzlich in Frage steht oder einbrechen wird, sind zur langfristigen Sicherung des ÖV veränderte Finanzierungsgrundlagen erforderlich.

9.4.3 Rechtsrahmen für nicht gewerblichen ÖPNV in der Fläche

Der Rückzug des klassischen ÖPNV aus Teilen des ländlichen Raums und die Bereitstellung von Angeboten zu den Schwachlastzeiten erfordern die Flexibilisierung bzw. Revision des PBefG zur Mobilisierung effizienter Bedienungskonzepte. Um den ländlichen Raum vernünftig zu bedienen, sollte über die vom Gewerbe- und Personenbeförderungsrecht bislang blockierten Möglichkeiten bedarfsorientierter öffentlicher, halböffentlicher und privater Betriebs- und Bedienungsformen (z.B. private Mitfahrangebote für Dritte ohne P-Schein und Konzession, Gemeindebus in Eigenleistung) neu nachgedacht werden. Es gilt, Schülerverkehr und ÖPNV zu integrieren. Die Aufgabenträger des ÖPNV müssen effektiver als bisher ausgestattet und unterstützt werden.

9.4.4 Bewertungsverfahren und Finanzierungsinstrumente optimieren

Um künftige Fehlsteuerungen zu vermeiden, sind integrierte Bewertungsverfahren erforderlich, und in den Förderprogrammen auf EU-, Bundes- und Landesebene sollte nicht länger zwischen Betriebskosten, Unterhaltungsmaßnahmen und Erweiterungsinvestitionen differenziert werden.

Statt zu einer sinnvollen Gesamtstrategie führt die Vielfalt der Fördermöglichkeiten bislang zur „Töpfchenoptimierung" und zur Investitionslastigkeit. Die beispielsweise nach dem GVFG (Gemeindeverkehrs-Finanzierungsgesetz) verfügbaren Mittel stehen wegen ihrer Zweckbindung für die Vergabe von ÖPNV-Leistungen oder für Unterhaltungsmaßnahmen nicht zur Verfügung. Zur Sicherung eines effizienten ÖPNV sind auch Bund und Länder dazu aufgerufen, den Rechtsrahmen zu überarbeiten und die Finanzierungsströme sinnvoll zu organisieren.

Anhang

1. Klassifizierung der LOCAL-Wohnumfeldtypen zu Urbanitätsklassen

LOCAL-Wohnumfeldtypen und Klassifizierung nach Urbanitätsklassen		
Urbanität	WQTYP	Beschreibung des LOCAL-Wohnumfeldtyps
gering	E01	Ältere Villengebiete
	E02	Neuere Villengebiete
	E03	Villengebiete im Stadtumland
	E11	Alte, großzügige Einfamilienhäuser
	E12	Alte, gute Einfamilienhäuser
	E13	Alte, einfache Einzelhäuser
	E14	Ältere, gehobene Einfamilienhäuser
	E15	Ältere, einfache Siedlungshäuser
	E16	Einfache Siedlungshäuser im Stadtumland
	E21	Neuere, komfortable Einzelhäuser am Stadtrand
	E23	Neuere, großzügige Einzelhäuser im Stadtumland
	E25	Neuere, gehobene Einzel- und Reihenhäuser im Stadtumland
	E27	Einfache Reihenhaus-Neubaugebiete im Stadtumland
	K12	Gutbürgerlicher Altbau
	K13	Einfache Altbaugebiete
	K22	Großzügige neuere Einzelhäuser
	K23	Neuere Kleinstadtgebiete
	L01	Landwirtschaftliche Großbetriebe
	L02	Dorfgebiete
	L03	Landwirtschaftliche Streusiedlungen
	L04	Nicht landwirtschaftlich geprägte Wohngebiete
	L05	Einfamilienhäuser ländlicher Bürger
	M23	Neuere Mehr- und Einfamilienhäuser im Stadtumland
	M26	Neuere, einfache Mietwohnungen im Stadtumland
	S04	Kleingartengelände
mittel	E22	Neuere, komfortable Einzelhäuser im Stadtgebiet
	E24	Neuere, gehobene Einzel- und Reihenhäuser im Stadtgebiet
	E26	Einfache städtische Neubaugebiete im Stadtgebiet
	G04	Gewerbe-Mischgebiete
	K01	Kleinstadtkern mit angrenzendem Wohngebiet
	K11	Alter Kleinstadtkern
	K24	Mietwohnungsgebiete
	M03	Komfortable Mehrfamilienhäuser

LOCAL-Wohnumfeldtypen und Klassifizierung nach Urbanitätsklassen		
Urbanität	WQTYP	Beschreibung des LOCAL-Wohnumfeldtyps
	M11	Gehobene Mietwohnungen
	M12	Gute 20-30er-Jahre Mietwohnungen
	M14	Ältere, einfache Mehrfamilienhäuser
	M15	Einfache 20-30er-Jahre Mietwohnungen
	M21	Neuere, gehobene Mietwohnungen mit Einfamilienhäusern gemischt
	M22	Neuere Mietwohnungen im Stadtgebiet
	M24	Neuere, einfache Mietwohnungen mit Reihenhäusern gemischt
	M25	Neuere, einfache Mietwohnungen im Stadtgebiet
	M27	Neuere, sehr einfache Mietwohnungen
hoch	G01	City-Gebiete
	G02	Städtisches Subzentrum
	G03	Subzentrum mit dörflichem Kern
	K21	Neuer Kleinstadtkern
	M01	Alte, gutbürgerliche Mehrfamilienhäuser
	M02	Großzügige 20-30er-Jahre Mehrfamilienhäuser
	M13	Gemischter Mietwohnungs-Altbau
	M16	Sehr einfacher Altbaubestand
missing	S01	Altenheime
	S02	Garnisonswohnungen
	S03	Krankenhäuser, Pflegeeinrichtungen

Quelle: *Projektgruppe Mobilität 2050* nach MID 2002.

2. **Mittlere Wachstumsraten der regionalen Wertschöpfung**

Mittlere Wachstumsraten nach Raumordnungsregionen (2005 bis 2010)*

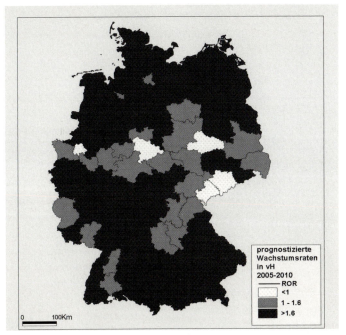

Quelle: *Projektgruppe Mobilität 2050.*

Mittlere Wachstumsraten nach Raumordnungsregionen (2011 bis 2030)*

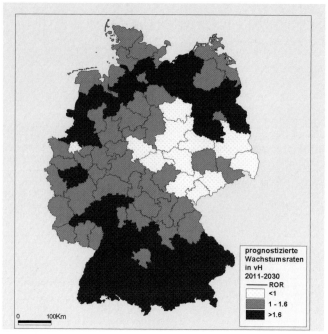

*Quelle: *Projektgruppe Mobilität 2050.*

Mittlere Wachstumsraten nach Raumordnungsregionen (2031-2050)*

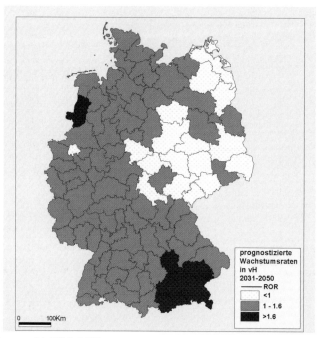

*Quelle: *Projektgruppe Mobilität 2050.*

3. Wachstum von regionaler Bevölkerung und Wertschöpfung

Mittlere Wachstumsraten der regionalen Bevölkerung nach Regionscluster auf der Basis der Bevölkerungsprognose des (BBR) nach Raumordnungsregionen

Mittlere Wachstumsraten der regionalen Wertschöpfung auf Basis der Panelmodelle (Tabelle 24 bis Tabelle 26); Stützzeitraum 1996-2002; Prognosezeitraum 2003-2050

Jahr	Mittlere jährliche Wachstumsrate der regionalen Bevölkerung nach Regionsclustern (BBR)			Mittlere jährliche Wachstumsraten der regionalen Wertschöpfung (Prognose nach Panelmodell)		
	Regionstyp			Regionstyp		
	schrumpfend	mittel	wachsend	schrumpfend	mittel	wachsend
1996	-0,27	0,27	0,65	2,49	0,45	1,20
1997	-0,38	0,15	0,39	1,76	1,40	1,45
1998	-0,58	0,04	0,36	0,86	2,25	3,15
1999	-0,56	0,14	0,56	2,11	1,62	2,70
2000	-0,84	0,07	0,56	-0,20	1,92	2,38
2001	-1,01	0,15	0,74	0,12	0,52	1,36
2002	-0,97	0,10	0,55	-0,16	-0,08	0,42
2003	-0,71	-0,02	0,36	0,88	1,32	1,21
2004	-0,68	0,00	0,36	1,40	1,82	1,80
2005	-0,66	0,00	0,36	1,36	1,86	1,77
2006	-0,70	-0,02	0,33	1,29	1,87	1,77
2007	-0,72	-0,04	0,32	1,42	1,86	1,78
2008	-0,71	-0,04	0,30	1,51	1,98	1,65
2009	-0,69	-0,04	0,30	1,49	1,93	1,69
2010	-0,72	-0,05	0,29	1,40	1,80	1,83
2011	-0,66	-0,06	0,27	1,11	1,38	1,99
2012	-0,66	-0,08	0,25	1,12	1,36	1,97
2013	-0,66	-0,08	0,23	1,07	1,35	2,02
2014	-0,64	-0,09	0,22	0,83	1,05	2,34
2015	-0,64	-0,10	0,20	0,68	1,25	2,24
2016	-0,64	-0,11	0,19	0,88	1,35	2,09
2017	-0,64	-0,11	0,18	0,86	1,43	2,02
2018	-0,63	-0,11	0,17	1,01	1,52	1,90

2019	-0,64	-0,12	0,16	1,17	1,53	1,86
2020	-0,66	-0,13	0,14	1,26	1,52	1,87
2021	-0,68	-0,13	0,14	1,00	1,35	1,56
2022	-0,72	-0,15	0,13	0,98	1,34	1,59
2023	-0,74	-0,15	0,11	0,93	1,39	1,55
2024	-0,76	-0,17	0,11	0,90	1,38	1,57
2025	-0,75	-0,17	0,10	0,86	1,42	1,54
2026	-0,80	-0,18	0,09	0,78	1,45	1,53
2027	-0,79	-0,18	0,08	0,78	1,47	1,51
2028	-0,79	-0,19	0,07	0,81	1,53	1,45
2029	-0,81	-0,20	0,05	0,82	1,57	1,40
2030	-0,82	-0,20	0,05	0,82	1,59	1,39
2031	-0,80	-0,22	0,04	0,75	1,54	1,30
2032	-0,78	-0,21	0,02	0,76	1,57	1,26
2033	-0,81	-0,23	0,02	0,67	1,57	1,28
2034	-0,79	-0,23	0,01	0,64	1,54	1,31
2035	-0,79	-0,24	-0,02	0,60	1,54	1,31
2036	-0,79	-0,25	-0,02	0,55	1,50	1,36
2037	-0,79	-0,26	-0,04	0,52	1,47	1,38
2038	-0,79	-0,26	-0,04	0,52	1,43	1,43
2039	-0,78	-0,27	-0,06	0,57	1,34	1,49
2040	-0,80	-0,28	-0,07	0,55	1,29	1,52
2041	-0,79	-0,30	-0,08	0,47	1,22	1,61
2042	-0,81	-0,30	-0,09	0,40	1,15	1,67
2043	-0,80	-0,30	-0,11	0,40	1,13	1,67
2044	-0,82	-0,31	-0,12	0,36	1,11	1,67
2045	-0,81	-0,33	-0,13	0,41	1,12	1,65
2046	-0,80	-0,32	-0,13	0,51	1,12	1,63
2047	-0,85	-0,34	-0,15	0,51	1,12	1,61
2048	-0,80	-0,35	-0,16	0,52	1,14	1,60
2049	-0,82	-0,35	-0,16	0,52	1,16	1,58
2050	-0,83	-0,36	-0,18	0,49	1,18	1,57

4. Teilnehmer der Expertenbefragung bzw. der Expertenworkshops

Prof. Dr.-Ing. Klaus J. Beckmann
RWTH Aachen, Institut für Stadtbauwesen und Stadtverkehr, Aachen,
Deutsches Institut für Urbanistik, Institutsleiter (seit Oktober 2006), Berlin

Dipl.-Volkswirt Tilman Bracher
Difu, Deutsches Institut für Urbanistik, AB Umwelt und Verkehr, Berlin

Dipl.-Sozialwirt Hasso Brühl
Difu, Deutsches Institut für Urbanistik, AB Fortbildung, Berlin

Dr.-Ing. Bastian Chlond
Universität Karlsruhe (TH), Institut für Verkehrswesen, Karlsruhe

Dr. habil. Christian Dreger
IWH, Institut für Wirtschaftsforschung Halle, Halle/Saale

Dipl.-Ing. Volker Eichmann
Difu, Deutsches Institut für Urbanistik, AB Umwelt und Verkehr, Berlin

Dipl.-Geogr. Jochen Heller
omniphon gesellschaft für dialogmarketing und marktforschung mbh, Leipzig

Prof. Dr.-Ing. Felix Huber
Bergische Universität Wuppertal, Bauingenieurswesen LUIS, Wuppertal

Dr. Joachim Hugo
BMVBS, Bundesministerium für Verkehr, Bau und Stadtentwicklung, Referat A 30, Bonn (bis 30.9.2005)

Frank Hunsicker
Deutsche Bahn AG, Konzernentwicklung (G.GSM), Berlin

Dr. Peter Jakubowski
BBR, Bundesamt für Bauwesen und Raumordnung, Bonn

Birgit Kasper
Büro für Kommunale Entwicklungsplanung, Frankfurt/Main

Dr. Andreas Küchel
BMVBS, Bundesministerium für Verkehr, Bau und Stadtentwicklung, Referat A 30, Bonn

Dipl.-Ing. Michael Lehmbrock
Difu, Deutsches Institut für Urbanistik, AB Umwelt und Verkehr Berlin

Dr.-Ing. Frank Ließke
TU Dresden, Institut für Verkehrsplanung und Straßenverkehr, Verkehrs- und Infrastrukturplanung, Dresden

Prof. Dr.-Ing. habil. Dieter Lohse
TU Dresden, Institut für Verkehrsplanung und Straßenverkehr, Theorie der Verkehrsplanung, Dresden

Prof. Dr. Udo Ludwig
IWH, Institut für Wirtschaftsforschung Halle, Halle/Saale

Prof. Dr. Heinrich Mäding
Difu, Deutsches Institut für Urbanistik, Institutsleiter (bis September 2006), Berlin

Dipl.-Ing. Sven Oeltze
TRAMP – Traffic and Mobility Planning GmbH, Magdeburg

Dr. Bettina Reimann
Difu, Deutsches Institut für Urbanistik, AB Stadtentwicklung und Recht, Berlin

Dipl.-Ing. Frank Richter
Volkswagen AG, Konzernforschung Mobilität, Wolfsburg

Dipl.-Volkswirt Dr. rer. pol. Stefan Rommerskirchen
ProgTrans AG, Basel

Prof. Dr. phil. habil. Bernhard Schlag
TU Dresden, Institut für Verkehrsplanung und Straßenverkehr, Verkehrspsychologie, Dresden

Martin Schreiner
Landeshauptstadt München, Kreisverwaltungsreferat, Mobilitätsmanagement, München

Dipl.-Geogr. Ines Seiler
BMVBS, Bundesministerium für Verkehr, Bau und Stadtentwicklung, Referat A 30, Bonn (ab 1.10.2005)

Dr. Stefan Siedentop
IÖR, Institut für ökologische Raumentwicklung e.V., Dresden

Dr.-Ing. Carsten Sommer
WVI, Wermuth Verkehrs- und Infrastrukturforschung GmbH, Braunschweig

Dipl.-Ing. Frank Zimmermann
TU Dresden, Institut für Verkehrsplanung und Straßenverkehr, Theorie der Verkehrsplanung, Dresden

Prof. Dr.-Ing. Dirk Zumkeller
Universität Karlsruhe (TH), Institut für Verkehrswesen, Karlsruhe

Literatur

Ahrens, Gerd-Axel, und Torben Heinemann (2002): Anpassung der Verkehrsinfrastruktur, in: Bundesministerium für Verkehr, Bau- und Wohnungswesen und Bundesamt für Bauwesen und Raumordnung (Hrsg.): Fachdokumentation zum Bundeswettbewerb „Stadtumbau Ost": Expertisen zu städtebaulichen und wohnungswirtschaftlichen Aspekten des Stadtumbaus in den neuen Ländern, Bonn, S. 61-66.

Ahrens, Gerd-Axel, Frank Ließke und Rico Wittwer (2004): Kennziffern der Mobilität 2003 für den SrV-Städtepegel, Dresden (Lehrstuhl für Verkehrs- und Infrastrukturplanung [vip] der Fakultät Verkehrswissenschaften der TU Dresden).

Apel, Dieter, und Henning Krug (2003): Automobilorientierte Suburbanisierung. Ursachen und gesellschaftliche Kosten, in: Vereinigung für Stadt-, Regional- und Landesplanung (SRL) (Hrsg.): PLANERIN, H. 3, S. 36-38.

BBR Bundesamt für Bauwesen und Raumordnung (Hrsg.) (2006): Raumordnungsprognose 2020/2050, Bonn (Datenstand entsprechend E-Mail des BBR vom 10.10.2005, teilweise aktualisiert mit weiteren Datenlieferungen vom 4.11.2005 und vom 30.1.2006).

BBR Bundesamt für Bauwesen und Raumordnung (Hrsg.) (2005): Raumordnungsbericht 2005, Bonn (Berichte, Bd. 21).

BBR Bundesamt für Bauwesen und Raumordnung (Hrsg.) (2004a): Raumordnungsprognose 2020, in: Informationen zur Raumentwicklung, Bonn, H. 3/4.

BBR Bundesamt für Bauwesen und Raumordnung (Hrsg.) (2004b): Verkehrsaufwandsmindernde Strukturen und Dienste zur Förderung einer nachhaltigen Stadtentwicklung, Endbericht zum ExWoSt-Forschungsfeld „Stadtentwicklung und Stadtverkehr", Bonn.

BI Berlin-Institut für Bevölkerung und Entwicklung (2004): Deutschland 2020 – Die demographische Zukunft der Nation, Berlin (www.berlin-institut.org/ studie2020/).

Bohne, Rainer (2005): Zurück in die Stadt ... die wieder entdeckten Qualitäten, in: Vereinigung für Stadt-, Regional- und Landesplanung (SRL) (Hrsg.): PLANERIN, H. 1, S. 3-4.

Brühl, Hasso, u.a. (2005): Wohnen in der Innenstadt – eine Renaissance?, Berlin (Difu-Beiträge zur Stadtforschung, Bd. 41).

Chlond, Bastian (1996): Zeitverwendung und Verkehrsgeschehen, Karlsruhe (Universität Karlsruhe, Institut für Verkehrswesen, Schriftenreihe, H. 55/96).

CITY: mobil, Forschungsverbund (1998): Stadt in der Region, sparsame Stadt und Stadt im Trend als Zukunftsbilder der kommunalen Verkehrs- und Umweltpolitik: Hauptprojektphase 3, Endbericht, Berlin u.a. (Forschungsbericht Stadtverträgliche Mobilität, Bd. 2).

Demographische Veränderungen – Konsequenzen für Verkehrsinfrastrukturen und Verkehrsangebote: Stellungnahme des Wissenschaftlichen Beirats beim Bundesminister für Verkehr, Bau- und Wohnungswesen, 2003.

Diekmann, Achim (2006): Konsum und Verkehr – Mobilität im Rückwärtsgang, in: Internationales Verkehrswesen, H. 3, S. 72-78.

Engelbrecht, F., u.a. (2004): Wechselwirkungen im Mobilitätsverhalten der Haushaltsmitglieder, PTV AG im Auftrag des Bundesministeriums für Verkehr, Bau- und Wohnungswesen, Projekt unter FE-Nr. 70.722/2003 (FOPS), Karlsruhe.

Flade, Antje, Maria Limbourg und Bernhard Schlag (2001): Mobilität älterer Menschen, Opladen.

Frehn, Michael (2004): Freizeit findet InnenStadt, Dortmund (Dortmunder Beiträge zur Raumplanung: Verkehr, Bd. 3).

Fröhlingsdorf, Michael, u.a. (2005): Generation Pflege, in: Der Spiegel, H. 19, S. 86-96.

Gertz, Carsten, Martin Gutsche und Jens Rümenapp (2004): Auswertung der Erhebung „Mobilität in Deutschland" (MID) in Bezug auf Wochen- und Jahresgang – Zwischenbericht, Gertz Gutsche Rümenapp Stadtentwicklung und Mobilität Planung Beratung Forschung GbR im Auftrag des

Bundesministeriums für Verkehr, Bau- und Wohnungswesen, FE-Nr. 70.755/2004 (FOPS), Hamburg.

Haimann, Richard (2005): Haus im Grünen – ein Auslaufmodell. Wohneigentum in den Randlagen der Metropolregionen verliert drastisch an Wert, in: Financial Times Deutschland vom 8.12.2005.

Hickmann, Robin, u.a. (2006): Looking over the horizon. Visioning and Backcasting für UK Transport Policy, www.ucl.ac.uk/~ucft696/documents/Executive_summary_Jan_2006_HR.pdf, Executive Summary, London.

Holz-Rau, Christian und Birgit Kasper (2004): Freizeitmobilität älterer Menschen – Mobilitätsprobleme in Stadt und Region, in: Vereinigung für Stadt-, Regional- und Landesplanung (SRL) (Hrsg.), PLANERIN, H. 2, S. 11-13.

Holz-Rau, Christian, und Joachim Scheiner (2004): Verkehrsplanung und Mobilität im Kontext der demografischen Entwicklung, in: Straßenverkehrstechnik, H. 7, S. 341-348.

ifmo Institut für Mobilitätsforschung (Hrsg.) (2005): Zukunft der Mobilität – Szenarien für das Jahr 2025, Berlin.

ifmo Institut für Mobilitätsforschung (Hrsg.) (2002): Zukunft der Mobilität – Szenarien für das Jahr 2020, Berlin.

IMU (Hrsg.) (2004): Warum umziehen? Untersuchung der Motive von Zu- und Fortzügen privater Haushalte in den Jahren 1999-2001 am Beispiel von 13 Städten und Gemeinden in der Region München – Gesamtbericht, München (IMU-Institut, H. 04/2004).

infas Institut für angewandte Sozialwissenschaften GmbH (2005): Demographischer Wandel und Mobilität. Bevölkerungs- und Expertenmeinungen, Bonn (im Auftrag des Bundesministeriums für Verkehr, Bau- und Wohnungswesen).

infas Institut für angewandte Sozialwissenschaften GmbH (2003): Aktualisierung der Wohnquartierstypologie, infas GEOdaten GmbH, Bonn (Whitepaper Nr. 9, 10/2001).

infas Institut für angewandte Sozialwissenschaften GmbH (2002): Einwohner- und Haushaltszahlen auf Stimmbezirks- und Straßenabschnittsebene, infas GEOdaten GmbH, Bonn (Whitepaper Nr. 3, 02/2001).

Institut der deutschen Wirtschaft Köln (Hrsg.) (2004): Perspektive 2050. Ökonomik des demographischen Wandels, Köln.

Institut für Stadtbauwesen und Stadtverkehr, RWTH Aachen, und Fachgebiet Raumordnung und Landesplanung, Fakultät Raumplanung, Universität Dortmund (2005): Akteure, Beweggründe, Triebkräfte der Suburbanisierung. Motive des Wegzugs – Einfluss der Verkehrsinfrastruktur auf Ansiedlungs- und Mobilitätsverhalten, 1. Zwischenbericht, FE-Nr. 73.320/2005 (FOPS), Aachen und Dortmund.

Institut für Zielgruppenkommunikation Becker und Wind (2005): Demografischer Wandel, Wohnen und Stadtentwicklung. Studie im Auftrag des Bundesministeriums für Verkehr, Bau- und Wohnungswesen, Berlin.

IÖR (2005): Siedlungsentwicklung und Infrastrukturfolgekosten, Leibnizinstitut für ökologische Raumentwicklung e.V., Dresden, Lehrstuhl für Stadttechnik BTU Cottbus, Gertz Gutsche Rümenapp GbR, Auftrag im Rahmen des Forschungsprogramms „Aufbau Ost" des Bundesministeriums für Verkehr, Bau- und Wohnungswesen (BMVBW) und des Bundesamtes für Bauwesen und Raumordnung (BBR), Beiträge auf der gleichnamigen Fachtagung im Bundesministerium für Verkehr, Bau- und Wohnungswesen, Berlin, 26.9.2005.

Kocks, Martina (2004): Lokale und regionale Infrastrukturplanung, in: Bertelsmann-Stiftung (Hrsg.), Aktion Demografischer Wandel, www.wegweiserdemographie.de (19.4.2006).

LBS Research (2005): Eigenheimneubau kehrt in die Städte zurück, Informationen rund um die LBS, www.lbs.de/microsite-presse/lbs-research/eigenheimneubau/ (18.4.2005.)

Lipps, Oliver (2001): Modellierung der individuellen Verhaltensvariationen bei der Verkehrsentstehung, Karlsruhe (Universität Karlsruhe, Institut für Verkehrswesen, Schriftenreihe, H. 58/01).

Lohse, Dieter, und Werner Schnabel (1997): Grundlagen der Straßenverkehrstechnik und der Verkehrsplanung, Bd. 2: Verkehrsplanung, Berlin.

Mäding, Heinrich (2004): Auswirkungen der Bevölkerungsentwicklung auf Stadtentwicklung und Stadtgestalt, in: STADT und RAUM, H. 3, S. 150-155.

Mäding, Heinrich (2004): Demographischer Wandel: Herausforderung für Stadtentwicklung und Wohnungswirtschaft, in: P. Gans und H.H. Nachtkamp (Hrsg.), Wohnungswirtschaft und Stadtentwicklung, Mannheim (Mannheimer Schriften zu Wohnungswesen, Kreditwirtschaft und Raumplanung, Bd. 2).

MID (2002): Mobilität in Deutschland 2002 – Kontinuierliche Erhebung zum Verkehrsverhalten, Endbericht, infas Institut für angewandte Sozialwissenschaften GmbH und Deutsches Institut für Wirtschaftsforschung (DIW) im Auftrag des Bundesministeriums für Verkehr, Bau- und Wohnungswesen, FE-Nr. 70.0681/2001 (FOPS), Bonn/Berlin 2003.

Minx, Eckard, u.a. (1994): Szenarien – Bühnenbilder für die Inszenierung von Zukünften, Bd. II: Forschungsverbund Lebensraum Stadt, Berlin (Gottlieb-Daimler- und Karl-Benz-Stiftung).

Mollenkopf, Heidrun (2006): Ältere Menschen: Veränderung der Alltagskultur, Vortrag auf dem 6. Berliner Mobilitätssalon „Mobilität älterer Menschen – Herausforderung für den Verkehr der Zukunft, 16.3.2006.

Opaschowski, Horst W. (2005): Deutschland 2020: Thesen, Perspektiven und Prognosen, in: STADT und RAUM, H. 6, S. 292-295.

Pfeiffer, Ulrich, u.a. (2004): Wohnungspolitische Konsequenzen der langfristigen demographischen Entwicklung, Forschungsvorhaben im Auftrag des Bundesministeriums für Verkehr, Bau- und Wohnungswesen, Endbericht, Bonn (hrsg. vom Bundesamt für Bauwesen und Raumordnung, Forschungen, H. 117).

Prognos AG (Hrsg.) (2004): Zukunftsatlas 2004 – Deutschlands Regionen im Zukunftswettbewerb, www.prognos.com/zukunftsatlas.

Rauh, Wolfgang, u.a. (2003): Mobilität 2020. Trends – Ziele – Visionen, Wien (hrsg. vom VCO Verkehrsclub Österreich, Wissenschaft & Verkehr 3/2003).

RÜRUP (2003): Nachhaltigkeit in der Finanzierung der Sozialen Sicherungssysteme – Bericht der Kommission, Bundesministerium für Gesundheit und Soziale Sicherung, Berlin.

Schade, Burkhard, u.a. (2002): Strategien, Maßnahmen und Bewertung einer dauerhaft umweltgerechten Verkehrsentwicklung, Berlin (hrsg. vom Umweltbundesamt, Berichte 5/02).

Schmidt, Kerstin, und Carsten Große Starmann (o. J.): Standortfaktor Kinder- und Familienfreundlichkeit – eine Aufgabe für die ganze Bürgergesellschaft, in: Bertelsmann-Stiftung (Hrsg.): Aktion Demographischer Wandel, Gütersloh, www.aktion 2050.de/wegweiser, www.wegweiserdemo graphie.de/handlungs konz/downloads/Standortfaktor_Kinder.pdf, Abruf Mai 2006.

SHELL Deutschland Oil (Hrsg.) (2004): Shell Pkw-Szenarien bis 2030. Flexibilität bestimmt Motorisierung, Szenarien des Pkw-Bestands und der Neuzulassungen in Deutschland bis zum Jahr 2030, Hamburg, Download: www.shell.de.

Sinz, Manfred (2005): Neue Leitbilder und Handlungsansätze der Raumentwicklung, Vortrag auf der Fachtagung „Neue Leitbilder der Raumentwicklung", 12.9.2005 in Bonn (unveröffentlicht).

Sommer, Carsten (2005): Auswirkungen des demografischen Wandels auf die ÖPNV-Entwicklung, Vortrag auf der „ÖPNV-Tagung 2005" am 24./25.2.2005 in Potsdam.

Sommer, Carsten (2005): ÖPNV in einer alternden Gesellschaft. Auswirkungen des demografischen Wandels auf die Nachfrage, in: Der Nahverkehr, H. 2, S. 14-19.

SRU Sachverständigenrat für Umweltfragen (Hrsg.) (2005): Umwelt und Straßenverkehr, Sondergutachten, Baden-Baden.

StBA Statistisches Bundesamt (Hrsg.) (2004a): Datenreport 2004. Zahlen und Fakten über die Bundesrepublik Deutschland, Wiesbaden.

StBA Statistisches Bundesamt (Hrsg.) (2004b): Statistisches Jahrbuch 2004 für die Bundesrepublik Deutschland, Wiesbaden.

StBA Statistisches Bundesamt, Pressestelle (Hrsg.) (2003): Bevölkerung Deutschlands bis 2050 – Ergebnisse der 10. koordinierten Bevölkerungsvorausberechnung, Statistisches Bundesamt, Wiesbaden.

Stiens, Gerhard, u.a. (2003): Szenarien zur Raumentwicklung. Raum- und Siedlungsstrukturen Deutschlands 2015/2040, Bonn (hrsg. vom Bundesamt für Bauwesen und Raumordnung , Forschungen, H. 112).

Topp, Hartmut H. (2006): Demografischer Wandel und Verkehr: Wirkungen und Konsequenzen, in: Internationales Verkehrswesen, H. 3, S. 85-91.

Topp, Hartmut H. (2002): Stadtverkehr im nächsten Jahrzehnt und die Chancen des Fahrrads, in: Internationales Verkehrswesen, H. 5, S. 216-220.

TUD (2005): Nutzbarkeit und Stabilität von Kennwerten zum Verkehrsverhalten, differenziert nach Raumtypen, Zwischenbericht Januar 2005, Lehrstuhl Verkehrs- und Infrastrukturplanung (vip) der Fakultät Verkehrswissenschaften der TU Dresden im Auftrag des Bundesministeriums für Verkehr, Bau- und Wohnungswesen, FE-Nr. 70.756/2004, Dresden.

Verron, Hedwig (2004): Determinanten des Verkehrswachstums. Entwicklungen, Ursachen und Gestaltungsmöglichkeiten, Berlin (Umweltbundesamt).

Walker, Michael (2005): Demografischer Wandel und seine Auswirkungen auf den Verkehr bis 2050, in: Statistisches Landesamt Baden-Württemberg (Hrsg.): Die Bevölkerungsentwicklung in Baden-Württemberg. Eine Herausforderung für unsere Gesellschaft, Stuttgart (Statistische Analysen 3/2005).

Ziegler, Uta, und Gabriele Doblhammer (2005): Steigende Lebenserwartung geht mit besserer Gesundheit einher. Risiko der Pflegebedürftigkeit in Deutschland sinkt, in: Max-Planck-Institut für demografische Forschung, Rostock (Hrsg.): Demografische Forschung. Aus erster Hand, Nr. 1, S. 1-2.

Zumkeller, Dirk (2004): Verkehrliche Wirkungen des demografischen Wandels – Erkenntnisse aus zehn Jahren Panel, in: Straßenverkehrstechnik, H. 12, S. 651-658.

Zumkeller, Dirk, u.a. (2000): Dynamische und statische Elemente des Verkehrsverhaltens – Das Deutsche Mobilitätspanel, Karlsruhe (Schriftenreihe der Deutschen Verkehrswissenschaftlichen Gesellschaft e. V., Reihe B, B234).

Abkürzungen

BBR	Bundesamt für Bauwesen und Raumordnung
BEV	Bevölkerung/Einwohnerzahl
BIP	Bruttoinlandsprodukt
BMVBS	Bundesministerium für Verkehr, Bau und Stadtentwicklung
BVWP	Bundesverkehrswegeplanung
DTV	durchschnittliche tägliche Verkehrsstärke
ESVG	Europäisches System Volkswirtschaftlicher Gesamtrechnungen
EVS	Einkommens- und Verbrauchsstichprobe
Ew	Einwohner
FG	Fußgängerverkehr
GVFG	Gemeindeverkehrs-Finanzierungsgesetz
HEB	Haupteinkommensbezieher
HH	Haushalt
MFH	Mehrfamilienhaus
MID	Verkehrserhebung „Mobilität in Deutschland" 2002
MIV	motorisierter Individualverkehr
NMV	nicht motorisierter Verkehr (Fußgänger- und Radverkehr)
OECD	Organisation für wirtschaftliche Zusammenarbeit und Entwicklung
ÖPNV	öffentlicher Personennahverkehr
ÖPV	öffentlicher Personenverkehr
ÖV	öffentlicher Verkehr
PBefG	Personenbeförderungsgesetz
PISA	Programme for International Student Assessment
Pkm	Personenkilometer
P-Schein	Personenbeförderungsschein
RAD	Radverkehr
ROR	Raumordnungsregion
SrV	System repräsentativer Verkehrserhebungen der TU Dresden
StBA	Statistisches Bundesamt
VGR	Volkswirtschaftliche Gesamtrechnung

Veröffentlichungen des Deutschen Instituts für Urbanistik

Nahversorgung in Großstädten

Von Rolf Junker und Gerd Kühn

2006. 132 S., teilweise vierfarbig, 19,– Euro

Difu-Beiträge zur Stadtforschung, Bd. 47

ISBN-13: 978-3-88118-420-5

Vom Strukturwandel im Handel ist auch der Lebensmitteleinzelhandel, als Kernbereich der Nahversorgung, betroffen. Seit Jahren breiten sich großflächige Märkte, vor allem Discounter, aus; gleichzeitig findet ein Rückzug kleinerer Geschäfte statt, oft kleine Supermärkte. Dieser Trend hat auch in den deutschen Großstädten zu einem neuen, weitmaschigen Netz von Lebensmittelgeschäften an dezentralen Standorten („Ortsschildlagen") geführt. Alte zentrale Versorgungsstandorte verlieren dagegen ständig an Bedeutung.

Welche Auswirkungen haben diese Entwicklungsprozesse nun auf die Versorgung der Stadtbevölkerung in Wohnungsnähe? Wer sind warum die Gewinner und Verlierer in städtischen Teilräumen? Welche Möglichkeiten haben die zuständigen Akteure in den Rathäusern, die Nahversorgung zu sichern? Diesen und weiteren Fragen geht der Band nach. Bei der Suche nach Antworten waren den Autoren dieses Bandes Fachleute aus zehn Großstädten behilflich – allesamt Kommunen mit umfangreichen Erfahrungen im Aufgabenfeld Nahversorgung.

Verlag und Vertrieb: Deutsches Institut für Urbanistik
Postfach 12 03 21 • 10593 Berlin • Telefon (030) 3 90 01-253
Telefax (030) 3 90 01-275 • E-Mail: verlag@difu.de • Internet: http://www.difu.de

Veröffentlichungen des Deutschen Instituts für Urbanistik

♦ **Schriften des Deutschen Instituts für Urbanistik**

Stadtbaukultur – Modelle, Workshops, Wettbewerbe
Verfahren der Verständigung über die Gestaltung der Stadt
Von Heidede Becker
2002. Bd. 88. 874 S., 566 Abb., 3 Tab., 7 Übers., in 2 Teilbänden, Euro 19,80
ISBN 3-17-013216-4

Stadt & Region – Kooperation oder Koordination?
Ein internationaler Vergleich
Hrsg. von Werner Heinz
2000. Bd. 93. 568 S., Abb., Tab., Übers.,
Euro 37,50
ISBN 3-17-016621-2

Zukunft der Arbeit in der Stadt
Von Dietrich Henckel, Matthias Eberling und Busso Grabow
1999. Bd. 92. 416 S., 37 Abb., 20 Tab., 14 Übers., 2 Karten, Euro 34,90
ISBN 3-17-016363-9

Kontrast und Parallele – kulturelle und politische Identitätsbildung ostdeutscher Generationen
Von Albrecht Göschel
1999. Bd. 91. 348 S., Euro 29,65
ISBN 3-17-016292-6

Entscheidungsfelder städtischer Zukunft
Von Dietrich Henckel, Holger Floeting, Busso Grabow, Beate Hollbach-Grömig, Hans Neumann, Heinz Niemann, Michael Reidenbach, Hartmut Usbeck
1997. Bd. 90. 355 S., 56 Abb., 11 Tab., 2 Übers., Euro 39,88
ISBN 3-17-015037-5

Weiche Standortfaktoren
Von Busso Grabow, Dietrich Henckel und Beate Hollbach-Grömig
1995. Bd. 89. 408 S., 52 Abb., 25 Tab., 13 Übers., Euro 35,–
ISBN 3-17-013734-4

Die „Schriften des Deutschen Instituts für Urbanistik" sind erschienen im Verlag W. Kohlhammer GmbH (Vertrieb Difu).

♦ **Difu-Beiträge zur Stadtforschung**

Monitoring und Bauleitplanung
Von Arno Bunzel und Gregor Jekel
2006. Bd. 46. 240 S., Euro 25,–
ISBN 978-3-88118-421-2

Transformation netzgebundener Infrastruktur
Strategien für Kommunen am Beispiel Wasser
Hrsg. von Thomas Kluge und Jens Libbe
2006. Bd. 45. 420 S., durchgängig vierfarbig, zahlreiche Abb. und Tab., Euro 19,–
ISBN 978-3-88118-411-3

Funktionale Beschreibung von ÖPNV in Städten
Von Michael Lehmbrock u.a.
2006. Bd. 44. 180 S., zahlreiche Abb. und Tab., Euro 24,–
ISBN 978-3-88118-410-6

Die Denkmaltopographie als Erfassungsinstrument und kulturgeschichtliches Unternehmen
Von Claus-Peter Echter
2006. Bd. 43. 376 S., vierfarbiger Abbildungsteil, Euro 39,–
ISBN 978-3-88118-409-0

Stadtmarketing – Status quo und Perspektiven
Hrsg. von Florian Birk, Busso Grabow und Beate Hollbach-Grömig
2006. Bd. 42. 324 S., zahlreiche Abb., Tab., Übers., Euro 32,–
ISBN 978-3-88118-404-5

Wohnen in der Innenstadt – eine Renaissance?
Von Hasso Brühl u.a.
2005. Bd. 41. 336 S., Euro 29,–
ISBN 978-388118-392-5

Verkehrssystem und Raumstruktur
Neue Rahmenbedingungen für Effizienz und Nachhaltigkeit
Von Michael Lehmbrock u.a.
2005. Bd. 40. 408 S., 18 Abb., 39 Tab., Euro 38,–
ISBN 978-3-88118-390-1

ÖPNV im Wettbewerb
Management-Planspiel in der Region Berlin
Von Tilman Bracher, Volker Eichmann, Gerd Kühn und Michael Lehmbrock
2004. Bd. 39. 248 S., 56 Abb., 7 Tab., Euro 27,–
ISBN 978-3-88118-364-2

Verlag und Vertrieb: Deutsches Institut für Urbanistik
Postfach 12 03 21 • 10593 Berlin • Telefon (030) 3 90 01-253
Telefax (030) 3 90 01-275 • E-Mail: verlag@difu.de • Internet: http://www.difu.de

Veröffentlichungen des Deutschen Instituts für Urbanistik

◆ Difu-Materialien

**Kommunales E-Government 2006 –
eine empirische Bestandsaufnahme**
Von Busso Grabow und Christine Siegfried
Bd. 6/2006. 176 S., Schutzgebühr Euro 18,–
ISBN 978-3-88118-422-9

EU-Aktivitäten deutscher Städte und Gemeinden
Von Werner Heinz u.a.
Bd. 5/2006. 186 S., Schutzgebühr Euro 20,–
ISBN 978-3-88118-419-9

Aktuelle Konzepte und Maßnahmen der städtischen Freiraumentwicklung
Hrsg. von Luise-Preisler-Holl
Bd. 4/2006. 170 S., Schutzgebühr Euro 20,–
ISBN 978-3-88118-413-7

Europäischer Nahverkehr: Planung – Organisation – Finanzierung
Hrsg. von Volker Eichmann
Bd. 3/2006. 202 S., Schutzgebühr Euro 20,–
ISBN 978-3-88118-416-8

„Städte für alle" – über visionären und machbaren Städtebau: Martin Neuffer und Rudolf Koldewey
Dokumentation eines Symposiums
Hrsg. von Robert Sander und Herbert Schmalstieg
Bd. 2/2006. 88 S., Schutzgebühr Euro 15,–
ISBN 978-3-88118-415-1

Brachflächenrecycling: Herausforderungen, Lösungen, Nutzen!
Dokumentation der deutsch-amerikanischen Abschlusskonferenz „Brownfield Redevelopment"
Hrsg. von Thomas Preuß u.a.
Bd. 1/2006. 286 S., Schutzgebühr Euro 23,–
ISBN 978-3-88118-412-0

Die Beteiligung an kommunalen Bürgerumfragen 1970–2004
Ein Beitrag zur Methodenforschung
Von Michael Bretschneider
Bd. 11/2005. 60 S., Schutzgebühr Euro 15,–
ISBN 978-3-88118-406-9

Nachhaltige Wiedernutzung und Revitalisierung von Brachflächen
Dokumentation eines deutsch-amerikanischen Workshops
Hrsg. von Thomas Preuß u.a.
Bd. 10/2005. 198 S., Schutzgebühr Euro 20,–
ISBN 978-3-88118-403-8

◆ Difu-Sonderveröffentlichung

Brennpunkt Stadt
Lebens- und Wirtschaftsraum, gebaute Umwelt, politische Einheit
Festschrift für Heinrich Mäding zum 65. Geburtstag
Hrsg. vom Deutschen Institut für Urbanistik
2006. 616 S., Euro 48,–
ISBN 978-3-88118-426-7

◆ Aktuelle Information

Europäisches Umweltrecht und Stadtentwicklung
Ein aktueller Überblick über für die Kommunen relevante umweltpolitische Initiativen und Strategien
Von Manuela Rottmann
2005. 24 S., Schutzgebühr Euro 5,–

Die Sachinvestitionen der Kommunen und ihrer Unternehmen – eine Bestandsaufnahme
Von Michael Reidenbach
2006. 12 S., Schutzgebühr Euro 5,–

Deutsche Städte und Globalisierung – Annäherung an ein komplexes Thema
Von Werner Heinz
2006. 12 S., Schutzgebühr Euro 5,–

Kommunale Umwelt gesundheitsfördernd gestalten – Praxis der Lokalen Agenda 21
Von Christa Böhme, Bettina Reimann und Ulla Schuleri-Hartje
2005. 16 S., Schutzgebühr Euro 5,–

◆ Difu-Arbeitshilfen

Umweltfreundlicher, attraktiver und leistungsfähiger ÖPNV – ein Handbuch
Von Volker Eichmann u.a.
2006. 344 S., Schutzgebühr Euro 32,–
ISBN 978-8-88118-395-6

Umweltprüfung in der Bauleitplanung
Von Arno Bunzel
2005. 162 S., Schutzgebühr Euro 28,–
ISBN 978-8-88118-388-8

Die Satzungen nach dem Baugesetzbuch
2. Auflage u. B. des EAG Bau 2004
Von Anton Strunz und Marie-Luis Wallraven-Lindl
2005. 170 S., Schutzgebühr Euro 28,–
ISBN 978-3-88118-376-5

Verlag und Vertrieb: Deutsches Institut für Urbanistik
Postfach 12 03 21 • 10593 Berlin • Telefon (030) 3 90 01-253
Telefax (030) 3 90 01-275 • E-Mail: verlag@difu.de • Internet: http://www.difu.de